| 作者简介 |

周瀚光 1950年出生，浙江宁波人。1983年于复旦大学哲学系研究生毕业。华东师范大学教授，博士研究生导师。曾兼任上海市科协第7届委员，上海市科学技术史学会第3届和第4届副理事长，上海市科学技术史学会中国传统管理科学应用研究委员会主任委员，全国数学史学会第5届理事，《中医药文化》杂志编委及学术委员，江西省豫章师范学院客座教授，上海科技馆科学顾问等。已出版个人学术专著8部，主编学术著作10部，在国内外报刊发表学术论文140余篇。代表著作有：《中国古代科学方法研究》、《先秦数学与诸子哲学》（中文版和韩文版）、《中国科学思想史》（上、中、下三卷，与袁运开合作主编）、《中国佛教与古代科技的发展》（主编）等。主要著述汇编为《周瀚光文集》（四卷五册），由上海社会科学院出版社于2017年6月出版。

周瀚光／著

周瀚光文集
（续 编）

ZHOU HANGUANG
WENJI

上海社会科学院出版社
SHANGHAI ACADEMY OF SOCIAL SCIENCES PRESS

《周瀚光文集》发布会暨科学与哲学思想探源研讨会会场(2017年)

《周瀚光文集》发布会暨科学与哲学思想探源研讨会会场(2017年)

在《周瀚光文集》发布会暨科学与哲学思想探源研讨会上发言（2017年）

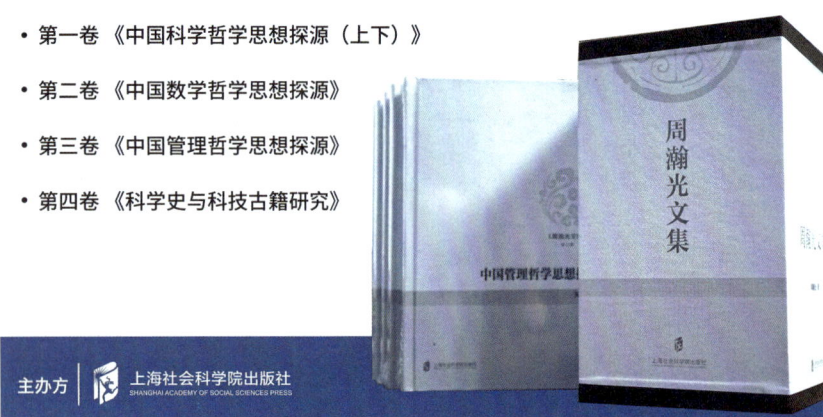

《周瀚光文集》发布会
暨科学与哲学思想探源研讨会

作者：周瀚光　华东师范大学教授

- 第一卷 《中国科学哲学思想探源（上下）》
- 第二卷 《中国数学哲学思想探源》
- 第三卷 《中国管理哲学思想探源》
- 第四卷 《科学史与科技古籍研究》

主办方　上海社会科学院出版社

《周瀚光文集》发布会暨科学与哲学思想探源研讨会会标

与韩国草堂大学任振镐教授在一起(2019年)

与法国科学史家林力娜(左一)和德国数学
史家白安雅(左二)在一起(2019年)

参加第十届中国数学会数学史分会学术年会(2019年)

参加第四届上海数学史会议(2015年)

在上海孔子文化节儒商论坛上作主题报告（2019 年）

在苏州图书馆查阅古籍（2019 年）

与夫人一起在挪威峡湾小镇(2019年)

与敬业中学同学一起在挪威奥斯陆大学(2019年)

与华东师范大学1984级夜大学毕业学生在一起(2017年)

与华东师范大学古籍所毕业研究生在一起(2017年)

与华东师范大学古籍所毕业研究生及其家属子女在一起（2019年）

自序

　　本书是拙著《周瀚光文集》(上海社会科学院出版社 2017 年出版)的续编,主要包含以下四个部分的内容:

　　第一部分是本人自 2017 至 2020 这四年中所撰写的所有论文、报告、讲座、书评、散记、杂感及诗作等的汇编,目之曰"学海新得"。这一部分中论文的研究主题涉及三个方面:其一是数学史和科技史研究,这是我三十多年来持续研究的一个重要方向。其中《"算术"和"数术"——中国传统数学发展的两条进路》一文,提出中国数学史发展进程具有"算术"和"数术"这两种不同路径相对独立、各展所长、互相补充、融合发展的特点,给出了一个与当前中国数学史界主流观点不太一致的新思路。而《中国古代风水术中的科学元素》一文,则力图突破以往学术界对古代风水术全盘否定的思维模式,希望能给它一个比较客观的和历史的评价。其二是中国传统管理哲学研究,这同样是我长期以来一直关注的课题。其中《继承和弘扬以儒家思想为核心的中国传统管理哲学思想精华》一文，认为中国传统管理哲学"以人为本，以道为根，以法求治，以变求胜"这16个字的思想精华，可以在当前新形势下演化为"开放和融合"、"知变而应变"、"行道而自强"的历史使命和经世情怀。而《从抗击新冠病疫看中国传统管理哲学思想的现代意义》一文，则用中国传统管理哲学16字思想精华逐条对照这次抗击新冠病疫的社会实践和整个过程，揭示并证明中国传统管理哲学思想精华在当代社会治理方面的意义和价值。其三是传统老年观研究，这是我近年来新开辟的一个研究方向。老年观是老年教育的基础理论和重要内容，中国传统老年观则是我们增强民族自信、理论自信和老年自信的一个取之不尽的思想资源。但国内外学术界却从未对它进行深入和系统的研究，一直是一个理论空白。本人这些年来共撰写了四篇这方面的论文，分别论及儒家老年观、道家老年观、医家老年观和佛教老年观。这些工作虽略显粗浅，但却是开创性的，我将会继续做下去。除了以上这些研究性的文章以外，这一部分中还有几篇不同内容的散记值得一提。一篇是《病中三梦记》，这是我于2018年春天为纪念自己心肌梗死大难复生15周年所撰。对我来说，2003年所患的急性广泛性心肌梗死以及随之而来的"开膛剖心"、"剥皮抽筋"的抢救并最终得以大难不死，是我人生中最大的一个劫和坎。其间所经历的种种痛苦难以描述，所亲临的梦境更匪夷所思，而这些梦境直到现在仍印象深刻、恍若昨天。此文写就后我曾在微信中发给少数朋友分享，却不料它后来竟不胫而走，流传甚广。想来患有心脑血管疾病的老年朋友以及对梦境世界充满好奇的年轻朋友，或许都会对它有点兴趣。还有一篇是《昔日奇井今何在——郑思肖沉书之古井寻访记》。郑思肖是南宋末年著名的爱国学者、诗人和画家，他在宋亡之后将自己的著作《心史》置于密闭的铁函中沉入苏州承天寺的水井里，直到三百多年后的明末又被完好无损地发掘出来并流传开去，得到了王夫之、顾炎武、黄宗羲、方以智等许多著名学者的高度评价，被后人誉为"井中奇书"。有感于郑思肖的为人气节和思想文采，令我对那口涵沉奇书却又至今不知所踪的古井产生了浓厚的兴趣，遂连续多次赴苏州实地寻访，再结合查阅古籍文献、走访街邻居民、搜集历史传说等调查研究工作，终于在卿朝晖、杜祯彬以及陈福康等诸位朋友的帮助下，找到并确认了那口涵沉奇书的古井，从而彻底地满足了我的好奇心。至于这一部分中最后收入的"杂诗一束"，则从一个侧面记录并反映了我这些年来的一些心绪和感怀。

第二部分是本人近几年发表在国外学术刊物上的几篇用英语撰写的学术论文汇编，目之曰"域外新声"。所收论文共有三篇：第一篇题为"The Positive Influence of Confucianism upon the Development of Science and Technology — A Comment on Joseph Needham's Prejudice against Confucianism(论儒家思想对科技发展的积极影响——兼评李约瑟对儒家思想的偏见)"。该文原为很久以前提交给第 8 届东亚科学史国际会议(1996 年在韩国首尔举行)的论文，最近才由年轻朋友吴雅可帮我重新修订整理后发表。第二篇题为"The Positive Influence of Buddhism upon the Development of Science and Technology in Ancient China — A Discussion with Joseph Needham(论中国佛教对古代科技发展的积极影响——兼与李约瑟先生讨论)"。该文为提交给第 14 届东亚科学史国际会议(2015 年在法国巴黎举行)的论文，老朋友邵祖新曾帮我做了非常细致的校订工作。第三篇题为"The Scientific Elements in Fengshuishu in Ancient China(中国古代风水术中的科学元素)"。这是我与我的助手殷睿合作撰写,提交给第15届东亚科学史国际会议(2019年在韩国全州举行)的论文。除了以上这三篇英语论文之外,我的论著在海外出版的还有韩文版《先秦数学与诸子哲学》一书,该书由韩国草堂大学任振镐教授翻译,由韩国知识人出版社于2016年出版。但因为此韩文版非本人亲自翻译,而任振镐教授在翻译时又增添了一些插图和说明,且此书已有独立的版本行世,所以就不把它收入这本续编之中了。

第三部分是《周瀚光文集》出版以后各界人士撰写并在报刊杂志上发表的对该书的书评汇编,以及媒体对"《周瀚光文集》发布会暨科学与哲学思想探源研讨会"的相关报道,目之曰"书评新语"。这些书评和报道从一个侧面反映了《周瀚光文集》出版后的社会反响和评价,同时也饱含了许多朋友对我的关爱和鼓励。当然,其中有一些溢美之词也是可以理解的。

第四部分是"《周瀚光文集》发布会暨科学与哲学思想探源研讨会"的书面交流材料汇编,目之曰"师友新勉"。在2017年11月由上海社会科学院出版社主办的"《周瀚光文集》发布会暨科学与哲学思想探源研讨会"上,除了有三十多位代表参会并有十多位代表先后发言之外,还有许多未能莅临会议的朋友也给会议发来了书面交流材料。其中既有德高望重的学术前辈、身居要职的领导干部,也有我五十多年前的老同学、四十多年前的老同事、三十多年来一起携手共同努力的科研同仁,还有我的一些以往各届毕业的学生,等等。这些交流材料的内容或畅谈感想,或回忆往事,或热情洋溢,或诚挚感人,令参加会议的代表读后为之动容。因苦于无法将这些书面交流材料一一推荐给有关媒体发表,所以干脆全部结集在此,原版留存,以表达我对各位前辈、领导、同学、同仁和朋友们的衷心感谢!

需要说明的是,本书的第三部分和第四部分其实都不是我本人的文字,收在我的《文集》续编里,似有掠他人之美以增本作者风采之嫌。出版社曾建议把这两部分作为本书的附录,但我却觉得把它们列为附录不足以显示它们的重要性。在我的心目里,这些文字中所蕴含的深厚情谊是比我自己的文字还要重要的。

以上即为本书的主要内容。它既是对我自《周瀚光文集》出版以来这4年人生的又一次小结,同时又与《周瀚光文集》一起,对我70年人生历程(1950—2020)作了一个阶段性的标记。"人生七十古来稀",希望以此为新的起点,真正进入到一个"随心所欲不逾矩"的自由境界。

是为序,写于庚子年秋。

目录

自序 / 001

续编一：学海新得

（2017—2020年文章汇编）

"算术"和"数术"
　　——中国传统数学发展的两条进路 / 003
中国古代风水术中的科学元素 / 018
记吴文俊先生的数学方法论思想对我研究
　　中国古代科学方法的启示和影响 / 028
中国科学思想史研究概述
　　——李约瑟《科学思想史》导读 / 035
书写中国数学史研究的春天
　　——《郭书春数学史自选集》读后 / 055
中华数学宝典的集大成巨著
　　——贺《中华大典·数学典》编纂出版 / 062

《九章算术》的最新解读 / 068

在"《周瀚光文集》发布会暨科学与哲学思想探源研讨会"上的

  发言 / 073

继承和弘扬以儒家思想为核心的中国传统管理哲学思想

  精华 / 077

从抗击新冠病疫看中国传统管理哲学思想的现代意义 / 087

弘扬传统老年观精华，做一个养性达理、受人尊敬的老年人

  ——儒家老年观浅探 / 098

达观面对生死 修道以养天年

  ——道家老年观浅探 / 105

探索衰老奥秘 追求健康长寿

  ——医家老年观浅探 / 113

解除老死痛苦 祈求身心安乐

  ——佛教老年观浅探 / 121

病中三梦记 / 128

在"冯契学术成就陈列室开展仪式暨冯契思想学术研讨会"

  上的发言 / 142

沉痛告别袁运开先生 / 147

《润德普天——唐祖德回忆录》序 / 149

在"经典阅读与大学心灵"师生讨论会暨"ECNU 经典领读者"

  聘任仪式上的发言 / 154

昔日奇井今何在

  ——郑思肖沉书之古井寻访记 / 156

揭开《周易》的神秘面纱 / 163

越南民间佛教一瞥 / 180

杂诗一束 / 183

 圣诞小诗 / 183

 春游两江 / 184

 青岛冬眠 / 184

 病中三梦吟生死 / 185

 老时 / 186

 七律·携弟子登天平山感怀 / 186

 夜读 / 187

 群芳谱 / 187

 风春之歌 / 190

 游苏州寒山寺偶题 / 190

 七律·南行 / 191

续编二：域外新声

（英语论文）

The Positive Influence of Confucianism upon the Development of Science and Technology
 —— A Comment on Joseph Needham's Prejudice against Confucianism / 195

The Positive Influence of Buddhism upon the Development of Science and Technology in Ancient China
 ——A Discussion with Joseph Needham / 207

The Scientific Elements in Fengshuishu（风水术）in Ancient China / 221

续编三：书评新语

（《周瀚光文集》书评及有关媒体报道）

《周瀚光文集》发布会暨科学与哲学思想探源研讨会在沪举行
  史　华 / 239

中国哲学史和科学史之间的"架桥人"
  ——读《周瀚光文集》 吾敬东 / 242

哲学思考与科技史料的完美结合
  ——《周瀚光文集》读后　刘仲宇 / 247

厚积薄发　敏求新知
  ——读《周瀚光文集》有感　韩玉芬 / 252

文化自信的新资本：四卷本《周瀚光文集》评介
  严书翔 / 261

中国科学思想史研究的智慧结晶
  ——《周瀚光文集》述评　史　华 / 272

中国数学思想史研究的智慧结晶
  ——《周瀚光文集》述评　史　华 / 281

经典历久而弥新
  ——周瀚光《先秦数学与诸子哲学》（韩文版）读后
  吴东铭 / 287

续编四：师友新勉

（"《周瀚光文集》发布会暨科学与哲学思想探源研讨会"交流材料）

值得景仰的励志榜样　刘慧晏 / 295

潘富恩关于《周瀚光文集》的来信　潘富恩 / 298

贺《周瀚光文集》出版　杨国荣 / 300

郭金彬关于《周瀚光文集》的来信　郭金彬 / 301

致周瀚光先生　胡化凯 / 302

《周瀚光文集》出版感言　石云里 / 304

诚挚学友，广博师表
　　——《周瀚光文集》发布会感言　王青建 / 305

中国科技史的辛勤耕耘者周瀚光
　　——读《周瀚光文集》之感　聂馥玲 / 308

《周瀚光文集》一瞥　邹大海 / 312

搭建沟通科技史与哲学史的桥梁
　　——祝贺《周瀚光文集》出版　张增一 / 315

祝贺《周瀚光文集》出版　孔国平 / 318

非常之人，做非常之事　陈士强 / 320

研究中国科技史的一个可行路径　关增建 / 322

贺《周瀚光文集》出版　邬国义 / 325

不忘初心，向前辈致敬
　　——《周瀚光文集》读后　李似珍 / 327

热烈祝贺《周瀚光文集》出版　方笑一 / 335

在《周瀚光文集》发布会上的发言　杨小明 / 336

中国科学思想史研究历程的一个缩影　王幼军 / 341

《周瀚光文集》出版贺言　张荣明 / 342

从《文集》看哲学和科学大师对《中国古代科学方法研究》一书的
　　　赞赏　贺圣迪 / 344

诗一首：贺瀚光兄《文集》问世　贺圣迪 / 350

祝贺《周瀚光文集》出版　邵祖新 / 351

邵祖新关于《周瀚光文集》的来信　邵祖新 / 356

室友忆事二三则　夏声川 / 357

我为老同学感到骄傲和光荣
　　　——在《周瀚光文集》发布会上的发言　陈福康 / 360

读《周瀚光文集》的一点启示　李科达 / 363

读《周瀚光文集》有感　钱水江 / 368

探索历史科技浩瀚之海　超越时空管理智慧之光　朱世青 / 371

铸就中华文化新辉煌
　　　——读《周瀚光文集》有感　何重建 / 373

感恩周瀚光教授　陈文佳 / 378

读《周瀚光文集》的一点感想　陆蕾梦 / 381

学有所成　颇多建树　朱全弟 / 383

读周教授《中国科学哲学思想探源》有感　史钦耀 / 385

祝贺《周瀚光文集》四卷问世　汤云芳 / 389

周瀚光老师印象　李美芳 / 392

我的老师周瀚光先生　单连岱 / 396

写在《周瀚光文集》收到时　黄　静 / 399

说说老师周瀚光教授　杨兰品 / 401

诗一首：贺《周瀚光文集》出版　刘自力 / 405

周老师的青岛情结
　　——贺《周瀚光文集》出版　刘　虹 / 406

印象周老师　李亚宁 / 409

周瀚光老师是我们永远的班主任　张荣洁 / 411

读周瀚光先生《中国科学哲学思想探源》有感　赵克斌 / 413

周瀚光老师引领我们学习中国管理哲学　唐祖德 / 416

忆周瀚光老师二三事　万英敏 / 419

广博而精深　会通科与哲
　　——读导师周瀚光先生《文集》有感　宋军朋 / 422

贺诗一首：祝贺《周瀚光文集》出版　宋军朋 / 426

祝贺周老师文集出版　卿朝晖 / 427

周瀚光教授侧记　万　蓉 / 429

由《周瀚光文集》想到的　史　华 / 431

三载师生永世情　朱莎莎 / 433

与老顽童周老师的快乐小时光　刘玉玲 / 437

生命的精彩
　　——记与周瀚光老师的二三事　闫　群 / 441

写给周瀚光老师　徐亦梅 / 446

续编一：
学海新得

(2017—2020年文章汇编)

本编说明

　　本编是作者自2017年至2020年这四年中所撰写的所有论文、报告、讲座、书评、散记、杂感及诗作等的汇编。其中论文的研究主题涉及三个方面：其一为数学史和科学史研究，其二为中国传统管理哲学研究，其三为中国传统老年观研究。前二者延续了作者三十多年来长期关注的研究方向，后者则为作者近期开辟的新研究领域。

"算术"和"数术"
——中国传统数学发展的两条进路[*]

中国数学史研究开展到现在,应该有条件对中国传统数学的发展路径做一个宏观的分析和把握了。在笔者看来,中国传统数学在其不断发展的进程中,存在着两条具有不同特点的路径:一条是"算术"的路径,一条是"数术"的路径。所谓"算术",顾名思义,就是计算技术和算法系统。它以解决国计民生中的具体数学问题为目的,涉及田亩、测望、工程、营建、赋役以及商品交换、度量换算等社会生活的各个方面。而所谓"数术",则主要讨论较为抽象的数理,其中不仅包括了基本的数学理论问题,甚至还涉及更加广泛的领域,涉及用"数"去范围天地、化成万物,去把握并预测万物发展和人

---

[*] 本文是作者在第10届中国数学史学术年会(2019年于上海举行)上所作的学术报告,原载于《广西民族大学学报》(自然科学版)2019年第3期。

生命运。[①] 按照南宋数学家秦九韶的说法，数学具有"大"和"小"两方面的功能："大则可以通神明、顺性命；小则可以经世务、类万物"(《〈数书九章〉序》)。这里"经世务、类万物"的"小"者，就是"算术"的功能；而"通神明、顺性命"的"大"者，则是"数术"的功能。从两者的表现形式和书面语言来看，"算术"一般采用实际生活中应用问题的形式，并在其发展过程中逐步形成了"问—答—术—草"这样一种较为规范的书写程式；而"数术"则多采用注释、陈述、推理、论证等不拘一格的书写形式，并且往往喜欢引用《周易》或其他传统经典中的概念和词句。从两者的数学家群体来看，"算术"家以朝廷的行政官员为多，而"数术"家则更多地来自民间，其中一部分具有天文历法的背景，另一部分则具有道教或隐士的背景。这两条路径从中国数学一开始发源后，就沿着各自的方向并按照不同的特点齐头并进地向前发展，其间经过了分分合合，各展所长，互相交融，互相补充，最终汇成了中国数学史精彩纷呈的绚丽景象。大致说来，当"算术"和"数术"这两条发展路径合流而融汇在一起的时候，往往是中国传统数学大踏步前进的时候，中国古代数学发展也由此而达到一个新的高峰。

[①] 在笔者看来，中国古代的"数术"一词具有广义、中义和狭义三种不同的含义(参见文末附图一)。广义的"数术"，泛指一切与数理和算术相关的内容，同时也包括了星占、形法(后世演变为风水)等与数学无关的方术(术数)。一如班固《汉书·艺文志》中"数术略"之"数术"。中义的"数术"，特指仅与纯粹数学相关的内容而不包括其他与数学无关的方术，其含义大致与秦九韶《数术大略》(即《数书九章》)书名中的"数术"一词相当。狭义的"数术"，则专指纯粹数学(即中义的"数术"概念)中与"算术"(即计算技术)相对而不同的内容，大致与《数术记遗》书名中的"数术"一词相近。本文所说的中国传统数学发展两条路径之一的"数术"，就是在狭义的意义上使用的，专指中国古代数学中与"算术"(计算技术)相对而不同的数理思想及其他内容。

一

中国传统数学发端于伏羲画八卦的《周易》，这是历代数学家的共识，而《周易》正是算术和数术的共同起源。《汉书·律历志》说："自伏羲画八卦，由数起。"刘徽《〈九章算术注〉序》一开头就说："昔在包牺（即伏羲）氏始画八卦，以通神明之德，以类万物之情，作九九之术以合六爻之变。"这里的"以通神明之德，以类万物之情"出自《周易·系辞下》，所说的"通神明"和"类万物"正是后来秦九韶区别数学大小两种功能的出典。这说明中国数学从它诞生的第一天起，就蕴含了"通神明"（数术）和"类万物"（算术）两方面的内容，存在着算术和数术两种潜在的发展进路。所谓"作九九之术以合六爻之变"中的"九九之术"，是用来"类万物"的乘法口诀和四则运算，是算术；而"六爻之变"则是用来"通神明"的测算之术，是数术；中间用一个"合"字把它们连接起来，说明算术和数术一开始是融合在一起的，而且算术是为数术服务的。

稍后一点的黄帝也是中国数学的鼻祖之一。《数术记遗》中说："黄帝为法，数有十等，及其用也，乃有三焉。"这是说黄帝发明并确立了数的记法和用法。又传说黄帝的老师大挠发明了天干和地支来记年、记月和记日，黄帝时的隶首作数，倕发明了画圆和画方的规矩等等。所以刘徽的《〈九章算术注〉序》在肯定了伏羲氏对数学的始作之功后，接着便说："暨于黄帝神而化之，引而伸之，于是建历纪，协律吕，用稽道原，然后两仪四象精微之气可得而效焉。"这说明在刘徽的思想里，黄帝的数学功绩是继承了《周易》的数学传统,并在此基础上有了进一步"神而化之、引而伸之"的发展。

大约在西周初年周公的时候,算术开始从数术中分化出来并独立地向前发展了。周公制礼,规定贵族子弟必须学习和掌握六种基本才能——"六艺",其中之一便是"九数",而这就是最早的国立"算术"学科。秦九韶《〈数书九章〉序》说:"周教六艺,数实成之。"刘徽《〈九章算术注〉序》说:"按周公制礼而有九数,九数之流,则《九章》是矣。"这说明周公时确立的"九数",即是后来《九章算术》的滥觞,也是中国数学史上"算术"这一发展进路的重要标志。

到了西周以后春秋战国的时候,儒家和法家等有志于国计民生的学派继承了数学发展中的"算术"这一传统。儒家创始人孔子年轻时就很懂算术,后来更把包含算术在内的"六艺"作为他教育学生的重要内容之一,并且培养出了曾参、冉求等一些精通数学的人才。枚乘《七发》说:"孟子持筹而算之,万不失一"。说明在西汉人的眼中,孟子也是很擅长于计算的。法家的《管子》把"计数"列为其治国的七大法则("七法")之一,以为"举事必成,不知计数不可"(《管子·七法》)。现存的《管子》一书中,保存了先秦时期的许多"九九"口诀、分数运算等原始数学资料。李悝在《法经·尽地力之教》一文中,通过加减乘除九步四则运算,逐一列出了当时农村一家五口的正常收支情况,并且把这一运算过程详细地记录在文章里面。除了诸子学派之外,还有一些专门的数学家继承并发展了"算术"这一传统,例如秦简《数》的作者和汉简《算数书》的作者等。

差不多与此同时,数学发展的另一条路径——"数术",也在独立地向前进展。春秋末年的《老子》曾说:"善数者不用筹策",这说明当时确实有一些数学形式是无关筹策,无关计算的。① 就我们现在所知的与计算技巧迥然相异的数学形式,首推战国后期墨家的《墨经》中所蕴含的理论数学萌芽。《墨经》运用其所掌握的逻辑思维方法,对一系列数学概念如圆、方、平、直、厚、端、兼、体、盈、损、穷、倍等,用判断和命题的形式给出了科学的定义,从而开创了中国数学史上理论几何学研究的先河。同时又用推理和论证的形式,探讨了"位值制"计数法、整体与部分的关系等一些基本的数学原理。同时期的名家则提出了"至大无外,谓之大一;至小无内,谓之小一"、"一尺之棰,日取其半,万世不竭"等一系列涉及"无穷"的数学悖论。

除了上述理论数学的内容之外,中国古代的"数术"中还包括了与天文历法相关的数学内容。由于天文历算在中国古代具有"范围天地、曲成万物"以及"通神明、顺性命"的功能,因此将其归于"数术"中是理所当然的。班固在编撰《汉书·艺文志》时,即将"历谱"置于"数术略"之下。他解释"历谱"说:"序四时之位,正分至之节,会日月五星之辰,以考寒暑杀生之实……此圣人知命之术也。"②这种"通神明、顺性命"的"大"功能与纯粹计算技术的"小"功能显然不同,所以在《周礼》"九数"的算术传统中是不被包括的,在后来继承这一传统而编撰成书的《九章算术》中也付诸阙如。

"算术"和"数术"这两条不同的数学进路发展到汉代,各自出现了自己的代表著作。"算术"的代表著作是《九章算术》,而"数术"的代表著作则是《周髀算经》,两者具有比较明显的不同特点。

---

① 刘徽《九章算术注》卷五说:"数而求穷之者,谓以情推,不用筹算"。这可以从一个侧面证明《老子》的话并非虚言。
② 参见刘钝《大哉言数》,辽宁教育出版社1993年版,第13页。

《九章算术》是一部由官方编定的实用数学著作,最早的编撰者为汉初的北平侯计相张苍和大司农中丞耿寿昌;《周髀算经》则是一部民间口耳相传的数理天文学著作,至今仍不知其作者是谁以及其确切的成书年代。[①]《九章算术》的内容涉及田亩、测望、工程、营建、赋役以及商品交换、度量换算等社会生活的各个方面,体现了当时计算技术和算法体系的最高水平;《周髀算经》则阐述了数学方法在测量天地、制订历法中的作用,提出了学习和研究数学的正确方法,论述了勾股圆方的基本知识、测望"日高"的计算方法以及《四分历》的基本数据和有关算法等一系列数学理论问题和与天文历法相关的数学内容。《九章算术》以应用问题的形式引出计算方法(术),每一问题基本上都采用了"问—答—术"这样一种比较规范的表述程式;《周髀算经》则仍然采用传统的叙述和论说相结合的写作方法。《周髀算经》还借周公之口发出"大哉言数"的感叹,体现了其不限于具体计算技术而要去追索数之"大"者的学术旨趣。

二

"算术"和"数术"这两条具有不同特色的数学进路各自发展到一定的阶段之后,由于某种历史条件和学术契机,又常常会出现一种融汇和合流的景况,而这又往往给传统数学的发展带来一股新的动力。纵观汉代以后数学史的发展,这种"算术"和"数术"融汇

---

① 现在的数学史家一般认为,《周髀算经》是长期积累编撰而成的一部著作,最晚在公元前1世纪前后成书。

合流的景况主要出现了三次,而每次融汇合流的出现,都对传统数学的发展起到了推动的作用,从而使中国数学的发展达到了一个新的高度。

"算术"和"数术"的第一次融汇合流出现在魏晋时期,是由刘徽通过注释《九章算术》而得以完成的。刘徽于正史无传,是一位民间的布衣数学家。从其"注序"中屡屡征引《周易》"以通神明之德,以类万物之情"、"神而化之,引而伸之"、"两仪四象精微之气"等话语以及关于"日高"和"日径"等测望计算方法的论述来看,他对于"数术"方面的内容是非常精通的。当他把"数术"的精髓引入"算术",用他掌握的丰富的"数术"知识来注释《九章算术》这样一部"算术"代表著作时,立刻使《九章算术》的数学水平大大提升了一步。刘徽的这种融汇"算术"和"数术"的注释工作主要表现在以下三个方面:

(一)刘徽继承了先秦墨家注重逻辑和理论数学的传统,按"审辨名分"的原则对《九章算术》中的许多数学概念给出了明确的和准确的定义,又用"析理以辞"的方法对《九章算术》中的许多公式和法则进行了详细论证和逻辑证明,从而奠定了中国古典数学理论的基础。

(二)刘徽继承了《老子》"大直若屈"和《周髀算经》"圆出于方"的圆方统一思想以及先秦名家和《墨经》关于"一尺之棰,日取其半"的无穷分割思想,首创"割圆术"以求取圆面积,并在此基础上求得圆周率 $\pi=3.14$ 和 $\pi=3.1416$ 这两个较为精密的近似数值,从而使中国古代关于圆周率的计算处于世界领先地位。

(三)刘徽继承了《周髀算经》中因历算需要而测量"日高"的方法,创立了"重差术"这一相似勾股形的比例算法,并把它推广到测量诸如海岛、远山、深谷等一些极高、极远、目之能及而人不可达的目标,从而弥补了《九章算术》在这一方面的缺陷和不足,开创了一个新的数学研究领域。

显然,刘徽的这些工作都是原来数学发展中"数术"这一进路的强项,是以《九章算术》为代表的"算术"这一进路的弱项,而刘徽通过他对"算术"和"数术"的融汇合流,有效地弥补了原来"算术"进路的不足之处,提升了当时数学研究的整体水平,从而使刘徽的《九章算术注》成为了中国古代数学发展的一个高点。

魏晋以后,中国古代数学在刘徽《九章算术注》的基础上,继续沿着"算术"和"数术"这两条具有不同特点的进路向前发展。到唐代初年,这两条进路出现了第二次的融汇和合流。而这一次的融汇合流,则是以李淳风奉命编定十部算经并以此作为国子监明算科的教科书为代表。

唐初李淳风编定的十部算经是:《周髀算经》《九章算术》《海岛算经》《孙子算经》《张丘建算经》《夏侯阳算经》《五曹算经》《五经算术》《缀术》和《缉古算经》。这十部算经可以说是汇集了自汉至唐最具代表性的重要数学著作,也可以说是涵盖了"算术"和"数术"这两条研究进路的最重要的成果。其中《九章算术》《张丘建算经》《五曹算经》《夏侯阳算经》和《缉古算经》这五部著作因其以计算技术为主要内容,大致可归为"算术"类研究成果;而《周髀算经》《海岛算经》《孙子算经》《五经算术》和《缀术》这五部著作则因其内容既含有计算技术而又不限于计算技术,大致可归为"数术"类研究著作。关于《周髀算经》一书的"数术"性质,前文已有论述,此处不再重复。《海岛算经》原为刘徽注释《九章算术》时附在卷末的"重差"章,至唐时单独成书。其内容源出于《周髀算经》中因历算需要而测望"日高"的"数术",经刘徽演化创立为"重差术"(相似勾股形比例算法），并把它推广到测量诸如海岛、远山、深谷等一些目之能及而人不可达的目标。《〈孙子算经〉序》说："夫算者，天地之经纬，群生之元首；五常之本末，阴阳之父母；星辰之建号，三光之表里；五行之准平，四时之终始；万物之祖宗，六艺之纲纪。"这种对于数学的极端推崇，明显带有《周易》论数的印迹。《〈孙子算经〉序》中又论及数学的目的是"稽群伦之聚散，考二气之降升；推寒暑之迭运，步远近之殊同；观天道精微之兆基，察地理纵横之长短；采神祇之所在，极成败之符验；穷道德之理，究性命之情。"这显然也就是秦九韶所说的"通神明、顺性命"的"大"的功能。该书托名孙子，虽不必视为先秦孙子所著，但其中保存有先秦以来兵家或其他学派的思想资料，则是很有可能的。尤其是其中的"物不知数"一题，开启了后世"一次同余式"理论的研究和"中国剩余定理"的取得，是对世界数学史的重大贡献。这在《孙子算经》的年代，应该是属于"善数者不用筹策"（《老子》）的重要成果。《五经算术》是一部对儒家经典中涉及数字计算的有关内容进行详尽解释的著作，其论题的表述方式与以《九章算术》为代表的数学著作中"问—答—术"的基本程式完全不同，明显是一部"数术"类的著作。至于《缀术》，虽因其早已佚失而不知其具体内容，但从其作者祖冲之曾编制《大明历》和唐初国子监明算科规定学习《缀术》一书要长达四年这两个史实来看，推测该书当是一部与天文历算有关的内容较为深奥的"数术"著作。又据李淳风《隋书·律历志》和《九章算术注释》所述，祖冲之父子曾取得圆周率 $3.141\,592\,6 < \pi < 3.141\,592\,7$ 及球体积计算方法等重要数学成就，这些应该都是《缀术》一书中的重要内容。与十部算经一起作为唐代国子监明算科教科书的，还有《数术记遗》和《三等数》等数学著作。《数术记遗》以"数术"为名，本身就昭示了其"数术"的性质。该书至南宋时，因《缀术》一书

的佚失,而被补列于"算经十书"之中。

唐初十部算经的编定以及当时国子监明算科对各种数学典籍的收集和研究,是中国古代数学自先秦以来的一次大检阅、大合成和大总结,也是"算术"和"数术"这两条发展进路的一次大融汇和大合流。它克服了在此之前数学发展或偏于一隅、或隐于民间、或失之单薄的弱点和不足,使中国古代数学的整体发展迎来了一个丰盛期和繁荣期,并由此而奠定了唐朝作为一个数学大国的历史形象。东西方各国前来学习先进的数学知识和其他知识的遣唐使络绎不绝,而中国当时先进的数学知识则随着这些数学典籍的翻译和传播,流布到了东北亚、东南亚,甚至西方等各个国家。

中国传统数学发展到宋元之际,迎来了"算术"和"数术"这两条进路的第三次融汇合流。这一次的融汇合流是由秦九韶、李冶、朱世杰、杨辉这四位号称"宋元四大家"的一流数学家群体共同完成的,并由此而推动中国古代数学的发展达到了它的顶峰。

秦九韶在《〈数书九章〉序》中,自述其"早岁侍亲中都,因得访习于太史,又尝从隐君子受数学。"这说明他学习数学的背景,一个是来自太史的历算,一个是来自隐士的"数学",两者都属于"数术"的范畴。他的《数书九章》一书,又名为《数术》《数术大略》或《数学大略》,也昭示了其数学研究的"数术"渊源。他提出的"大衍求一术"理论,自称源自《周易》的"蓍卦发微",并且能解决"古历会积"的历算问题,显然是建立在"数术"这一研究进路上的重大数学成果,并因其给出了一次同余式的一般解法而创立了"中国剩余定理"。李冶的数学工作和研究成果,是其中年以后弃官北渡、隐居山林时才开始并取得的。他写作数学名著《测圆海镜》的动力和基础,完全是因为得到了一部具有道教背景的算书——《洞渊九容》,因爱不释手、日夕玩绎才最终完成的。而所谓"洞渊九容",其实就是讨论勾股容圆、方圆相缠的"数术"问题。该书最早记载并保留了"天元术"这一中国数学史上的重大成果,被后来的数学史家称为"自古算家之秘术"(清·阮元《〈测圆海镜〉序》)。朱世杰完全是一位民间的数学家和数学教育家。他在《四元玉鉴》中所创立并阐述的"四元术"——多元高次联立方程解法,也是中国古代数学发展的一个高点。他在书中的一个旁注中说:"凡习四元者,以明理为务,必达乘除升降进退之理,乃尽性穷神之学也。"这里的"尽性穷神之学",无疑应归于"通神明、穷性命"的"数术"进路。至于杨辉,他不仅对流传下来的《九章算术》中的计算技术非常精通,曾著《详解九章算法》十二卷,保留并记述了"贾宪三角"等一系列重大数学成果;而且还编撰了《续古摘奇算法》一书,开辟了"纵横图"(即今所谓"幻方")研究这一组合数学的新领域。纵横图起源于《周易》中的"洛书"和《数术记遗》中的"九宫",它在杨辉的时代,完全是一种"不用筹策"、与复杂的计算技术关系不大的"数术"。

要而言之,宋元时期中国古代数学发展高潮的来临,一方面是由于当时的数学家们继承并发展了以《九章算术》为代表的卓越的"算术"传统,另一方面则是由于他们同时又吸取了传统"数术"研究进路中的优秀创新成果,两者融汇相通,共同发力,终于使传统数学达到了它前所未有的高峰。到了明代以后,一则由于"八股取士"制度的盛行而导致"算术"进路乏人问津,二则又由于"数术"进路偏向神秘一隅而少有真正的数学创新,致使传统数学趋于停滞,一蹶不振。明末数学家徐光启一针见血地指出:"算数之学特废于近世数百年间尔。废之缘有二:其一为名理之儒士苴天下之实事,其一为妖妄之术谬言数有神理"(《同文算指序》)。诚哉斯言。

三

以上我们简要地回顾了中国传统数学中"算术"和"数术"这两条进路既各自独立发展又互相融汇合流的历史过程,从中我们可以总结出以下几点关于中国数学史研究的新认识:

(一)首先应该为中国历史上的"数术"一词正名。广义的"数术"一词,既包括了"算术"(计算技术)和数理,还包括了一些与数学无关的其他方术("术数")。而中义的"数术"一词,排除了与数学无关的其他方术,完全就是纯粹的数学内容,其实就是中国古代"数学"的代名词。正如中国古代的"儒术"其实就是"儒学"一样,中国古代的"数术"其实也就是"数学"。秦九韶的《数术大略》又称《数学大略》,就是一个很好的例子。狭义的"数术",则主要是指与"算术"(计算技术)相对而不同的数学理论、与天文历法相关的历算知识以及与计算技术关系不大的其他数学分支(例如纵横术等)。

(二)以《九章算术》为代表的计算方法及其算法体系,虽然显示了中国古代高超的计算技术和独特的数学风格,但是却不能完全代表中国古代数学发展的最高成就和水平。《九章算术》从其成书的时代起,就缺漏了数学理论以及天文历算这一领域的数学成果,在其后来的发展过程中又不能完全涵盖各个时代的其他数学成就。如果没有刘徽在《九章算术》原有框架中增添数学理论以及其他"数术"元素,没有宋元数学家取得突破《九章算术》框架的其他重大数学贡献,中国古代数学成就的光辉将大为逊色。

(三)中国古代数学的发展起源于广义的"数术"。以后"算术"从"数术"中独立出来,并与狭义的"数术"齐头并进地各自独立发展。在整个传统数学的发展史上,"算术"和"数术"这两条进路曾有过三次大的融汇和合流,第一次是魏晋时期刘徽对《九章算术》的注释,第二次是唐代初期李淳风编定"十部算经"并作为国子监明算科的教科书,第三次则是"宋元四大家"在融汇整合这两条进路的基础上创造了一系列崭新的重大数学成果。"算术"和"数术"的每一次融汇合流,都极大地推动了传统数学的进步;而两者在宋元时期的第三次大融合,则将中国传统数学的发展推向了它的最高峰。(参见文末附图二)

鉴于以上这些认识和总结,笔者认为,我们对于中国数学史和中国数学思想史的发展,也许可以采用一种新的思路和新的框架去理解和概括,以便使其更加符合中国古代数学发展的本来面目。

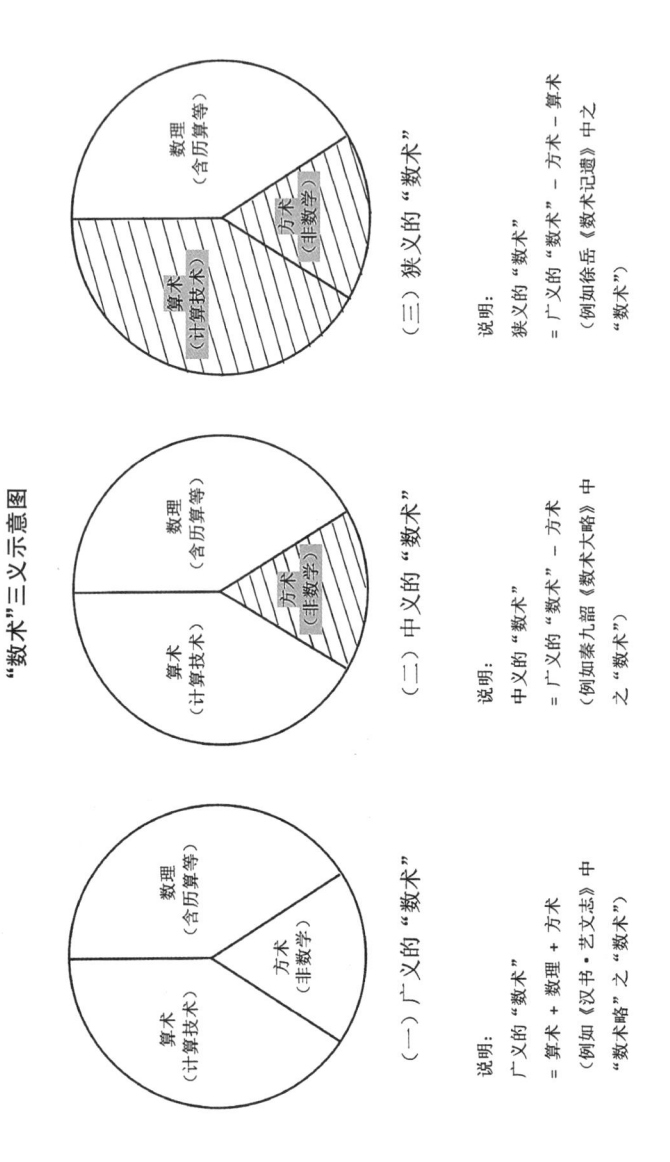

附图一：

"数术"三义示意图

（一）广义的"数术"

说明：
广义的"数术"
＝算术＋数理＋方术
（例如《汉书·艺文志》中"数术略"之"数术"）

（二）中义的"数术"

说明：
中义的"数术"
＝广义的"数术"－方术
（例如秦九韶《数术大略》中之"数术"）

（三）狭义的"数术"

说明：
狭义的"数术"
＝广义的"数术"－方术－算术
（例如徐岳《数术记遗》中之"数术"）

附图二：

"算术"和"数术"两条进路示意图

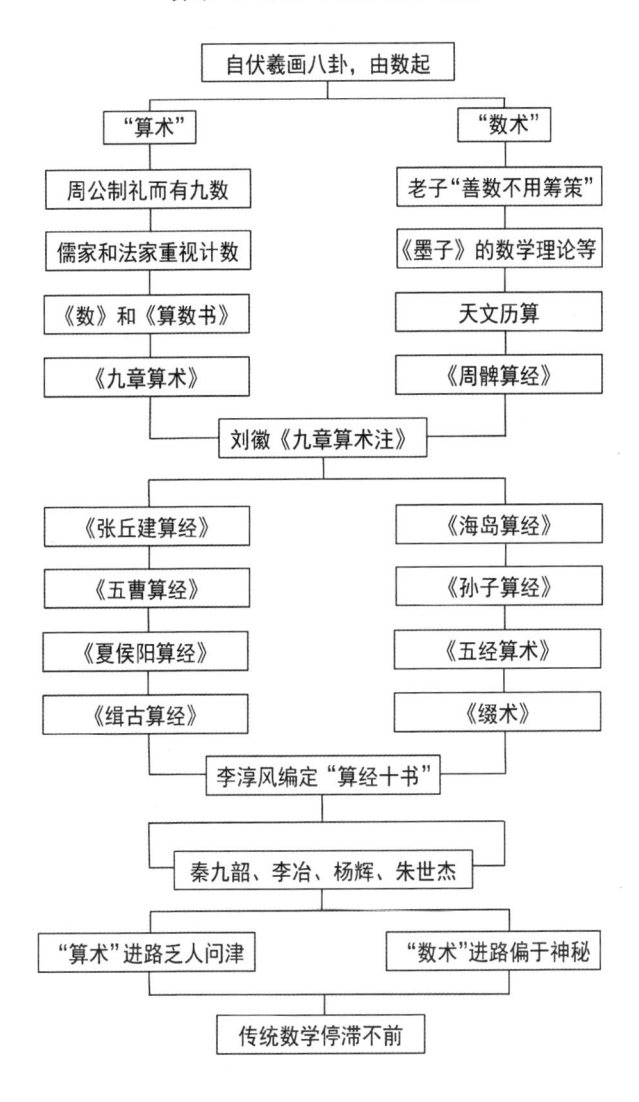

```
           自伏羲画八卦，由数起
            ↓              ↓
         "算术"          "数术"
            ↓              ↓
    周公制礼而有九数    老子"善数不用筹策"
            ↓              ↓
    儒家和法家重视计数   《墨子》的数学理论等
            ↓              ↓
    《数》和《算数书》      天文历算
            ↓              ↓
     《九章算术》        《周髀算经》
            ↓              ↓
          刘徽《九章算术注》
            ↓              ↓
     《张丘建算经》       《海岛算经》
            ↓              ↓
      《五曹算经》        《孙子算经》
            ↓              ↓
     《夏侯阳算经》       《五经算术》
            ↓              ↓
      《缉古算经》         《缀术》
            ↓              ↓
         李淳风编定"算经十书"
                 ↓
        秦九韶、李冶、杨辉、朱世杰
            ↓              ↓
   "算术"进路乏人问津   "数术"进路偏于神秘
                 ↓
           传统数学停滞不前
```

中国古代风水术中的科学元素[*]

风水术是中国历史上源远流长、影响极大的一种方术。尽管它带有强烈的神秘主义色彩，但其中也包含了一些中国古人对自然界的正确认识，包含了一些今天被称为科学的元素。正如古代的巫医术孕育了中医学、炼丹术孕育了化学并发明了炸药一样，风水术对于中国古代建筑生态学的发展，对于古代地理学和水文学知识的积累，以及对于指南针的发明和传播，同样具有重要的积极意义。

一、风水术的基本理论及其五大要素

风水术的理论核心是"聚气得福"。这里所说的"气"是一种广义的气，它包含了天气、地气、人气、生气、财气、运气、正气、福气等各方面的内容。

---

[*] 本文是作者与殷睿合作，提交给第15届东亚科学史国际会议（韩国全州2019）论文（英文版）的中文原版。

所谓"聚气",就是要把以上所说的"气"都汇聚起来,而不能让它散发流失。在风水家们看来,当我们要选择一个地方来建造住宅的时候,最重要的一条,就是这个被选中的地方要能够聚气。周边的一切地形地貌和地理环境,都必须为这个目的服务。凡是能把气聚集起来的地方,就是风水好的地方,人如果住在这样的地方,就一定能够健康长寿,人丁兴旺,升官发财,前途无量。反之,凡是不能把气聚集起来的地方,就是风水不好的地方,人如果住在这样的地方,就一定会生病夭折,子孙断绝,前途艰难,发达无望。因此,一个人的住宅的风水好坏,会直接影响到他的前途和命运。如果住宅的风水好,那么他就一定福气多,命运好;而如果住宅的风水不好,那么他就一定福气少,命运糟。这个思想,就是风水术的最基本的和最核心的理论。

风水家们既然把"聚气"作为建筑住宅选址的最重要的标准,那么,什么样的地方才符合"聚气"的要求呢?什么样的地形地貌和地理环境才算是一块真正的风水宝地呢?换句话说,看风水究竟应该怎么看,究竟应该看些什么东西呢?这里,我们向大家介绍历代风水家们最常用的一套考察方法,即一套包含了五个基本步骤在内的选址程序。这五个基本步骤是:

(一)觅龙(寻找山脉)。龙在风水术中指的是山。因为山脉在地理形态上与中国古代传说中的龙比较相似,所以风水家们就把山脉比作是龙。所谓觅龙,就是要寻找山脉,看看在建筑物的背后有没有山脉可以倚靠,看看这个山脉的走向和形态到底如何。

(二)察砂(考察丘陵)。砂在风水术中指的是小山或者土丘。按照风水术的要求,建筑物除了背后要有龙,要背靠主山之外,它的两边还必须要有小山或者土丘能够把它围绕起来。所谓察砂,就是要观察这些小山或者土丘的分布及其走向。

(三)观水(观看流水)。所谓观水,就是要观看和考察在建筑物的附近有没有江河、湖泊、溪流、池塘等各种流水,并考察这些流水的位置、形态以及水质究竟如何。水在风水术中有着非常独特的重要地位。风水家们历来认为:"吉地不可无水","风水之法,得水为上"。

(四)定向(确定方向)。所谓定向,就是要确定建筑物的朝向。这个朝向,就是与建筑基址垂直相对的方向,也就是大门面对的方向。在建筑物的选址和布局中,朝向是一个非常重要的要素。在中国,一般建筑物都以面向南方或面向东南方为佳。

(五)点穴(选定基点)。所谓点穴,就是最终确定建筑物的具体所在地。在风水家们看来,地形与人体一样,也有它的"穴位",而这个"穴位"就在山水相交、阴阳融汇的地方,而这个地方也就是住宅建筑的最佳所在,是建筑物的最理想的基点。

以上这五个步骤就是风水家们在考察风水、选择建筑基址时最常用的一套方法。把这五个步骤综合起来,我们就可以大致理解风水家们理想中的好风水应该是一种什么样的地理环境了。我们先来看一幅"最佳宅址选择"图:

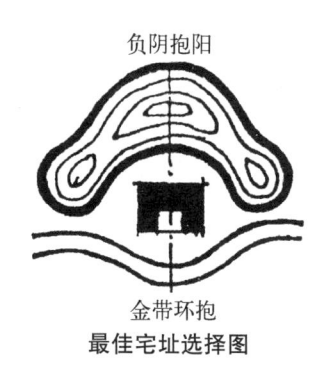

最佳宅址选择图

这幅图中的北面是高山,也就是"龙";东西两面是小山,也就是"砂";南面是水,是一条弯曲的河流,被称为"金带环抱";当中黑色的长方块就是住宅建筑物,也就是最佳的风水点了。整个住宅建筑坐北朝南，背山面水，这是最佳宅址的一种风水模式。

我们再来看下面这幅"最佳宅址选择"图：

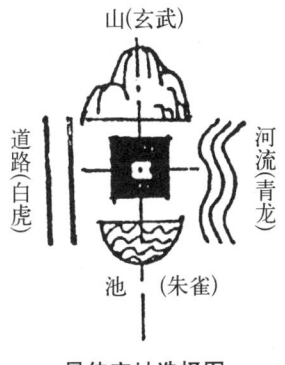

最佳宅址选择图

这幅图中的北面也是高山，南面是池塘，东面是河流，西面是道路，中间的住宅建筑就在这山水和道路的环抱之中。这是最佳宅址的又一种风水模式。

以上这两种风水模式不仅适用于单独的住宅建筑选址，也适用于一个村庄乃至一座城市的建筑选址。我们再来看两幅图：

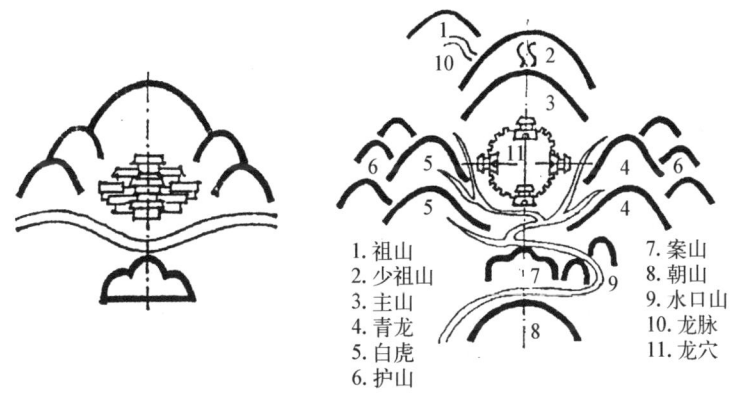

1. 祖山
2. 少祖山
3. 主山
4. 青龙
5. 白虎
6. 护山
7. 案山
8. 朝山
9. 水口山
10. 龙脉
11. 龙穴

最佳村址选择图　　**最佳城址选择图**

左面这幅图是一个村庄的建筑选址,右面这幅图是一个城市的建筑选址。图看上去要比单独的住宅建筑复杂一些,但实际上其风水要求是一致的,即:北面是高山,两边是小山,南面是河流,建筑物就在这面向南方的山水环抱之中。

二、风水术中有关建筑选址的科学知识

风水术关于建筑选址的五大要素——觅龙、察砂、观水、定向、点穴,在许多方面是符合中国这个地域上的地理环境、气象特点等自然规律的。它实际上提出了适合中国人居住的生态环境要求和科学选址标准。

我们先来看"觅龙"。"觅龙"的建筑选址意义,就是要求在建筑物的背后,有一条横亘的山脉,有一座矗立的山峰。前面说过,中国的住宅建筑一般都要求面向南方或者东南方,那么它背后如果有山脉和山峰的话,就相当于在西北方面筑起了一道天然的屏障,把从西北方向过来的寒冷空气阻挡在了山脉的北边,从而最大限度地减少和降低了北方冷空气给人们带来的灾害。这无疑是比较科学的和合理的。其次是"察砂"。"砂"是指建筑物两边的小山或丘陵。建筑物背后有山,两边又有丘陵环抱,这就形成了一个向南开口的半封闭的生存空间,它既给人们带来了一种安全感,又有利于形成这一区域的局部的生态平衡。其三是"观水"。水是一切生物不可缺少的重要资源,也是人类生存的基本条件。如果没有水,就不可能有花草树木的欣欣向荣,也不可能有牛马猪羊的生息繁衍,人类的一切生产活动,包括农业生产和畜牧业生产等,都不可能顺利地进行。同时,河流又是古代最重要的交通资源。利用

舟船来进行水上交通和运输,既方便快捷又经济实惠。因此,水资源的勘察对于建筑选址来说,是绝对必须的和重要的一环。其四是"定向"。古人把住宅建筑的朝向定为面向南方或面向东南方,这是对太阳光照和太阳能源的最大限度的利用,无论对人类的生活和生产活动以及人类自身的身体健康,都是最佳的和科学的选择。最后是"点穴"。这是住宅建筑基址的最终确定,也就是要在这一片生态环境的区域中,找出一个最理想的具体位置来建造住宅。这个具体位置既不能太靠山上,如果太高了,取水和生活都不方便;但是又不能太靠河边,如果太靠河边,万一山洪暴发,河水泛滥,又会把建筑物冲垮,给人们带来灾难。所以这个最佳位置的选择,也必须符合自然的规律和科学的原则。综合起来看,中国古代风水术的五大要素,实际上是古人在进行建筑选址时的五条宏观标准,是符合中国这个地域上的地理环境、气象特点等自然规律的,其中确实包含了不少科学的和合理的内容。正因为如此,所以这五大要素成为中国古代建筑选址的一个普遍的原则,无论是建造一座单独的宅院也好,或者是建造一个家族群居的村落也好,甚至是建造一个功能齐备的大型城镇也好,都离不开这五大原则的指导,离不开这五条宏观的标准。

三、风水术中的地理学和水文学知识

风水术在古代有一个别称,叫作"地理"(关于大地的道理)。这个"地理"虽然不是我们现在所说的地理科学的地理,但风水家们以大地的地形、地貌和水文等地理环境作为观察对象和研究对象,却是一个不争的历史事实。在长期的对于地理环境的观察和研究过程中,风水家们积累了不少地理学和水文学方面的知识,并对中国古代地理学的发展做出了一定的贡献。

例如风水家们要"觅龙",要寻找龙脉,实际上就是考察和研究中国境内山脉的位置、走向和特点。按照传统风水术的理论,中国的龙脉之源是位于新疆和西藏境内的昆仑山。昆仑山的东南支脉流布于中国,分为三支,称为三大干龙,即北龙、中龙和南龙。北龙自昆仑山到阴山、贺兰山,进入山西省后为太行山,其余脉一直到海边的碣石山;中龙自昆仑山到岷山,沿岷江左右流布,然后到终南山,到嵩山,到泰山,最后到昆嵛山入海;南龙自昆仑山下丽江,到云贵高原,然后又分为三个支脉,最后到天目山入海。风水家们所描绘的这些主干的龙脉和分支的龙脉,大致反映了我国主要山脉的走向、形势和位置,是对我国境内重要地形地貌的形象把握,也是我国古代地理学知识的早期积累。

风水家们因为对水特别重视,所以在水文学方面也积累了大量的知识。传说晋代的风水大师郭璞在为他母亲寻找坟地的时候①,选择在一条大河旁边,而且离河岸只有一百步左右的距离。当时有很多人提出,说坟地离河水太近了,恐怕将来坟墓要被水所淹。郭璞回答说,你们不用担心,虽然现在离河水是近了点,但不久以后河水就会慢慢地离这里很远,这里整个一大片都会变成陆地。果然没过多久,坟地与河水之间的这一片地越扩越大,原来是河床的地方都变成了岸地。不仅坟地没有被水淹没,相反郭璞还凭空得到了一大片土地。原来郭璞所选的坟地是在一条弯曲河流

---

① 坟地在风水术中被称为"阴宅",它的风水要求与住活人的住宅("阳宅")是一致的。

的凸岸部位(见下图)：

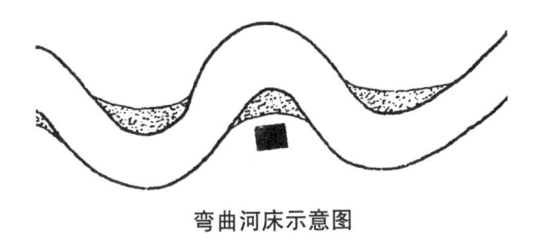

弯曲河床示意图

由于流水的冲击作用，河床的凹岸被不断地掏刷，河岸就会向着更凹的方向推移；而掏刷下来的泥沙又被河水带到了凸岸的边滩，从而使凸岸的河岸向着更凸的方向推移，所以坟地离河岸的距离就越来越远，这一片土地也就越扩越大了。这样一种弯曲河流的河床变迁，是符合流水冲击的客观规律的，是现代水文学理论的一个重要内容。郭璞的这个为他母亲选择坟地的风水活动实践，表明他是懂得其中道理的，是掌握了这一水文学规律的。

四、从风水工具罗盘到指南针的发明

指南针是中国古代的一项重大科学发明，而它最早的起源，就来自风水家们手中的定向工具——罗盘。前面说过，风水家们在勘察风水的时候，有一项很重要的步骤就是"定向"，即辨别和确定方向，而辨别和确定方向的最好工具就是罗盘。可以说，正是风水家们在长期的辨别和确定方向的实践活动中，逐步地发现了地球磁场，并利用地球磁场来作为确定方向的标准，从而对指南针的发明和应用做出了他们的贡献。

根据现存的古代风水学典籍记载，早在唐代时（公元8世纪左

太保相宅图，中间一人正在查看放置在支架上的罗盘

右)，风水家们就已经能够很熟练地使用罗盘来辨别和确定南北方向了。例如唐时风水著作《管氏地理指蒙》中说："(指南)针之所以能指向南北，就好像母亲眷恋她的孩子一样。"①唐代末年的风水学家卜应天在他的著作《雪心赋》中也说："要辨别和确认方向，必须以'子午针'为标准。"②这里的"子"指北方，"午"指南方，"子午针"即是指南针。宋代沈括在他的《梦溪笔谈》一书中，详细记载了指南针的四种具体形式，并且明确指出这些内容来自"方家"，而所谓"方家"就是当时的风水学家。沈括在书中还说："方家用磁石来打磨铁针的针尖，使得铁针也能够指南。但是常常略微偏东一点，不完全是正南。"③这说明当时的风水家们已

地磁偏角示意图

---

① 原文为："针之指南北，顾母而恋其子也。"
② 原文为："立向辨方，的以子午针为正。"
③ 原文为："方家以磁石磨针锋，则能指南。然常偏东，不全南也。"

经掌握了用磁石来打磨铁针的人工磁化技术,同时也已经发现了"地磁偏角"这一自然地理现象。

我们知道,地球有南北两极,也就是南极和北极,这是人类用来标示方向的基点。把地球的南北两极用一条直线连接起来,这条线就称为地子午线。同时,地球又是一个磁场,有南北两个磁极。把南北两个磁极用一条直线连接起来,这条线就称为磁子午线。由于磁极和地极并不重合,所以磁子午线和地子午线就会形成交叉,产生一个夹角,这个夹角就是地磁偏角。地磁偏角在地球的各个地方是不完全一样的,中国所处的位置,正好显示磁针所指的方向为正南偏东一点。从沈括《梦溪笔谈》的记载中我们可以看到,古代的风水家们在指南针的发明和使用方面,在人工磁化技术的发明以及地磁偏角的发现方面,确实做出了他们的重要贡献。

要而言之,我们在看到风水术中含有某些神秘主义内容的同时,还应该看到其中所蕴涵的一些符合科学原理和现代文明的元素,正确评价它们在科技发展史上的地位和价值,而不能把它们简单地完全否定。

记吴文俊先生的数学方法论思想对我研究中国古代科学方法的启示和影响[*]

吴文俊先生比我年长 31 岁,是我心目中德高望重的学术前辈。他长年在北京从事数学研究工作,与我这个远在上海的后生小子自然也不会有太多的交集。然而,吴先生关于中国传统数学方法论的思想却曾经给了我极大的启发和影响,使我得以在他的思想的基础上,进一步把中国传统数学方法论模式推广到天文学、农学和医学等其他学科,并由此而概括总结出中国古代各个主要学科所共同遵循的一个基本的科学方法论模式。再把这个中国古代科学方法论基本模式与当代科学家的思维模式及当代科学哲学家的科学方法论模式作比较,从而揭示了中国古代科学方法论模式的现代意义和价值。[①] 令人欣喜的是,我的这个研究结论在十年以后得到了吴文俊先生的关注和重视,他在为

---

[*] 本文原载于纪志刚、徐泽林编《论吴文俊的数学史业绩》,上海交通大学出版社 2019 年版。

[①] 参见周瀚光《中国古代科学方法研究》,华东师范大学出版社 1992 年版。

《东方科学文化的复兴》①一书所写的出版贺词中,大段地引述了我的研究结论,对我的研究成果表示了充分的肯定。这可以说是吴文俊先生与我在学术思想上交往的一段"情缘",谨记之以纪念吴先生的离世。

我第一次见到吴先生,是 1987 年 5 月在北京师范大学举行的"秦九韶《数书九章》成书 740 周年纪念暨学术研讨国际会议"上。在会议的休息时间里,我们参加会议的上海代表们曾与吴先生一起合了一个影。我当时作为一个无名的青年学者,吴先生自然不会对我留下什么印象。

大约从 1990 年上半年起,我开始系统地研究中国古代科学方法。这个研究课题最早是上海著名哲学家、华东师范大学冯契教授提出来的。中国古代既没有西方欧几里得的公理化演绎体系,又没有培根的实验科学方法,然而却创造了许许多多的科学发现和技术发明,那么这些科学发现和技术发明到底是用什么样的方法做出来呢? 冯契先生认为,这是一个"令人惊奇、需要我们认真研究的重大问题"②。冯先生的这个问题激发了我强烈的好奇心和探索欲望,使我花了将近两年的时间投身其中。我首先从中国古代的科学家和科学著作以及哲学家和哲学著作中,梳理和提炼出了 36 则具体的科学方法,然后又从中归纳出了中国古代科学方法的 6 个主要特点,那就是:(1) 勤于观察;(2) 善于推类;(3) 精于运数;(4) 明于求道;(5) 重于应用;(6) 长于辩证。在这个基础上,我又开始思考:在中国古代,有没有一个在相当长的历史时期内各个主要科学学科所共同遵循的方法论模式呢?

---

① 朱清时、姜岩:《东方科学文化的复兴》,北京科学技术出版社 2004 年版。
② 冯契:《中国古代哲学的逻辑发展》(上册),上海人民出版社 1983 年版,第 44 页。

正是在这个时候,我在《自然辩证法通讯》杂志上读到了吴文俊先生的文章《关于研究数学在中国的历史和现状》[①]。在这篇文章中,吴先生对中国传统的数学方法论模式做了一个非常精辟的概括,他这样说:

> 笔者曾在多种场合,指出我国的传统数学有它自己的体系和形式,有它自身的发展途径与独到的思想体系,不能以西方数学的模式生搬硬套。我国的古代数学基本上遵循了从生产实践中提炼出数学问题,经过分析综合,形成概念与方法,并上升到理论阶段;精炼成极少数一般性原理,进一步应用于多种多样的不同问题。从问题出发而不是从公理出发,以解决问题而不是以推理论证为主旨,这与西方之以欧几里得几何为代表的所谓演绎体系旨趣迥异、途径亦殊。

吴先生的这段话,在我当时苦苦思索中国古代科学方法论基本模式的脑海中,犹如灵光突现,给了我一个清晰而明确的思维方向。它不仅指示了中国传统数学方法论的基本模式,同时也给了我一条寻找中国古代科学方法论一般模式的思维线索。循此而进,我在吴先生这段话的基础上做了以下四个层次的概括、推广和比较研究的工作。

第一步,我把吴先生的这段话概括浓缩为一个由四个环节所构成的简明图式,并把它视作中国传统数学方法的基本模式,那就是:"实际问题——→概念方法——→一般原理——→实际问题",亦即:首先从社会实践中提炼出数学问题,然后提出相应的概念和方法

---

① 载《自然辩证法通讯》,1990年第4期。

(这里指具体的解题方法)去分别地解决它们,再在这些概念和方法的基础上抽象出一般原理(建立常用数学模型),最后再把这些数学模型运用到解决实际的问题中去。

第二步,把这样一个由四个环节所构成的中国传统数学方法论模式,进一步推广到中国古代天文学、医学和农学这几门主干学科中去,我们可以发现,这一模式竟完全适用于以上这些学科。也就是说,尽管天文学、医学和农学这些学科领域所涉及的具体内容不同,但从科学方法论的角度看,它们都遵循着"实际问题→概念方法→一般原理→实际问题"这样一个基本的发展模式。[①] 由此可以推定,这个由四个环节所构成的方法论模式,正是中国古代在相当长的历史时期内各个主要科学学科所共同遵循的基本模式。

第三步,把中国古代科学方法论基本模式与当代科学家在进行科学研究时所遵循的方法论模式相比较,两者之间竟有着惊人的相似之处。以爱因斯坦为例,"爱因斯坦把科学认识过程表达为如下模式:事实→概念→理论→事实。"[②]显然,当代科学家的科学研究方法论模式在一定程度上与中国古代科学方法论模式是可以相通的。

第四步,把中国古代科学方法论模式与当代科学哲学关于科学方法论的理论成果相比较,两者也是毫不矛盾的,并且尤其在重要的环节上完全一致。当代科学哲学以解决实际问题作为其科学方法论的理论核心。例如英国著名科学哲学家波普尔在他的《客观知识》一书中,把科学进步的方法论模式表述为如下的进程:"问题→尝试性解决→排除错误→问题",即从问题出发,通过尝试性

[①] 关于这一论点的详细证明,可参阅拙著《中国古代科学方法研究》第三章。
[②] 据周昌忠:《西方科学方法论史》,上海人民出版社1986年版,第231页。

解决并排除错误,最后达到正确解决问题的目的。很明显,中国古代科学从实际问题出发并以解决实际问题见长的方法论模式,与当代科学哲学以解决问题为理论核心的方法论模式可谓不谋而合。

基于吴文俊先生关于中国传统数学方法论思想的启发,再经过以上四个层次的概括、推广和比较研究,我的结论是:中国古代科学方法论的基本模式主要是科学发现的方法论而不是科学证明的方法论。因此,中国古代能取得那么多的科学发现和技术发明,完全是一件不难理解的事情。

以上这些研究成果最终都汇集在拙著《中国古代科学方法研究》一书中,由华东师范大学出版社于1992年6月出版。其中的部分内容则陆续地发表在一些科技报刊和社科报刊上。因为与吴文俊先生没有个人之间的直接联系,所以也就一直没有机会向吴先生报告我的这些研究情况。

然而令我没有想到的是,十年之后,吴文俊先生在《科学新闻周刊》上读到了我的文章,并且在他写的文章中大段地引用了我的研究结论。这个事情开始我并不知道,还是席泽宗先生转告我的。那是2004年的夏天,我应郭书春先生之邀去北京自然科学史研究所参加一个关于《算数书》的国际会议。那天席泽宗先生正好坐在我的旁边,会议休息时他对我说,吴文俊先生最近写了一篇文章,里面引用了你的研究成果。席泽宗先生与我比较熟悉,他对中国古代科学方法也一直比较关注。我的《中国古代科学方法研究》一书出版后,他曾专门写信来向我要这本书。席先生后来在各地高校做"中国传统文化里的科学方法"的讲演,很多内容都参考了我的那本书。他的那个讲演后来由上海科技教育出版社出版[1],书

---

[1] 席泽宗:《中国传统文化里的科学方法》,上海科技教育出版社1999年版。

后列出的推荐读物,第一本就是我的书。席先生告诉我说,吴文俊先生的文章是为朱清时、姜岩合著的《东方科学文化的复兴》一书所写的出版贺词,长达20多页,写了三个多月。因为这本书由北京科学技术出版社出版,我在上海买不到这本书,所以后来又请席先生把吴先生文章中与我相关的部分复印寄我。

吴文俊先生在他的文章里说:

> 下面不妨作为朱姜一书的补充:一位周瀚光先生(我并不认识),在2001年第33期《科学新闻周刊》中登载了一篇文章,题为《中国古代科学方法及其现代意义》。文章指出,中国的传统数学方法有一个简明图式,即:实际问题→概念方法→一般原理→实际问题。文章又指出,不仅是中国的传统数学,而且中国传统的天文、农业、医学,都有着一个共同遵循的一般方法论模式,即:实际问题→概念方法→一般原理→实际问题。
>
> 这一模式循环往复,但不是简单的循环过程,而呈现一种螺旋式的不断向上和波浪形的不断向前的趋势。中国古代的科学技术就在这样一种方法论模式的循环往复中走向了它的高峰。
>
> 不仅如此,文章还指出:"当代科学家的科学研究方法论模式在一定程度上与中国科学的方法论模式是完全可以相通的。"结论是:"中国古代科学从实际问题出发并以解决实际问题见长的方法论模式与当代科学哲学家(例如爱因斯坦)以解决问题为理论核心的方法论模式可谓不谋而合。"

吴文俊先生对我这篇文章的大段引述,显示了他对我的研究结论的高度认同,是对我在他关于中国传统数学方法论思想基础上进行概括、推广及比较研究的全面肯定。这是我第一次接收到来自思想启发者(吴先生)对思想发展者(本人)的反馈,第一次接收到来自当代中国顶尖科学家对我科学方法论研究的认同和肯定。十年之前,中国当代哲学家冯契先生对我这一课题的研究曾给予了肯定和鼓励①;十年之后,中国当代科学家吴文俊先生又对我这一研究结论给予了认同和引述;这些都强烈地激励我在中国科学思想史研究道路上不断努力。

2005 年 7 月在北京参加第 22 届国际科学史大会期间,我有幸又见到了吴文俊先生。吴先生虽然已年届 86 岁,但依然神采奕奕,思路清晰。在北京法国文化中心举行的一次酒会上,我跟吴先生提起他在文章中引述我的研究结论一事,又拿出 1987 年时我们上海代表与他在一起的合影给他看,并开玩笑地对他说,我们那么早就已经有合影了,你怎么能在文章中说不认识我呢?说得吴先生哈哈大笑起来。

以上所述,是吴文俊先生关于中国传统的数学方法论思想对我研究中国古代科学方法的启示和影响,是我与吴先生在学术思想交往上的一段难以忘怀的"情缘"。吴先生虽然离我们而去了,但他永远活在我的心中!

---

① 冯契先生在为拙著《中国古代科学方法研究》所写的序言中说:"他(作者)在一个荒芜领域中作了开发工作,已取得可喜的成绩","提出了新颖的有价值的见解"。

中国科学思想史研究概述
——李约瑟《科学思想史》导读*

同学们:

大家晚上好!

我今天给大家做这个讲座,是要向大家推荐并介绍英国学者李约瑟写的一本书。这本书的书名叫"科学思想史",英文原著的书名叫"History of Scientific Thought",是李约瑟组织编写的一部多卷本巨著《中国科学技术史》的第二卷。这部多卷本巨著的英文书名叫"Science and Civilization in China",我们把它翻译成"中国科学技术史",是按照书中的实际内容意译的。这部巨著在中国台湾也有一个译本,是陈立夫先生主持翻译的,翻译过来的名称叫"中国的科学与文明",是按照英文书名直译的。所以,我们这次给大家推荐和介绍的这本第二卷《科学思想史》,也有两个译本。一个是中国

---

* 本文是作者于2017年4月为"华东师范大学校园主题日经典导读系列讲座"所做的一个专题讲座记录。

大陆的译本,是科学出版社和上海古籍出版社于1990年8月联合出版的《科学思想史》;再一个是中国台湾的译本《中国古代科学思想史》。这两个译本在我们学校图书馆的书库里都有,不过我个人建议,大家最好还是去读我们大陆的这个版本。因为台湾的这个译本是一个节选本,不全,而且翻译得确实不够好;而大陆的这个译本则是全译,翻译的质量也比台湾的好很多。这是我自己读了这两个版本并进行了比较之后的体会,供大家在选择的时候参考。当然,如果大家有兴趣并且有时间的话,把这两个译本都拿来读一遍,那自然就更好了。

在具体地讨论这个第二卷《科学思想史》之前,我想还是有必要先介绍一下这本书的作者李约瑟以及他主持编写的这部多卷本巨著《中国科学技术史》,以便于大家有一个背景的了解和总体的概念。

一、李约瑟及其《中国科学技术史》

李约瑟的英文名字叫Joseph Needham,1900年出生,1995年去世,享年95岁。他是英国著名的科学家和科学史家,英国皇家学会会员(FRS),英国学术院院士(FBA),中国科学院首批外籍院士。他早年是一名科学家,以生物化学研究而著称,曾出版了《化学胚胎学》(三卷本)及《生物化学与形态发生学》两部科学著作,在国际生化学界享有盛誉。

从1937年起,他在鲁桂珍等三名中国留学生的影响下,转而研究中国科技史,从此一发而不可收。1942年秋,他受英国皇家学会之命,前来援助中国的抗日战争,在重庆建立了一个中英科学合作馆,与中国的科学家和学者们建立了深厚的友谊。1946年春,李约瑟离任,赴巴黎任联合国教科文组织自然科学部主任。两年之后返回剑桥,先后在中国助手王铃博士和鲁桂珍博士的协助下,开始编写系列巨著《中国科学技术史》。

按照李约瑟的计划,《中国科学技术史》这部系列巨著一共有7卷34个分册。7卷的目录如下:

第一卷　导论
第二卷　科学思想史
第三卷　数学、天学和地学
第四卷　物理学及相关技术
第五卷　化学及相关技术
第六卷　生物学及相关技术
第七卷　社会背景和总结

从1948年这部系列巨著正式启动,到1995年李约瑟逝世,在近半个世纪里,这部巨著共出版了18个分册。李约瑟逝世后,这项巨大的工程并没有因此而停止。设在英国剑桥的李约瑟研究所以及其他地方的一些科学史家现在还在努力工作,力争早日完成并出版其余的各个分册。到目前为止,据我所知,已出版了24个分册,计1万5千页,300多万字。这部巨著洋洋洒洒,包罗万象,不仅包含了数学、天文、地理、物理、化学、生物、医学以及机械工程、土木工程、军事技术等内容,而且还包括了生活中的各种小发明,例如雨伞、风筝、乐鼓、瓷器、围棋,甚至具有香味的卫生纸等。现在,这部巨著已经成为经典,成为相关领域学者不可缺少的重要著作。

李约瑟在这部系列巨著中,以浩瀚的史料、确凿的证据向世界表明:"中国文明在科学技术史上曾起过从来没有被认识到的巨大作用","在现代科学技术登场前十多个世纪,中国在科技和知识方面的积累远胜于西方"。他的这部巨著,对于西方知识界深入了解和正确认识中国古代的科技和文明,产生了极其重大的影响。

中华人民共和国成立后,李约瑟亲自发起并就任英中友好协会会长、英中了解协会会长,先后八次来华访问考察,受到了周恩来等国家领导人的亲切接见,被称为"中英文化的友好使者"、"中国人民的老朋友"。

李约瑟这部《中国科学技术史》巨著陆续出版后,在英国也给他带来了巨大的荣誉。1959年,他被所在学院的院士们选为主席。1963年,他的肖像挂上了学院的名人堂。三年后又当选为校监。1971年,他又被选为英国人文科学院院士,是少有的几位同时又是英国皇家学会(自然科学家学会)会员的科学家。1992年,英国女王更授予他国家的最高荣誉——Companion of Honor(荣誉同伴者)勋衔,这是比爵士更为崇高的勋号。李约瑟一生著作等身,被誉为"20世纪的伟大学者""百科全书式的人物"。

与李约瑟本人同样著名的,还有他提出的一个问题,这个问题现在被国际学术界称为"李约瑟问题",或者叫"李约瑟难题",或者叫"李约瑟之谜"。这个问题的表述有好几种版本,其核心的思想是:在16世纪之前,中国古代的科技发展为什么会取得那么多的成就并领先于同时期的西方?而到了17世纪,近代科学却偏偏产生于西方而不是产生在中国?这个问题令李约瑟感到非常困惑,这也是他为什么要从事中国科技史研究并编撰《中国科学技术史》这样一部系列巨著的重要原因之一。李约瑟自己在生前并没有给出这个问题的答案,他的这个问题后来引起了学术界其他学者的广泛兴趣和关注。学术界发表了大量的文章来论述这个问题,举办了多次的会议来探讨这个问题,但迄今为止,并没有得出一个大家都能够认可的答案来,所以它至今仍然是一个未被解决的难题。

总之,李约瑟对中国科技史研究的影响是极其巨大的,他是一个真正大师级的人物,可以说迄今为止没有一个中国科技史家的成就和影响能够超过李约瑟的成就和影响。以我个人而言,我们从年轻的时候开始研究中国科技史,在一定的程度上就是受了李约瑟的影响。他在我们的心目中,就是这方面的权威和泰斗。在他生前,我们也经常跟他联系,向他请教一些问题,并报告我们研究工作中的一些活动和进展。他对我们这些年轻学者也非常关心和支持,经常写信给我们指导,至少我本人就收到过两次他的来信,这对我们的工作都是很大的鞭策和鼓励。李约瑟去世后,我们又组织了多次的追思会和纪念会,向他表示我们深深的崇敬之意和钦佩之情。

以上这些,就是李约瑟和他的《中国科学技术史》这部巨著的基本情况和背景资料。另外,李约瑟作为一个男人来说,也是很有魅力的。他又高又帅,风度翩翩,而且很有幽默感。他博学多闻,懂7国语言,无论在自然科学方面还是人文科学方面,都达到了一流的水平。他的第一任妻子,也是一位英国的科学家,也是英国皇家学会会员,名字叫 Dorothy Mary Moyle,中文名字叫李大斐,比李约瑟大5岁。在李约瑟87岁那年,李大斐去世了。两年后,李约瑟娶了他的第二任妻子,名字叫鲁桂珍。鲁桂珍是1937年时从中国南京去英国剑桥留学的女学生,我前面讲过,正是在鲁桂珍等三位中国留学生的影响下,李约瑟转而研究中国科技史并一发而不可收。鲁桂珍后来成了李约瑟最亲密的助手,再后来成了他的第二任妻子。现在,李约瑟和他的两位夫人的骨灰,一起安葬在剑桥李约瑟研究所院子里的同一棵菩提树下。

二、《科学思想史》一书的主要内容及其学术贡献

前面我们已经介绍了,李约瑟的《中国科学技术史》这部巨著一共有7卷,第一卷是《导论》,第二卷就是这部《科学思想史》。从第三卷开始,才是数学、天文、地理、物理、化学、生物等具体分科的历史。他把科学思想史放在各门具体的学科史之前来论述,显现出他对于科学思想史的一种特别的重视。在这本书的一开头,李约瑟就说:"现在一切必要的前提已经交待清楚,我们就可以自由地探讨中国哲学对于科学思想发展的作用了。"这也就是说,他的这一卷的宗旨,就是要"探讨中国哲学对于科学思想发展的作用"。

李约瑟的这个宗旨,显示了他一生中进行学术研究的一种一贯的风格。什么风格呢?就是他自称的喜欢在两门不同的学科之间"搭建桥梁"的风格。比如他年轻的时候是一位生物化学家,所谓"生物化学",就是在生物学与化学之间搭建桥梁,这使他成了生物化学这门新兴学科的创始人之一。后来他又在中国科学与历史学之间搭建桥梁,这又促成他取得了《中国科学技术史》这样一部巨著的宏伟成就。在这一卷《科学思想史》著作中,他又声称要"探讨中国哲学对于科学思想发展的作用",那就是要在中国哲学与科学思想之间搭建桥梁。这样一种善于在不同学科之间搭建桥梁的学术风格,往往能取得一些开创性的成果,有时甚至还能促成一门新的交叉学科的诞生。这种研究风格很重要,大家不妨记一下,保存在自己的脑子里,说不定以后会用得到。这一卷《科学思想史》的英文原版是在1956年出版发行的,距今已有60多年的时间。在60多年以前,李约瑟的这项开创性研究,确实是中外学术界从

未做过的工作。

为了让大家对这一卷《科学思想史》有一个总体的印象,我们先来看一下这一卷的目录:

> 第八章　导言
> 第九章　儒家与儒家思想
> 第十章　道家与道家思想
> 第十一章　墨家和名家
> 第十二章　法家
> 第十三章　中国科学的基本观念
> 第十四章　伪科学和怀疑主义传统
> 第十五章　佛教思想
> 第十六章　晋、唐道家和宋代理学家
> 第十七章　宋明时代的唯心主义者及中国本土的自然主义的最后几位杰出人物
> 第十八章　中国和西方的人间法律和自然法则

从这个目录中我们可以看到,这一卷从第八章起到第十八章止,一共有 11 章。其中第八章是一个简短的"导言",往后的各章则从先秦时期一直讨论到明清时期,从儒道佛一直讨论到诸子百家,从科学思想的哲学基础一直讨论到科学思想的概念演变,对中国古代哲学思想与科学技术的关系,对整个中国科学思想的发展历史,做了全面的探索和深入的研究。李约瑟作为一个外国的当代科学家,以他对中国传统文化的满腔热情,跨越了语言和时空的障碍,具体而微地描述了中国古代科学思想发展的基本线索,把握了中国古代哲学与科学联系的纽带,其始作之功,贡献之大,不能不使我们由衷地钦佩和叹服。

然而,令我们更加钦佩和叹服的,是李约瑟对中国传统文化的深刻理解,以及对中国古代科学思想及其哲学基础的深切把握。全书充满了独创的和精辟的见解,即使是半个多世纪以后的今天读来,仍给人以耳目一新之感,给人以历史的和理论的启迪。由于时间关系,我们今天来不及对书中的独创性观点作全面的介绍,只能对其中我认为最精彩的几个地方,给大家做一点简要的评述。

李约瑟在这一卷中花费笔墨最多、写得最精彩的,可以说是第十章"道家与道家思想"了。这一章所占的篇幅,大约相当于第九章"儒家与儒家思想"的5倍。而他所说的"道家",既包括了前期的道家学派,也包括了后来的道教教派。李约瑟对中国古代的道家和道教极其推崇,他认为:"中国人性格中有许多最吸引人的因素都来源于道家。中国如果没有道家思想,就会像是某些深根已经烂掉的大树。"他甚至给自己取了一个具有道家意味的名号,叫"胜冗子"。"冗"是繁多、冗杂的意思。道家主张以一胜多,这个"一"就是"道"。所以他自称"胜冗子",明显就是把自己归于道家的行列。在这本书里,他列出了9个专题来详尽讨论道家道教与科学技术的关系,它们是:

(1) 道家的道的观念;

(2) 自然界的统一性和自发性;

(3) 对自然的态度:科学观察的心理;

(4) 变、化和相对性;

(5) 道家对知识和社会的态度;

(6) 对封建制度的抨击;

(7) 萨满、巫和方士;

(8) 道家的个人目标:成为长生不死的"仙";

(9) 作为一种宗教的道教。

他的结论是：道家和道教"发展了科学态度的许多最重要的特点，因而对中国科技史是有着头等重要性的。……由此之故，东亚的化学、矿物学、植物学、动物学和药物学都起源于道家。"

李约瑟对道家和道家思想的理解确实是非常深刻的。他首先正确地指出，道家的"道"不是指人类社会中正确的生活之道，而是指宇宙的运行之道，或可称为"大自然的秩序"。老子讲这个"道"是"生而不有，为而不恃，长而不宰"，庄子讲这个"道"是"自本自根"，"生天生地"，在李约瑟看来都是"一种强调自然界运行的统一性和自发性的自然主义泛神论"。他认为道家的关键用语是"自然"，即自生自发、自然而然的意思。老子讲"人法地，地法天，天法道，道法自然"，就是对科学自然主义的基本肯定。庄子讲这个"道"是无所不在的，他的朋友东郭子叫他举几个例子来看看，庄子说"在蝼蚁"（小虫），"在稊稗"（野草），"在瓦甓"（破砖瓦），"在屎溺"（大小便），东郭子说你怎么每下愈况，越讲越下贱了。李约瑟评论说，这表明了道家的一种观点，一种"严格地仅仅为科学所特有的观点，即没有任何事物是在科学探索领域之外的，不论它是多么讨厌，多么不愉快或多么琐碎"。他批评以往的西方汉学家把道家的"无为"一词都理解和翻译错了，他们或者把它译成 non-action（无所作为），或者译成 inactivity（不活动）。李约瑟认为这种理解和翻译都是不准确的，"无为"的真正意思应该是"不做违反自然的活动"，"亦即不固执地去违反事物的本性，不强使物质材料完成它们不适合的功能"，"能够实践'无为'，这就意味着要通过基本上是科学的观察而取法自然"。他又详细地论述了道家的变化思想对早期生物进化论观点的影响，道家的长生思想对医药学和人体科学的开启，道家的炼丹实践对原始化学的促成，道家的经验主义倾向对科技发展的积极作用等一系列问题,从而令人信服地向读者证明了道家思想在科学思想史上的重要地位和应有价值。

李约瑟的这些关于道家科学思想的论述,无疑是非常正确而精辟的。他不仅准确地把握了道家思想的精髓,驱除了笼罩在道家思想上的一些迷雾,给了道家科学思想以历史的和公正的评价,而且由于他的努力,使得东西方有更多的人们了解了道家科学思想的精华,并使一些现代科学家有可能从中汲取营养或获得启示。例如日本物理学家、诺贝尔奖获得者汤川秀树,就自称他的科学研究曾受到中国古代老子和庄子思想的影响。法国数学家、突变理论的创建者托姆(R. Thom)也认为,他的理论与中国古代老子的思想是相通的。美国物理学家卡普拉(F. Capra)甚至认为,中国古代的"道"的思想暗含着现代科学的"场"的概念,它作为空虚和混沌可以形成一切。对于中国学术界来说,李约瑟关于道家和道教科学思想的论述和肯定,给中国的科学界、科学史界以及哲学界、宗教学界都带来了一种思想的冲击,在20世纪80年代还具有一种思想解放的意味。在以前的学术观念中,中国古代的传统思想怎么也无法与科学思想联系起来,尤其是道教,它作为一种宗教,以前被称为"精神鸦片",是一种迷信,怎么可能有科学思想呢?李约瑟的著作打破了这种精神枷锁,解放了中国学术界很大一批人的思想。从20世纪80年代后期开始,科技史界、哲学史界和道教学界联起手来,共同开展了关于道家道教与科学技术关系的研究。直到现在,这一课题的研究仍然在如火如荼地进行,它还曾经被列为国家社科基金项目的重点项目,并且已经出版了一系列中国道教科技史的学术著作。李约瑟半个世纪以前撰写和出版的著作以及其中的学术观点,至今仍在东西方的科学界和思想界里产生并发挥着深远的影响。关于道家科学思想的论述,可以说是李约瑟这部著作中最精彩的地方。

除了第十章"道家和道家思想"以外,李约瑟在这一卷里重点论述的,还有第十三章"中国科学的基本观念",其间也渗透了他对中国传统科学思想的惊人的洞察力。在这一章里,李约瑟考察了五行的观念、阴阳的观念以及《易经》的思想体系,并把它们称为中国古代科学哲学的三大组成部分。他认为"五行概念本身实质上是一种自然主义的、科学的概念",并根据五行(金木水火土)之间相生相克的关系,概括出了两大基本原理,一个是相制原理,再一个是相化原理。他把阴阳观念理解为"两种基本力量的理论",所谓"一阴一阳之谓道",实际上蕴含了一种"连续的二分法"。至于《易经》的思想体系,李约瑟则把它称为中古时代中国科学家们的一个"普遍的概念库"。

不仅如此,李约瑟还能够以一种历史的和发展的眼光去考察这些科学思想基本观念的发生、发展和演变,客观地分析这些基本观念在不同历史时期的是非功过,并对其作出实事求是的历史评价。比如对于五行观念,李约瑟认为,它"起初对中国的科学思想是有益的而不是有害的";把五行同宇宙间的各种事物都联系起来,无非是古人"对具体事物的基本性质做出初步分类的一种努力",并在古代的天文学、医学和农学等一些学科中都曾起过一定的积极作用;五行理论所蕴含的相制原理和相化原理,在一定程度上正确地反映了自然界中某些事物的内在联系,不仅在古代有用,而且可以在现代应用于一些实验科学的领域;因此,"五行概念本身实质上是一种自然主义的、科学的概念"。但是,李约瑟又指出,"象征的相互联系变得越繁复和怪诞,则整个体系离开对自然界的观察就越远";"中国的五行理论的唯一毛病是,它流传得太久了。在公元一世纪是十分先进的东西,到了十一世纪还勉强可说,而到了十八世纪就变得荒唐可厌了"。这就是说,当一种理论在它发展了一千多年以后,人们仍然对它无批判地接受的话,那么它就要妨碍人们对自然现象作出新的科学的解释和理解了。一些科学家在发现了某些新的自然现象之后,没有努力去追寻这些现象背后的原因和规律,而仅仅用五行理论来作一个笼统的解释和结论,在这样的情况下,五行思想就成为一种有害的东西而阻碍科学进一步发展了。显然,李约瑟的这种对于五行观念的辩证理解和历史评价,与那种笼统地对其全盘肯定或全盘否定的观点相比,无疑要正确和精辟得多。这让我们在佩服他科学和历史研究方面非凡才能的同时,对他的哲学素养也刮目相看。

以上是我给大家介绍的这一卷《科学思想史》中我认为最精彩的两个部分的内容。除了这两个方面以外,精彩的内容还有很多,今天就不一一展开了,留待各位自己去阅读体会。把前面我讲的这些内容概括起来,那就是——是李约瑟,第一次把中华民族的科学思想传统和科技发展成就系统地介绍给了西方。他让世界知道,中国古代不但有许多卓越的科学发现和技术发明,而且有相当丰富的科学思想成果。李约瑟为中国科学技术史的研究,为中国科学思想史的研究,做出了极其巨大的贡献。

三、中国科学思想史的研究现状及我们的工作

前面我们说了,李约瑟关于中国科学思想史的研究工作是具有开创性和奠基性的。在他的工作的刺激和带动下,从 20 世纪 80 年代开始,中国国内的学术界也行动起来,在他的工作基础上进一步深入研究,经过 30 多年的努力,又取得了许多新的研究进

展和研究成果。由于中国科学思想史研究这个课题涉及科技史、哲学史、思想史、文化史等好几个领域，所以参加这个课题研究的人员也就势必来自各个不同的但又相关的专业队伍。其中既有来自中国科技史研究领域的，也有来自中国哲学史研究领域的，还有来自自然辩证法(科学哲学)、古籍整理研究以及现代科学研究等各个领域的研究力量。在全国所有这些研究中国科学思想史的力量中，有一支研究队伍被学术界公认为起步较早且研究成果最多，那就是以我校哲学系冯契教授和我校老校长袁运开教授领衔的，以我校的科研力量为骨干，并联合了上海其他高校和研究机构的研究人员一起参加的这样一支研究队伍。经过30多年的工作，到目前为止，上海学术界已经被公认为是全国研究中国科学思想史的重镇。

那么，上海学术界这些年来在中国科学思想史研究方面所做的工作和所取得的进展，主要有哪些呢？概括起来，这些工作和进展主要表现在以下三个方面：

(一) 举办了一系列中国科学思想史研讨会议

从1987年秋到1990年春这三年时间里，我们一共举办了三次有关中国科学思想史研究的学术会议：

1. 1987年10月，我们在华东师范大学举行了全国"首届中国科学思想史研讨会"。因为这是第一次以中国科学思想史为主题的学术会议，所以主要讨论了中国科学思想史研究的一些基础性问题：(1) 关于中国科学思想史研究的意义、目的和方法；(2) 关于中国科学思想史研究的对象、内涵和范畴；(3) 关于中国科学思想史与科技史、哲学史、思想史之间的相互关系；(4) 国内外有关中国科学思想史研究的动态。我作为这次会议筹备工作的具体负责人，曾在开会前把会议的有关信息向远在英国的李约瑟博士做了通报，没想到很快就得到了他的回信，并在信中表示对会议的举行"深受鼓舞"。

2. 1989年11月，我们又举行了一个主题为"道家道教与科学技术"的研讨会。这是一个上海学术界的会议，实际上是对李约瑟"道家科学思想"研究的一个呼应。上海科技史学会理事长胡道静、上海哲学学会会长冯契、华东师范大学校长袁运开，还有上海市道教协会副会长潘雨庭、上海社科院宗教研究所所长陈耀庭等，都出席了会议并在会上作了学术报告。

3. 1990年4月，我们在华东师大又举行了一个全国性的"传统思想与科学技术研讨会"。这个会议规模较大，有15个高校和科研单位联合发起，有100多位会议代表参加，共收到会议论文80多篇。中国科协主席钱学森、中国哲学史学会理事长张岱年、南京大学名誉校长匡亚明等先生都给会议发来了贺信。会议讨论了中国科学思想史研究的6个方面的专题，涉及儒道佛、《周易》及诸子百家，涉及中国古代的天文、数学、医学、农学等各个学科，涉及中国古代的自然观、科技价值观和科学方法论等各个方面。会议开得非常成功，在哲学史、科技史、思想史等各个领域都产生了很大的影响。

（二）撰写并出版了三卷本的《中国科学思想史》专著

也就是在1990年的那个"传统思想与科学技术研讨会"上，有许多学者提出，我们中国的科学思想史，不能只有外国人写的著作而没有我们中国人自己写的著作。而且从李约瑟的那本《科学思想史》出版以后，又有三四十年过去了，学术界又有了许多新的认识和新的观点，所以我们中国的学术界应该有责任自己写一本比较系统的著作，来对中国科学思想史做一个更加全面、更加深入的总结和评述，来填补这一方面的空白。这个提议提出来以后，立刻得到了安徽科学技术出版社的响应,他们表示只要这部著作能够写出来,他们一定尽快地安排出版。他们还对全国在这方面的研究力量进行了评估,认为还是上海学术界最有基础、最有实力且最有能力来做这件事,来完成这样一个既重要又艰巨的工作。这样一来,这个任务就历史性地落到了上海学术界的身上,并且主要是落到了我们华东师大的身上。

从1991年开始,我们正式着手做这样一个系统工程。首先我们组建了一个研究和写作班子,请了4位前辈学者担任顾问,他们是钱临照(中国科学院院士、中国科学技术大学副校长、著名物理学家和科技史家)、冯契(上海市哲学学会会长、华东师大哲学系名誉主任)、胡道静(上海市科技史学会理事长)和杜石然(中国科学院自然科学史研究所研究员);由袁运开(华东师范大学校长)和我两人担任主编;并组织了一个20多人的编委和作者队伍。然后,经过多次反复讨论,编制了一个三卷本的详细撰写提纲。提纲编制好以后,我把它寄给了远在英国剑桥的李约瑟先生,他那时已经90多岁了。没想到很快就收到了李约瑟先生的回信。他在信中说:"非常感谢你们给我寄来关于三卷本《中国科学思想史》的详细编撰设想。毫无疑问,这一课题是我们这个时代的最令人兴奋的进展之一。我预祝您和您的同事们在进行这项关于古代和中世纪思想史的奠基性工作中取得一切预期的成就。"李约瑟把我们的这项工作称为"one of the most exciting developments of our times(我们这个时代最令人兴奋的进展之一)",这对我们的工作无疑是一个极大的鼓舞。

本来我们准备花五年的时间来完成这个计划,争取在1995年之前出版这部三卷本的著作,并把它作为献给李约瑟95岁生日的礼物。然而因为出版社方面的原因,这套书一直到2000年才全部出齐,从写作到出版一共花了整整十年的时间。而李约瑟也已于1995年离我们而去了,在他生前没有能看到我们这部书的出版。好在后来赶在2000年出版了此书,只能作为纪念李约瑟诞辰100周年而献给他的礼物了。这部书出版以后,很快就获得了学术界的广泛好评,被誉为"目前国内外学术界所见到的最系统、最完整的关于中国科学思想史研究的力作"。这部书后来又获得了第13届中国图书奖,第5届安徽省图书一等奖,第6届上海哲学社会科学优秀著作二等奖等好几个大奖,现在已经被许多高校的科学史专业或其他专业列为必读教材或推荐书目。

(三)提出了一些不同于李约瑟观点的新思想

我们知道,任何一个学术权威的工作都不可能是完美无瑕的,李约瑟当然也不能例外。随着对中国科学思想史研究的日益深入,我们发现,李约瑟虽然对中国科学思想史研究提出了许多正确的论断和精彩的观点,确实做出了难以估量的巨大贡献,但他也有一些论述和观点却并不完全是正确的和准确的,他会因为历史的局限或者个人的局限,产生一些错误的看法,得出一些错误的结论。比如,当他在考察中国哲学对古代科技产生何种影响的时候,当他把目光集中到儒道佛三家与古代科技发展关系的时候,他一方面提出了许多非常精辟的观点,而另一方面也得出了一些我们认为是比较偏颇的或值得商榷的结论。前面说过,李约瑟非常推崇中国古代的道家和道教,强烈地肯定和赞赏道家和道教对古代科技发展的积极作用,但对于儒家和佛教,李约瑟虽然也找到了一些他们与科技发展的联系,而他的结论却基本上是完全否定的。例如他认为"在整个中国历史上,儒家反对对自然进行科学的探索,并反对对技术做科学的解释和推广","它对于科学的贡献几乎全是消极的"。他又说:"我们应该试图来估计一下佛教对中国科学和科学思想所产生的影响。无可怀疑的是,总起来说,佛教的作用是强烈的阻碍作用。"正是李约瑟对于儒家和佛教的这两个否定性的结论,后来引起了国内外学术界的争议和批评,并由此而使得中国科学思想史的研究进一步走向了深入。

关于儒家与古代科技发展的关系问题,一直是学术界感兴趣的一个问题,也是中国科学思想史研究的一个绕不开的问题。早在1990年我们举办"传统思想与科学技术研讨会"的时候,我们就在会上组织了一个小型讨论会来专题讨论儒家思想。那次会议我提交了一篇论文摘要,题目就是"儒家思想对科学技术的积极作用",对李约瑟否定儒家的观点提出了不同的意见。我当时主要提出了三个方面的理由。首先,传统儒家对中国古代的主干科学——天文、数学、医学、农学,不但不反对,而且积极参与,颇有贡献。这是有大量历史事实作为依据的。其次,儒家的一些思想认识方法对于古代科技的发展也有积极作用,孔子的"举一反三"、孟子的"苟求其故"、荀子的"以一知万"等认识方法,就经常出现在古代的科技著作中。其三,在中国科技发展史上,有两个时代特别重要。一个是汉代,是各门学科初具规模、奠立体系的时期;再一个是宋代,是传统科学走向高峰的黄金时期。而在学术思潮发展领域,这两个时期恰恰一个独尊儒术(汉代),再一个儒学复兴(宋代)。显然,至少在汉代和宋代这两个时期,传统儒学与科技发展之间存在着一种正相关的联系。所以我认为,儒家思想中虽然有一些不利于科技发展的内容,但从总体上看,儒家对古代科技的发展主要还是起到了积极促进的作用。但因为长期以来我国学术界对儒家思想一直持批评和否定的态度,而科技史界又受到李约瑟否定儒家的观点的影响,因此在那次会上,我的观点基本上属于少数派,大部分学者还都认为儒家对中国古代科技的发展主要是消极的和否定的。

随着我国思想界的逐步解放和对这个问题研究的逐步深入,学术界开始有越来越多的学者认同了我的观点,肯定了儒家对古代科技发展的积极作用。1996年我去韩国首尔参加第8届国际东亚科学史会议的时候,带去的论文题目就是"The Positive Influence of Confucianism upon the Development of Science and Technology(论儒家对科技发展的积极影响)",副标题是"A Comment on Joseph Needham's Prejudice against Confucianism(兼评李约瑟对儒家的偏见)"。在论文宣读后的讨论阶段,当时主持会议的李约瑟研究所所长何丙郁先生也表示认同我的这个观点。以后在2000年3月去美国参加"Science and Culture(科学与文化)"研讨会时,我在会上又一次演讲了这个观点,也得到了当时与会代表们的赞同和支持。时至今日,我的这个肯定儒家积极作用的观点几乎已经成了科技史界的主流观点了。

关于佛教对中国古代科技发展的影响,我们从2007年开始,专门申报了一个国家社科基金项目来做这个研究,并且得到了批准,项目的名称就叫"中国佛教与古代科技的发展"。我们详细地梳理了佛教从东汉时期传入中国以后,在数学、天文学、医药学、生物学、地理学、建筑工程学以及古代技术等各个学科领域中所做的工作以及所取得的成绩,找到了佛教影响古代科技发展的几条最重要的途径,然后又对佛教的教义进行了详细的剖析,最后得出的结论是:中国佛教对古代科技的发展主要也是起到了积极促进的作用和影响。这个结论与李约瑟否定佛教的观点又是不一致的,但它是建立在大量历史事实的发掘、整理、分析和概括的基础之上的,是经得起历史的检验和时间的考验的。由于今天时间的关系,我没法详细地展开来说,我这里仅举一个例子,来看看佛教对科学技术的态度。佛教说要修行成为菩萨,必须要通过一个途径,那就是要学习"五明",佛经中讲"五种明处菩萨悉求"。那么这个"五明"是个什么东西呢？

1. 声明(关于语言和文字等方面的知识);
2. 工巧明(关于工艺、技术、历法、计算等方面的知识);
3. 医方明(关于医术和制药等方面的知识);
4. 因明(关于因果、真伪、正邪等方面的知识,相当于逻辑学);
5. 内明(关于佛教本门的教义理论等知识)。

我们看到,在上述这"五明"当中,至少有三项(工巧明、医方明和因明)是与科学技术相关的内容,并且涵盖了科学技术的大部分领域。佛教讲要修习"五明",不就是鼓励僧徒们去学习科技知识,参加科技活动吗？再加上我们所知道的,天文学领域有僧一行那样伟大的科学家,医药学领域有那么多医术高超的医僧,世界上最早的雕版印刷都是刻的佛经,全国各地至今还保存着古代佛教的寺庙殿塔等建筑艺术精品,等等,我们怎么能说佛教对古代科技发展的作用"总起来说是强烈的阻碍作用"(李约瑟语)呢？现在,我们的这个国家社科基金项目早已通过验收并且结项了,书也已经出版了,我们的观点也已经得到了学术界越来越多的专家学者的认同。

前些时候,《广西民族大学学报》对我有一个采访,他们问我说：李约瑟特别赞赏道家和道教对古代科技发展的贡献,而对儒家和佛教则持总体否定的态度,而您对李约瑟否定儒家和佛教的观点都不赞同,那么您觉得应该如何从总体上去认识儒道佛三家与古代科技发展的关系呢？我回答说：我认为,任何时代的科技发展都是一种社会合力的结果。就学术思潮而言,同样也不应该是某种单一的学派思想独立推动的结果。在中国古代,儒道佛三家都对科技的发展起到过积极推动的作用，但它们在不同的历史时期和不同的学科领域所起到的作用和影响是很不相同的，这与它们各自的学派发展特点和学术价值取向有着密切的关系。（比如儒家关注社会，所以对数学、历法、医学、农学等学科比较有研究；道家要回归自然，所以对宇宙、生物、人身等领域更加感兴趣；墨家本身就是一个工匠团体，必然更关注力学、光学、数学等学科。）我想以后如果有机会的话，可以就儒道佛和诸子百家对科技发展影响的异同，做一点比较研究。至于李约瑟在这方面的先驱性工作和创造性见解，我个人是非常尊崇和钦佩的。但他的某些偏见，应该也是毋庸讳言并且可以理解的。我想，我们对李约瑟先生的最好纪念，莫过于在他研究成果的基础上再不断地向前推进。

　　对于李约瑟这一部《科学思想史》著作的介绍和评价，对于李约瑟在中国科技史和中国科学思想史研究方面所做出的成就和贡献，以及当前关于中国科学思想史研究的一些现状和新的进展，包括对李约瑟研究局限的一些批评，我今天就简要地讲到这里。最后我想对大家说的是，我们在读书的时候，一定要认真地思索，然后提出问题，然后再通过自己的研究得出自己的观点。即使是对于所谓的经典，也要取这个态度。孔子说"学而不思则罔"，就是说读书学习如果不通过自己的思考，那么就会感觉迷茫而一无所得，甚至越读越糊涂。我们一定不要把自己读成一个书橱，读成一个书库，或者读成一个 U 盘，读成一个移动硬盘。读进去的东西，一定要仔细思考，反复咀嚼，然后把它变成自己的东西，并最后创造出新的思想来。读而后思，思而后问，问而后创。这个创，就是创造，就是创新。这是最重要的，切记切记！

　　我的报告就到这里，谢谢大家！

书写中国数学史研究的春天
——《郭书春数学史自选集》读后*

望着桌上厚厚两大册共120万字的《郭书春数学史自选集》(山东科学技术出版社2018年版，以下简称《自选集》)，脑子里即刻浮现出郭书春先生伏案工作、奋笔疾书、几十年如一日从事中国数学史研究的身影。据郭先生自己回忆，他真正开始从事数学史研究工作，是在20世纪70年代后期，"文化大革命"结束之时。那是一个拨乱反正、百废待兴的年代，也是一个科学研究走向春天、科学史研究走向春天的年代。四十多年来，郭先生倾注了他的全部精力投入到中国数学史的研究工作之中，呕心沥血，刻苦钻研，披星戴月，不分昼夜，终于取得了足以令他自豪和骄傲的巨大成绩。可以说，他与其他同时代的数学史工作者一起，共同书写了中国数学史研究百花齐放的春天。而他的这部《自选集》，正是这百花园中艳丽夺目、笑傲

---

* 本文原载于《中华读书报》2019年2月27日。

群芳的一枝奇葩。

《自选集》共收入郭先生在数学史研究领域最重要的81篇文章,按作者自己的编排,分为不同主题的六个部分:第一部分是"《九章算术》和刘徽研究",共30篇论文,涉及《九章算术》的体例和编纂、刘徽的数学成就、刘徽的数学理论和逻辑思想、刘徽的思想渊源、《九章算术》的版本和校勘等各个方面。第二部分是"先秦数学及秦汉简牍研究",共10篇论文,包括《管子》的重数思想研究、湖北张家山汉简《算数书》的校勘和研究、北京大学藏秦简《算书》及其他秦汉数学简牍研究等方面的内容。第三部分是"祖冲之和《算经十书》研究",共5篇论文,涉及对祖冲之数学成就的再评价、对《算经十书》某些问题的澄清以及论重新校勘《算经十书》的必要性等内容。第四部分是"宋元明清数学研究",共13篇论文,包括对宋元明清时期贾宪、秦九韶、李冶、吴敬、王文素、李善兰等数学家以及《河防通议·算法门》等数学著作的研究。第五部分是"中国古典数学综论",共19篇论文,涉及数学与社会的关系、中国古典数学的机械化特点、对贬低中国古典数学的虚无主义态度的批评、回顾吴文俊先生的教诲以及自然科学史研究所建所50年间中国数学史研究的总结等几个不同的方面。第六部分是"研究中国数学史的体会",共4篇文章,重点阐述了作者关于尊重原始文献并认真研读原始文献的治学宗旨和治学方法,并对当前科技古籍整理研究的现状和规划提出了自己的意见和建议。这六个部分的81篇文章虽然尚不是郭先生四十多年数学史研究工作的全部成果,他另有专著《论中国古代数学家》(海豚出版社2017年出版)以及主编《中国科学技术典籍通汇·数学卷》《中国科学技术史·数学卷》《中华大典·数学典》等大型的数学史著作均没有收入《自选集》中,但仅此81篇文章,就已经涵盖了中国数学史研究的绝大多数核心区域和最新课题,并引领这一领域的探索研究达到了一个新的高度。

然而以上六个部分的研究成果,在作者自己的心目中,并不是轻重相当、分量相同的。郭先生本人最看重的,并且在本书中篇幅最大、所收文章最多的,其实是第一部分"《九章算术》和刘徽研究"。该部分共收入论文30篇,占了全书文章总数81篇的近四成;全书分为上、下两册,而第一部分的篇幅就占了满满的整个上册;足可见其在全书之中的分量之重。郭先生在本书的"自序"中有一个说明:"之所以将《九章算术》和刘徽研究置于各专题之首,一是这是笔者40年来的主要工作,安身立命之所在;二是在《九章算术》和刘徽研究中总结出来的研究方法和结论,直接影响到其他专题的研究。"而在我看来,这一部分的工作实在是凝聚了郭先生太多太多的心血,饱含了郭先生太多太多的付出,并且确确实实令人信服地汇聚了郭先生在中国数学史研究领域所做出的众多的创造性贡献。比如在刘徽研究方面,读者可以从《自选集》中清楚地读到郭先生关于这方面研究的诸多独创性的"第一":第一次全面解释了刘徽的《九章算术》"圆田术"注文,由此揭示了刘徽关于圆面积公式的证明,并给出了刘徽求圆周率的正确程序;第一次提出并论证了刘徽的极限理论和体积理论;第一次把刘徽关于"率"的思想提到"算之纲纪"的高度来认识,并由此启发并影响了当代中小学数学教材中某些内容的改革;第一次在前人(严敦杰先生)发现宋代时刘徽曾被祀封为"淄乡男"的基础上,考证出刘徽的籍贯在今山东省邹平县;第一次深入探讨了刘徽的逻辑思想,并在此基础上提出刘徽是中国古典数学理论的奠基者……再如在《九章算术》的校勘方面,郭先生自20世纪80年代开始,积30多年之功力,孜孜不倦,持之以恒,对《九章算术》及其刘徽注进行了全面系统的研究和深入细致的校勘。他广搜版本,创见迭出,几番修订,三次出版,最终为学界提供了一部研读《九章算术》所能依据的"最佳本子"(李学勤语)。此外,郭先生的《九章算术译注》(上海古籍出版社)一书自2009年12月出版以来,广受读者欢迎,至2017年2月已重印了6次。现在其修订本也已完工交稿,预计很快就能看到新版。在2015年《广西民族大学学报》对我的一篇采访稿中,我曾经对郭先生在这方面的工作做过一个评价:"数学史界研究刘徽的专家学者很多,郭书春先生可谓是其中的佼佼者。刘徽的数学成就是通过注释《九章算术》体现出来的,而对于《九章算术》历代版本的考订和研究工作,可以说迄今为止,没有比郭书春先生做得更细、更好。"[①]这个评价应该是数学史界同仁们的一致公论。

  我与郭书春先生相识于20世纪的80年代初期,迄今已有35年的时间了。说起来,我们之间的相交和相知,竟也源自对刘徽研究的缘分。那是1984年的初夏,《自然辩证法通讯》杂志社的樊洪业先生在重庆主持了一个小型的中国数学史研讨会,郭先生和我都参加了那次会议。会上在讨论刘徽的时候,大家一方面对刘徽的数学理论成就非常赞赏,另一方面又对这一历史现象感到困惑:为什么中国历史发展到魏晋的时候,才会出现刘徽这样一位数学家,来为中国古典数学奠定理论基础呢?大家觉得这个历史现象不太好解释。我当时提了一个想法,认为这可能跟魏晋时期思想解放的社会氛围有关,跟墨家思想在秦汉400年间被禁而到魏晋时重新复兴和流传有关。墨家学派在先秦时就已经具有了理论数学的萌芽和丰富的逻辑思想。刘徽读过墨子的书,他把逻辑学方

[①] 《中国科学思想史研究的开拓和创新——周瀚光教授访谈录》,《广西民族大学学报》(自然科学版)2015年第1期,第3页。

法融入数学研究,用概念、命题、推理等一系列逻辑学手段来重新解读《九章算术》,这就为中国古典数学奠定了理论基础,并由此而把中国古代数学推向了一个新的高度。我的这个想法提出来之后,大家都觉得有点意思,主持会议的樊洪业先生要我回去以后就此观点写一篇论文给他。后来文章以《刘徽的思想与墨学的兴衰》为题,发表在那一年的《自然辩证法通讯》杂志上。在那次会议上,我与郭先生初次相见,并了解到他在刘徽研究方面实际上已经做了许多扎实的工作,而且他的许多观点往往与我不谋而合。正如郭先生后来在回忆这段往事时所说:

> 我们在那个会上第一次见面。我在1979年研究刘徽割圆术时认为刘徽的"不可割"与墨家的"不可斫"是同义语,得出"刘徽在先秦诸子中,更崇尚墨家"的结论。瀚光先生在那次会上进一步提出,中国古代数学之所以会在魏晋时期出现刘徽这样运用逻辑方法奠定古典数学理论的数学家,与当时思想解放和墨学复兴的社会思潮有关,与墨家逻辑思想在历史上的兴衰有关。这个观点在当时引起了与会代表和会议组织者的很大兴趣。我们在重庆会议上发现一些看法不谋而合,遂引为同道,经常书信往来,互相切磋学问。①

从那时开始,郭先生与我在刘徽研究和数学史研究方面就经常会有一些"不谋而合"的观点和主题,有时甚至达到了某种相当

---

① 郭书春:《周瀚光文集·序一》,收录于《周瀚光文集》,上海社会科学院出版社2017年版。

默契的程度。例如在20世纪90年代初期,我们两人竟然在各自独立且互不知情的情况下,几乎同时撰写了关于刘徽研究的专著:我的《刘徽评传》[①]杀青于1991年夏天,而郭先生则于1992年3月出版了他的专著《古代世界数学泰斗刘徽》[②]。除了刘徽研究之外,我们在数学史研究的其他方面也有许多一致的看法,比如对于原始文献的尊重、对《管子》重数思想的研究、对秦九韶人品的评价,等等。当然,我们也有一些学术观点上的分歧,例如对某种古籍底本的选择、对隋唐数学成就的评价等,有时还会争得不可开交,谁也说服不了谁。郭先生长我几岁,数学史功底也比我扎实很多,我从郭先生那里常常能得到许多有益的启示。

除了第一部分"《九章算术》和刘徽研究"之外,《自选集》的其他部分也记录了郭先生的许多独创性见解。其中笔者个人认为比较重要且需要特别指出的内容有:第二部分中关于湖北张家山出土汉简《算数书》的研究,第三部分中关于"算经十书"校勘的若干问题,第四部分中关于贾宪数学成就的评价及其思想资料来源,第五部分中关于中国古代数学发展历史如何分期以及古代数学有没有理论的讨论,第六部分中关于尊重并认真研读原始文献的观点。相信读者在阅读了全书之后,一定会赞赏郭先生的这些独创性见解,并从不同的角度得到各自的收获。

当然,《自选集》也不是完美无瑕的,也存在着一些局限和不足之处。就中国数学史研究的整体而言,隋唐数学和明清数学这两个方面,明显是作者所有研究工作中的薄弱环节。读者虽不至于过于苛求,但仍不免留下些许遗憾。

[①] 周瀚光、孔国平:《刘徽评传(附秦九韶、李冶、杨辉、朱世杰评传)》,南京大学出版社1994年版。

[②] 郭书春:《古代世界数学泰斗刘徽》,山东科学技术出版社1992年版。

郭先生在本书的"自序"中，曾说起他小时候老家经常贴在门上的春联是："龙躔肇岁，麟笔书春"。在此，笔者衷心祝愿郭先生这支书写中国数学史春天的"麟笔"，能够虽老弥新，永葆青春！

中华数学宝典的集大成巨著
——贺《中华大典·数学典》编纂出版*

由吴文俊先生任名誉主编、郭书春先生任主编、郭世荣和冯立昇先生任副主编的《中华大典·数学典》(以下简称《数学典》),经30余位编纂专家历12个春秋的共同努力,终于于2018年6月由山东教育出版社出版。该书是"新中国成立以来最大的一项文化出版工程"《中华大典》的24个分典之一,是20世纪以来中国学者首次以类书编纂的方式,按照现代图书分类和数学学科体系,对远古到清末(1911年)的汉文典籍、文献资料和出土文物中有关数学的资料所进行的系统整理和分类汇编。全书分为"数学概论""中国传统算法""会通中西算法"和"数学家与数学典籍"四个分典,共4卷9册,约1491万字,堪称中华数学宝典的集大成巨著。望着排列在书桌上的这一套鸿篇巨著,不由得令人肃然起敬。

---

* 本文原载于《中华读书报》2019年11月6日。

经笔者粗略地翻读一遍,即刻感受到本书具有以下三个显著的特点。

一、收书齐全,资料详实

我们知道,类书是一种大型的按类别编排的资料性书籍。它的重要功能之一,就是保存原始资料以备参考阅读。其保存的原始资料越多越齐全,则其文献价值就越高。无论是唐代的《艺文类聚》、宋代的《太平御览》、明代的《永乐大典》还是清代的《古今图书集成》等大型类书,均以其保存了大量的珍贵历史资料而彰显其文献价值。《数学典》作为《中华大典》中数学类的分典,自然要求其能够最广泛地收集并辑录中国古代各种与数学相关的文献资料。从该书所收集并辑录的古代数学文献资料来看,主要包含了以下几个方面的内容:

(1) 先秦著作中与数学相关的章节文字;
(2) 近年来新出土的战国和汉代的数学简牍;
(3) "算经十书"及国子监算学馆的其他数学著作;
(4) 二十四史中《经籍志》和《艺文志》等收录的数学著作;
(5) 历代藏书目录中著录的数学著作;
(6) 历代散落民间的数学著作;
(7) 明清时期中西会通的数学著作;
(8) 其他古代数学著作。

以上这八个方面,基本上覆盖了现存绝大多数的古代数学文献资料,达到了该书编委会提出的"不漏收主要典籍"的"全面性"要求。据笔者统计,其中仅《数学家与数学典籍》这一分典,就根据

"早期资料尽量多选,晚近资料筛选录入"的原则,详细辑录了425种古代数学著作,并按著录、序跋、艺文、杂录分类收录。如果再加上另外三个分典所引用和收录的其他数学著作,则可以说是把现存绝大多数的古代数学典籍尽收其中了。由于该典收书齐全,资料详实,使得读者通过此书的阅读就能够全面了解中国传统数学的系统知识,并由此充分领略中国古代数学发展的历史风采。

二、提纲挈领,查考便捷

类书的另一个重要功能,是把原始资料随类相从而加以编排,以便于读者寻览、检索和征引。《数学典》在这方面可谓分类细腻,编排得当,充分体现了其提纲挈领、查考便捷的特点和功能。全书按纵向设置经目和横向设置纬目的模式分类编排。其经目下分为"数学概论""中国传统算法""会通中西算法"和"数学家与数学典籍"四个分典,每个分典又根据不同的内容分为若干个总部。例如《数学概论分典》又分为"数学的起源与发展""计数法与计算工具""律吕算法与纵横图""数学教育与考试""中外数学交流""中西数学关系与比较"6个总部,《中国传统算法分典》又分为"分数与率""筹算捷算法和珠算""盈不足""面积""体积""勾股测望""线性方程组解法(方程术)""列方程方法(天元术)和多元高次方程组(四元术)""一元方程解法(开方术)""不定问题""垛积招差""极限思想与无穷小分割方法""数学与天文历法"13个总部,《会通中西算法分典》又分为"算术""对数""数论""几何""画法几何""三角""代数""幂级数""圆锥曲线""微积分"10个总部,《数学家与数学典籍分典》又分为"汉至唐""宋元""明代""明末清前期""清中期""清后期"6个总部。每个总部下设若干个部,每个部下设若干个分部,有的分部下再设若干个小标题以标明专题或分支等。其纬目则分为"题解""综论""传记""记事""著录""艺文""杂录""图表""算法""序跋"这10个方面。运用这样一种纵横相间、经纬交织的框架结构,全书把中国传统数学的原始资料统统按照其不同的内容而安放在其特定的位置上,从而为读者分门别类地查阅这些资料提供了极大的方便。

比如我们想要查阅中国古代"割圆术"和"圆周率"计算方面的原始资料并得以了解中国传统数学在"圆周率"计算方面的来龙去脉,可以首先从经目入手,找到《中国传统算法分典》;然后在《中国传统算法分典》的第4册中,找到"极限思想与无穷小分割方法"总部;再在"极限思想与无穷小分割方法"总部中,找到"割圆术"部;再在"割圆术"部中,找到"圆面积公式的证明""圆周率""圆率与方率""弧田密率"这4个分部。然后在这4个分部的"综论"和"算法"这两个纬目中,读到从汉代《九章算术》开始一直到清代数学著作中关于"割圆术"和"圆周率"计算方面的所有相关资料,其中包括三国时期刘徽首创"割圆术"并得出的"徽率"以及南北朝时期祖冲之得出的相当于 $3.1415926<\pi<3.1415927$ 的圆周率。读者循着该典的经目和纬目去查找各自需要的相关资料,确实是非常方便快捷,一目了然的。

三、分类精当,创见迭出

类书的要点在于"类"。如何按照一种特定的科学分类来组织和编排众多的原始资料,这是衡量一部类书质量是否上乘的一个重要标志。我们知道,中国传统数学既是世界数学发展的一个重要组成部分,但同时又具有自己独立发展而不同于西方数学的显著特点。正如著名数学家和数学史家吴文俊先生所说:"我国的传统数学有它自己的体系和形式,有着它自身的发展途径与独到的思想体系,不能以西方数学的模式生搬硬套。"[1]《数学典》编委会在为该典分类的时候也看到了这一点:"中国古代数学的分类与现今数学不同。一种方法或问题往往含有现今数学的几类内容。以今之分类衡量古代数学典籍,其交叉之处不胜枚举。"[2]因此,完全按照现代西方数学的分类体系来编排中国传统数学的原始资料,必定会出现削足适履的情况而造成重复或遗漏的结果。有鉴于此,编委会根据中国传统数学发展的实际情况,在该典的经目设置上专门设置了"中国传统算法"这一分典,其内容涵盖了自先秦至明末的传统数学文献资料,同时也包括了一些自明末至清末中西数学会通时期与传统数学相关的内容("会通中西算法"另设分典)。在《中国传统算法分典》中,编委会则根据传统算法自身的特点,设置了 13 个总部、42 个部和 103 个分部,把中国古代浩繁丰富的原始数学资料分门别类地归入到古人对数学科学的认识和成就之中。这些总部、部和分部既充分体现了传统数学的特点,又与现代数学门类不相违和地融合起来,使读者在领略传统数学独特魅力的同时,能够进一步了解中国古代数学在世界数学发展史上的作用和地位。

除了在经目的分类设置上有所创新之外,该典在纬目的设置

---

[1] 吴文俊:《关于研究数学在中国的历史和现状》,《自然辩证法通讯》1990 年第 4 期。

[2] 郭书春:《〈数学典·中国传统算法分典〉编纂说明》,收录于《中华大典·数学典·中国传统算法分典》,山东教育出版社 2018 年版。

和创建上也有一些可圈点之处。全书根据数学学科本身的特点以及中国古代数学文献的特点，对"《中华大典》编纂通则"中纬目的设置也做了一些必要的调整和补充。例如把通则中纬目的"论说"和"综述"合并而成"综论"，同时新增"算法"和"序跋"两项，使其更符合《数学典》编纂的实际情况。

以上这三个特点，只是笔者浏览全书之后的一个粗浅的观感。相信读者在深入阅读了该书之后，一定会有自己独特的体验和更多的收获。当然，笔者也有一些感觉不够满足的地方，例如书中关于中国古代数学思想方面的内容似乎略显薄弱，有重于算法而轻于思想的感觉。尤其是在一些最基本的数学观念方面，如数学的本质是什么，数学的作用有哪些，数学在社会生活中的地位如何，数学是可知的还是不可知的，怎样才是学习数学的正确方法等，中国古代数学家们其实都有过许多非常好的论述，但这些内容在本书中却没有得到很好的归纳、组织、收集和安排，让我等对此感兴趣的读者难免会觉得一丝遗憾。当然，这些缺憾不能全怪此书的编者，这其实在一定程度上反映了中国古代数学史研究的一种现状和不足。

要而言之，《中华大典·数学典》是迄今内容最全面、资料最可靠、结构最合理、体系最严整的中国古典数学著述的分类汇集，也是近百年来中国数学史研究成果的结晶。它向广大数学史和科学史研究者以及传统文化爱好者展示了中国古典数学的壮丽画卷，让读者得以尽览中国古典数学的壮美风景。盛世修典，博古通今。功在当代，利在千秋。正如中国科学院李文林研究员在"《中华大典·数学典》新书发布暨出版座谈会"上所说："这套书是我们国家科学史研究领域当中一个非常重要的基础性的建设工程，对今后的数学史和科学史研究一定会产生一个重大的影响和推进。"

《九章算术》的最新解读*

在中宣部等部门的指导和大力支持下,由国家图书馆组织编纂的重大文化工程——《中华传统文化百部经典》,迄今已有30部著作完成出版。该套书选择中国古代100部重要典籍,内容涉及哲学、文学、历史、艺术、科技等各个领域,聘请对各书有深入研究的学者进行注释和解读,以此搭建传统典籍与大众之间的桥梁,用优秀传统文化来滋养当代中国人的精神世界。其中由郭书春先生负责解读的《九章算术》一书,就是一部中国古代数学领域的经典著作,已由科学出版社于2019年12月正式出版。

数学是我国古代人民擅长的一门学科,而《九章算术》则是中国古代数学最具代表性的著作,因此,将《九章算术》列为《中华传统文化百部经典》之一,无疑是理所当然和题中应有的。郭书春先生研究《九章算术》和刘徽注已有40多年的时间,

---

* 本文原载于《中华读书报》2020年7月8日。

其仅此论题而发表的论文就有30多篇,经其考订和校勘的《九章算术》版本更多达七八种,而他自己则视这方面的研究工作为其"安身立命之所在",因此,由郭先生来担任《九章算术》的解读作者,无疑也是理所当然的最佳选择。我读了这部书之后,感觉它与郭先生其他关于《九章算术》的论著又有不同的风格。尤其是其中精到的导读、精准的注释和精妙的点评,堪称此书的三大亮点。

一、精到的导读

此书的一开头就是一个长约5万字左右的"导读",从以下六个方面对《九章算术》做了简要而精到的介绍:(1)《九章算术》的早期文本;(2)刘徽和李淳风的注释;(3)汉代至明代对《九章算术》的研究;(4)《九章算术》的版本与校勘;(5)《九章算术》及其刘徽注的现代价值;(6)本书的体例。这六个方面提纲挈领地概括了《九章算术》及其历代注释的基本内容、作者年代、版本体例、发展演变、数学成就、历史地位和现代价值,使读者一上来就对这部古代数学经典有了一个高屋建瓴的总体印象,从而起到了导引和指路的作用。不仅如此,由于郭先生在这一研究领域的领先地位,因此"导读"中的内容又大多是数学史界最新的研究成果。例如郭先生正确地指出:《九章算术》并不如数学史界以前认为的那样是一部纯粹的应用问题集,而是具有一种算法统帅例题的形式;以《九章算术》为代表的中国古典数学具有构造性和机械化的特点,是世界数学发展史上的主流形态之一;刘徽将逻辑方法引入数学研究,从而奠定了中国古典数学理论的基础,并由此而建立了具有演绎风格的"数学之树";《九章算术》和刘徽的数学思想不仅可以对现代数学研究带来启迪,而且对现代数学教育也有积极意义,等等。读者在这些最新研究成果的引领下,自然会在阅读《九章算术》文本时获得更加深入的理解和领悟。

二、精准的注释

一般在给文史类的古籍作注的时候,大多是对一些较难理解的古文做出字义上或词意上的训诂和解释。但对于一部数学类的专业古籍来说,仅仅做出一般字义或词意的注释就远远不够了,它还需要对其中的专用数学术语以及蕴含在其中的数学原理做详细的解释和说明。这就要求解读此书的作者不仅具有一般文字训诂的能力,而且具有对古代数学术语的精准的理解力和对古代数学原理的深刻的洞察力。而要把晦涩难懂的古代数学文字用现代数学语言明确地表述出来,也绝不是一件容易的事。然而,郭先生凭着他扎实的古文字功底和深厚的数学史研究积累,成功地把古文训诂和数学解释结合起来,为读者提供了一份两者合一的精准解释。例如在书中对《九章算术》的"圆田术"及其刘徽注作注释时,作者用了9页近6千字的篇幅,共列出38个注,10个附图以及大量的数学等式和公式,详细地说明了刘徽如何创立"割圆术",并通过"割圆术"求得圆面积之后再最终求得圆周率近似值(157/50)的过程。读者通过以上这些注释文字的阅读,就能够更加清楚地理解《九章算术》文本内容的含义,也就能够更加深刻地认识中国古代数学成就的意义和价值。

三、精妙的点评

除了导读和注释外,书中的点评部分也是一个很重要的看点。点评包括"篇末评"和"旁批"两种形式,虽然就全书而言着墨不多,但读来却有言简意赅、画龙点睛的精妙之感。例如在《〈九章算术注〉序》中,刘徽明确提出西汉初期的张苍和耿寿昌曾对早期的《九章算术》一书做过删补整理的工作,但刘徽的这一说法一直没有引起数学史界的足够重视,以至于自清代以来学界长期把《九章算术》的编纂时间定于西汉中叶以后甚至东汉时期。郭先生在刘徽《〈九章算术注〉序》中论及张苍和耿寿昌的原文旁边批注:"这是现存文献中关于《九章算术》编纂过程最早的也是最可靠的论述",明确表述了他基于原始文献而得出的关于《九章算术》一书的编纂年代和过程,从而与其在导读中对这一问题的论述相呼应,为读者提供了一种不同于以往的新观点。又如刘徽在注释《九章算术》中的"开立圆术"时,曾试图用一种"牟合方盖"的方案来解决球体积的计算问题,这虽然为以后的数学家指出了一条正确的思路,但他还是对自己没能彻底解决这一问题而感到遗憾,老老实实地说:"敢不阙疑,以俟能言者"。郭先生在这段话的旁边批注说:"这反映出刘徽具有'知之为知之,不知为不知'的严谨治学态度,敢于承认自己不足的高贵品质,寄希望于后学的宽大胸怀。"通过这样的点评,凸显了刘徽作为一位伟大数学家的科学精神。

要而言之,我觉得郭先生对《九章算术》的解读,基本上达到了《中华传统文化百部经典》编委会所要求的"兼具思想性、学术性和大众性"的标准。它不仅适合数学史专业的工作者和爱好者阅读，而且也适合广大对中国传统文化感兴趣的读者们阅读。从这个意义上说，这个读本不仅是《九章算术》的最新解读，也是《九章算术》迄今为止的最佳解读。

在"《周瀚光文集》发布会暨科学与哲学思想探源研讨会"上的发言[*]

各位领导、各位专家、各位朋友：

大家好！

今天，可以说是我的一个大喜的日子。古人曰：老来得子，是为大喜。我的这一套《文集》，就是我的新生儿子，是我"怀胎"36年才好不容易生下来的一个儿子，当然是一件天大的喜事了！古人又说，人生有四大喜事，所谓"久旱逢甘霖，他乡遇故知。洞房花烛夜，金榜题名时"。我说这还不够，还要再加上一喜，那就是"老来出文集，高朋齐贺之"。出版社不仅出版了我的《文集》，又在今天专门举办这样一个新书发布会暨研讨会，邀请了各位高朋好友一起来研究探讨，这就更令我喜不自禁，喜上加喜了。

在这样一个大喜的日子里，我今天最想说的一

---

[*] 本文是作者于2017年11月19日在上海社会科学院出版社举办的"《周瀚光文集》发布会暨科学与哲学思想探源研讨会"上的发言。

句话,只有两个字,那就是"感谢"。首先我要感谢上海社科院出版社,感谢唐云松总编先生,尤其要感谢《文集》的责任编辑缪宏才先生。他作为上海教育出版社的社长,作为上海社科院出版社的前社长兼前总编兼前书记兼前董事长,工作之忙,事情之多,是完全可以想见的。但他却亲自为我的这部书做责任编辑,从一开始的组稿、立项、签约,到以后的编稿、排版、配图,再一直到最后的审稿、校对、送印等,他都是亲力亲为,贯彻始终。他休息天还把稿子带回家中去看,有时候星期六星期天会给我打电话讨论书中的一些问题。所以,现在呈现在大家面前的这样一套精美的《文集》,其中倾注了他的多少精力和多少心血!缪宏才先生与我是三十多年的老朋友了,一声"谢谢"当然表达不尽我内心的感激之情,但我还是要在这里真诚地说一声谢谢宏才兄啦!

除了缪宏才先生之外,我这里还要感谢郭书春先生和陈卫平先生为我的这套《文集》写了那么精彩的"序言"。郭书春先生非常忙,他正在主持编撰国家的重大文化工程——《中华大典》中的《数学典》,这两天正在南京忙这个事情,但他硬是抽出一天时间,赶到上海来参加这个会议,令我十分感动。陈卫平先生的序言中写了许多对我的溢美之词,我实在是觉得受之有愧,但其中对我年轻时代的形象有一段描述,现在好像几成定论,流传甚广。我看会议交流材料中很多评论文章都有对卫平兄那段描述的认同,引用率非常高。我还要感谢刘仲宇、陈士强、邵祖新等诸位先生,还有其他几位今天因有事而未能与会的吾敬东、贺圣迪、戴洪才等先生,他们都是三十多年来一路陪伴着我、支持着我,和我一起共同进行研究和探索的志同道合者。可以说,如果没有他们,也就没有我今天的那些成果了。当然,我还要感谢今天所有前来参加会议的朋友们,所有为我的《文集》撰写评语的朋友们,谢谢你们对我的支持、鼓励和厚爱！这中间既有我半个世纪前的中学同学，也有半个世纪前一起在建筑工地上干活的同事，也有后来在复旦大学一起读书的同学，也有后来共同进行科学史、数学史和哲学史研究的同仁，还有与我有着三十多年友情的华东师大夜大学政教班的同学，以及后来我在古籍研究所时的研究生青年朋友。这里我还要特别感谢陈文佳先生，他在上海市侨务办公室的领导工作非常繁忙，本来他今天有一个重要的接待活动，但他硬是把这个重要活动委托给了其他领导，而自己跑到这里来参加我们的这个会议。还有我的同门师兄陈士强先生，他夫人前两天不慎大腿骨折，躺在医院的病床上不能动弹，士强兄天天陪在病床旁边。我对他说，你就在医院照顾嫂子，不要勉强来参加会议了。但他说一定要来，一定要来说几句。这真是让我非常感动。我在这里谢谢你们，谢谢大家啦！

同时，我也想借这个机会，对我的《文集》中几个分卷的卷名做一点说明，简单地谈一点想法。《文集》的第一卷叫《中国科学哲学思想探源》，第二卷叫《中国数学哲学思想探源》，大家看这个卷名，再看书里面的内容，觉得应该都没什么问题。但是，一定也会有人提出问题说，中国古代有科学哲学吗？中国古代有数学哲学吗？大家知道，在我们现行的学科体系中，科学哲学是一个二级学科，以前叫"自然辩证法"，后来改叫"科学哲学"，下面还分为"数学哲学""物理学哲学"等。那么这个"科学哲学"二级学科主要讲些什么内容呢？可以说完全是讲的西方的科学哲学思想，例如库恩、波普尔、拉卡托斯等的科学哲学思想，根本就没有中国的科学哲学思想。所以问题就出来了，中国历史上到底有没有科学哲学思想呢？因为时间有限，我这里不能展开讲这个问题，只能请大家去看我的书，看看书里的内容究竟是不是科学哲学，是不是数学哲学。比方说，科学方法论是现代科学哲学最重要的内容之一。那么大家看了《文集》中第一卷第一编"中国古代科学方法研究"之后,觉得书里的这些内容都是历史事实吗?如果确实都是历史事实的话,那么凭什么说中国历史上没有科学哲学思想呢?再比方说,老子讲"道法自然",这其实就是中国最早的自然哲学;《周易》讲"取象运数",这其实就是中国最早的数理哲学;这些都是科学哲学的思想内容。还有,大家都知道西方著名的科学哲学家波普尔提出"三个世界"理论:世界一是物理世界,世界二是精神世界,世界三是精神产品,包括语言、文字、书籍、艺术,等等。而其实中国古代哲学家早就有了这方面的思想总结,早就提出过一个理论,叫作"书不尽言,言不尽意,意不尽道"。"书不尽言"是说文字不能完全表达语言,"言不尽意"是说语言不能完全表达思想,"意不尽道"则是说思想不能完全把握客观世界。这个理论的实质,难道不是现代意义上的科学哲学思想吗?所以,如果有人不承认中国古代有科学哲学思想,这没关系,我们摆事实,讲道理,总有一天你会承认这是个历史事实。以前西方不是说中国古代连哲学也没有吗?后来冯友兰写了一部书叫《中国哲学史》(英语版的),现在大家都承认中国古代有哲学了。韩国的前总统朴槿惠还说她读了冯友兰的《中国哲学史》以后受到了很大的鼓舞。后来西方又说中国古代没有科学,结果英国学者李约瑟写了一部书叫《中国科学技术史》(洋洋7大卷20多册),现在大家也都承认中国古代有科学了。如果现在还有人说,中国古代没有科学哲学,没有数学哲学,那么就请他来读一读我的这部《文集》,相信他读了以后一定会承认,中国古代不仅有哲学,不仅有科学,而且还有科学哲学,有数学哲学,有着非常丰富而深刻的科学哲学思想和数学哲学思想。如果我的《文集》出版以后能够达到这样一个效果,那么我就感到极大的欣慰和满足了。

我就讲到这里,谢谢大家!

继承和弘扬以儒家思想为核心的中国传统管理哲学思想精华*

各位领导、各位嘉宾、各位朋友：

大家好！

很高兴来到我们这个儒商论坛与大家作一个交流，与大家一起分享我的研究和思考。我今天主要讲三个方面的内容：

一、儒家思想是一个开放的并融合了各家学说的思想体系

中国儒家从它创立的时代起，就是一个开放的思想体系。所谓开放，就是敞开大门，向着各个方向虚心学习，吸取营养，兼容并蓄，而不是自我封闭，关门称王。孔子本人就是一个虚心学习、认真

---

* 本文是作者应"2019上海孔子文化节儒商论坛"的邀请，于2019年9月21日在论坛会上所作的主题报告，后发表于《炎黄子孙》2019年第4期及《党建通讯》（内部资料）2020年第1期。

学习、不断学习、终身学习的典范,《论语》中说他"学而不厌,诲人不倦,不知老之将至"。他不仅向历史典籍学习,读"五经",读《周易》《尚书》《诗经》《周礼》《春秋》等,文史哲科他都读;而且在实践中学习各种技艺技能,习"六艺",包括礼仪、音乐、射箭、御马、书写、算术等,他样样都很精通。他不仅在庙堂里学,"入太庙每事问",而且向普通的老百姓学,"三人行必有我师"。他不远千里从山东跑到陕西,专程向老子请教有关"礼"的问题,后来又带着他的学生们周游列国,四处考察,向社会学,向生活学,向各个诸侯国学习。正是因为他的这种谦虚好学的开放态度,所以才最终建立了一个以"仁"和"礼"为核心范畴的儒家思想体系。稍后一点的孟子又学习和吸取了当时各家学派从政、当政的实践和理论,把孔子的"仁"的思想发展成为"仁政"的管理哲学理论。到了战国后期的荀子,则又在孔子"礼"的思想的基础上,吸取了法家学派的"法"的思想,提出"礼法并举"的管理哲学纲领,并最终成了先秦儒家的集大成者。所以,儒家思想从其创立的一开始起,就是个开放的并融合了各家学说的思想体系。

儒家在其创立之后的两千多年发展历史中,曾经有过两个非常辉煌的时期,一个是汉代,那是"独尊儒术"的时期;再一个是宋代,那是"儒学复兴"的时期。而那两个辉煌时期,也正是儒家开放和融合的学术风格所带来的结果。

我们先来看汉代的"独尊儒术"。汉武帝是一个有雄才大略的一代英主,他希望有所作为,希望把汉朝治理得更加强盛,所以他颁发了一个诏令,向全国的知识界和学术界征求"贤良对策",希望能够得到一个治理天下的最佳方略。用现在的话来说,这等于是一个国家最重大社科项目的公开招标。当时投标的"贤良对策"很多,但最后中标的,则是一代大儒董仲舒先生的标书,他的标书核心内容就是八个大字——"罢黜百家，独尊儒术"。汉武帝采纳了董仲舒"独尊儒术"的建议，从此以后，儒家的管理哲学思想就正式成为了指导国家治理的最重要的理论基础。这里我要给大家指出的一点是，董仲舒的这八个大字"罢黜百家，独尊儒术"，其实是很有讲究，很有深意的。尤其是"罢黜百家"这四个字，不能完全按照他的字面意思去理解。他说的"罢黜百家"，主要是要废除百家的社会地位，而不是要完全废除百家的思想内容。恰恰相反，他把百家中的一些他觉得有用的思想，悄悄地拿了过来，放进了他自己建立的那一套儒家思想体系之中。所以，董仲舒不是一个纯儒，他的那一套儒家思想，已经不仅仅是孔子、孟子和荀子的思想了，而是又加进了许多其他学派的思想，加进了法家、道家、阴阳家等其他学派的思想，是一个以儒家思想为主但又兼取百家的思想体系。这样一个开放的并且融合了各家学说的思想体系，正好符合了当时汉代社会发展的需要，符合了汉武帝治理天下的雄才大略的需要，因此得以登上"儒术独尊"的地位，成为很长一段时间里主导中国社会治理的最重要的管理哲学思想。

至于以后的宋代，之所以会出现儒学复兴的局面，也是因为宋代的那些大儒们，学习并吸取了汉唐以来的一些新的社会思潮的精华，吸取并融合了佛教、道教、玄学等其他教派和学派的思想精华，从而建立了一个以儒家思想为主导并能够兼容佛教、道教等其他教派学派的思想体系。这个思想体系以朱熹的理学为集大成的标志，成为了以后几百年间社会治理的主要管理哲学思维模式。

所以，历史的经验告诉我们，儒家思想之所以能够经久不衰，能够成为两千年来一直指导着国家治理和社会管理的一种基本的和有效的管理哲学理论形态，从一定的意义上讲，就是因为儒家思想是一个开放的并且融合了各家学说精华的思想体系。换句话也可以说,中国传统的管理哲学理论,实际上就是一个以儒家思想为核心的、融合了各家思想精华的理论体系,一个开放的、不断学习、不断吸取、不断创新、不断发展的理论体系。

那么,这样一个以儒家思想为核心的、融合了各家思想的中国传统管理哲学体系,究竟给我们留下了哪些思想精华呢?剔除那些不合时宜的糟粕之后,还有哪些思想原则值得我们今天仍然需要继承和弘扬的呢?

二、以儒家为核心的中国传统管理哲学主要有哪些思想精华

中国传统管理哲学的内容很多,其中的思想精华也很多,在今天这个论坛上,我只能讲最精华、最重要的内容。我把中国传统管理哲学的主要思想精华概括为四句话,十六个字,那就是:"以人为本,以道为根,以法求治,以变求胜"。

（一）以人为本

我们知道,以人为本的思想,现在已经是当代管理理论的一个最基本的核心理念了。而这个思想在中国历史上,可谓根深蒂固,源远流长。早在《周易》这部最古老的典籍中,就把人这个概念与天地相并列,称之为"三才"。《周易》八卦中的每一卦都由三个爻组成,其中上面的一个爻代表天,下面的一个爻代表地,中间的一个爻就代表了人,这就是天地人并称"三才"。儒家的孔子明确提出"仁者爱人"的口号,要求重视人,尊重人,爱护人,肯定人的尊严,把人看作是世界上最可宝贵的东西。他又提出"修己安人"的管理理念,把人看作是管理要素中的第一要素,所以儒家现在又被

称为中国最早的人本主义管理哲学流派。除了儒家之外,其他好多学派也都很重视"以人为本"的理念。例如"以人为本"这四个字,最早就是《管子》这部书里提出来的。这个思想经过两千多年的倡导和发展,现在已经成为传统思想文化的一个重要组成部分了。治理一个国家需要"以人为本",管理一个企业也同样需要"以人为本",这一点在座的各位企业家朋友应该都是深有体会的。

(二) 以道为根

"道"这个概念最早是道家的老子提出来的,指的是天地万物的根本,宇宙发展的规律。而且"道法自然",它不以人们的主观意志为转移。所以道家的道,主要是指自然发展的天道。儒家也讲道,但是它更多的是讲人道,是讲如何做人的道理。儒家认为"立人之道曰仁曰义"(《周易·说卦传》),这是说人道最根本的就是"仁义"二字,这是做人的正道。这个仁义之道非常伟大,非常崇高,"朝闻道,夕死可矣"(《论语·里仁篇》),你早上听闻了这个道,晚上为它去死也是值得的。这个道比富贵钱财重要得多。孔子说,富贵是人人都想要的,但如果"不以其道得之,不处也"(同上),不是通过正道得来的,君子是不要的。这个话后来演变成一句成语,叫作"君子爱财,取之有道"。孟子更把这个道看作是事业能不能成功的关键,所谓"得道多助,失道寡助。多助之至,天下顺之;寡助之至,亲戚畔之"。失去了这个道的话,那就必然众叛亲离,一事无成。所以这个道就是根,就是根本。天道是自然的根本,人道是做人的根本,无论什么时候,都必须走正道而不能走歪门邪道,这也是老祖宗给后人立下的一条规矩。

(三) 以法求治

这里所说的"法",就是指的法令、法规以及各项规章制度。在中国历史上,法家是最讲求法治的,他们主张有法必依,执法必严,主张"王子犯法与庶民同罪"。除了法家之外,墨家和兵家也都是执法极严的。例如墨家有一个首领叫腹䵍的,他的儿子在秦国杀了人,被官兵抓住了。秦王看在这位首领的面上,特别赦免了他儿子的死罪。但是腹䵍说,你可以赦免他,而我却不能赦免他。按照墨家的法规,杀人者必须死。结果他大义灭亲,处斩了自己的独生儿子。这是墨家执法的一个例子。兵家也是如此。孙武在为吴王操练女兵时,不顾吴王的说情,按军纪处决了两名吴王最宠爱的妃子,这个执法故事也是广为流传、脍炙人口的。儒家虽然提倡礼治,但同时也吸取了法治的思想,提出了礼法并举的口号,要求把仁义礼智的思想教育和法令法规的严格执行这两手结合起来,认为只有这样,才能真正取得社会治理的理想效果。所以中国古代的各家学派都是主张要"以法求治"的。当然,中国历史上的法治也是不彻底的。商鞅变法算是很厉害了,但秦国的太子犯法,商鞅还是没能处罚他,拿了他的老师做了替罪羊。但无论如何,中国传统管理哲学中有法必依、执法必严的思想,对于今天的社会治理和企业管理来说,仍然是有积极意义的。

(四)以变求胜

中华民族从来就是一个崇尚变化、信奉辩证法思想的民族。中国最古老的一部典籍叫《易经》,它的基本内容就是讲变化的。其书名叫"易","易"就是变易、变化的意思。所以后来西方翻译这部书,书名就直接翻译成《变化之书》(*The Book of Change*)。道家和道教讲天地变化,沧海桑田,认为天地都不能长久不变,又何况人事呢?道教炼丹,希望通过加温和加热来改变事物的性质,把各种东西都放到炼丹炉里去烧它个七七四十九天,结果果然改变了许多事物的物理性质和化学性质,并由此而成了近代化学的先驱,还因此而导致了火药的发明。兵家最讲究灵活机动的战略战术,最忌讳的就是墨守成规,一成不变。儒家有一句名言,叫"穷则变,变则通,通则久"(《周易·系辞下》),后来演变成一句成语叫"穷则思变"。这里的"穷"字,最早不是贫穷的意思,而是穷极、终极的意思。意思是说,事物到了极点,就一定会发生变化,而变化之后就一路通畅无阻了。所以求变才能创新,求变才有发展。所以中华民族又是世界上创造发明最多的民族之一。对于今天这样一个飞速发展、瞬息万变的时代来说,求变、创新和发展的思想自然就更加不可缺少了。

以上这四句话,十六个字,可以说是概括了中国传统管理哲学的核心内容和思想精髓。那么在当前国际国内政治经济的新形势下,这些思想精华还有没有它们的现实意义呢?我们究竟应该怎样来继承和弘扬中国传统管理哲学的思想精华呢?

三、新形势下新儒商的使命和情怀

当今的世界,正处在一个大动荡、大分化、大变革的时代。各种各样政治经济科学技术的事件和变化,让人目不暇接,眼花缭乱。各种各样的"黑天鹅"事件突然之间就飞了出来,让人猝不及防,大吃一惊。尤其是这一年多中美贸易战开打以来,谁也不知道任性的美国总统特朗普明天会使出什么招数,谁也不知道明天将会发生一些什么样的事情。在这样一种变化纷呈的形势下,作为我们这些自称为"新儒商"的企业家群体,究竟应该如何自处,如何来尽到这个新儒商群体的责任和使命呢?我这里给大家提几个关键词,供大家参考思索。

第一个关键词是"开放和融合"。

前面说过,中国儒家之所以能够在两千多年的历史长河中不断发展,历久弥新,其中有一个非常重要的原因,就是因为它具有一种开放和融合的学术风格。那么在当前这样一个大变化的时代,在美国不断退群并对中国徐徐关上大门的新形势下,我们还要不要继续开放并融合到世界潮流中去呢?答案是肯定的,我们仍然要坚持开放和融合这个大方向。这不仅是我们国家在目前阶段的战略方针,而且也是我们企业要发展壮大的必由路径。改革开放三十多年来,正是我们坚持开放的姿态,把自己融合到全球化的浪潮中,我们的经济才取得如此迅猛的发展,我们的国力才得到如此大幅度的提升。现在,我们提出"人类命运共同体"的宏大目标,我们实施"一带一路"的伟大倡议,也是为了要把我们自己更进一步地融入世界,同时也把世界上越来越多的国家和人民融入我们的队伍。企业发展也是如此。华为公司之所以能取得现在这样的技术、规模和市场,也是因为他们早在十年、二十年之前,就把自己融入到了世界市场、世界科技的发展洪流之中。即使在现在的情况下,任正非还是说了,我们虽然有"备胎",但只要美国公司愿意给我们供货,我们也还是要买他们的东西,我们还是要与他们共同发展。这就是一种开放和融合的胸怀。而且我们自主开发的电子产品或技术系统,麒麟也好,鸿蒙也好,还要有足够的能力来兼容其他的产品和技术,把各种新产品、新技术融合到我们的系统中来。所以,开放和融合仍然应该是新形势下新儒商的使命和情怀。

第二个关键词是"知变而应变"。

变化发展是宇宙万物和人类社会的永恒法则,也是当前世界形势的一个大的趋势。面对眼花缭乱、日新月异的变化趋势,我们究竟是被动应付、手忙脚乱、不知所措而遭其淘汰呢,还是主动应对、知变应变、抓住机遇而求得发展呢?这对于我们整个国家和每个企业来说，都是一种智慧和能力的严峻考验。前面说过，中华民族从来就是一个崇尚变化、适应变化、挑战变化的民族，在我们传统的管理哲学思想中，蕴藏着极其丰富的知变而应变的智慧和能量。例如在《周易》这部"变化之书"中，就有好多知变而应变的思想原则。其中有一条叫"见微知著"，这里的"微"是微小的意思，"著"是显著的意思，就是要求你在刚看到某一事物的微小萌芽的时候，就能够预测到这一事物的发展趋势和显著结果。这个当然很难，但我们要努力去做。我最近读到马云和马斯克（特斯拉公司CEO 埃隆·马斯克）两人在 2019 世界人工智能大会上的一段对话，感觉很有意思。两人从人工智能这个新事物出发，谈到了将来可能出现的各种变化，比如人们的就业和失业以及工作的意义，比如将来人类可能活到 120 岁以上的状况，比如如何开发火星甚至移民火星的愿景等。这些其实都是"见微知著"的一些尝试，都是"知变而应变"的一种努力。其中马斯克有两句话我比较赞赏，一句话是："要尽可能多地多学一点，让自己能够更好地预测未来，创造未来"。还有一句话是："预测未来最好的方法就是去创造未来"。我们在这里所说的"知变而应变"，其实也就是要求能够预知事物变化的趋势，然后在变化的过程中发现机会，抓住机会，甚至创造机会，创造未来。

第三个关键词是"行道而自强"。

前面说过，"道"在中国传统管理哲学里面是一个最根本的东西。天道是自然的根本，人道是做人的根本。无论在什么情况下，都必须遵行这个道，都不能违背这个道。所以"行道"永远是我们不二的选择。那么，在当前世界形势错综复杂、瞬息万变的情况下，对于一个国家，一个民族，一个企业来说，最重要最紧迫的道是什么呢？那就是做好我们自己的事情，真正把我们自己做强做好，使自己立于不败之地。儒家的哲学从来就是一种阳刚的哲学,它追求的是一种自强不息的进取精神,也就是《周易》所说的"生生不已,自强不息"。按照《周易》的说法,这种自强不息的进取精神又包含了许多具体的内容,其中包括光明磊落、独立不惧、坚持原则、以身酬志、宽容谦厚、居安思危等优秀的品质。而其中的每一种品质,都是一位真正优秀的企业家所必须具备的。以居安思危来说,如果华为的任总没有居安思危的意识,没有在风雨来临之前就提前做好充分的准备,那么一旦遭受打击,就必然毫无还手之力,必然一击而垮,趴下倒下,其结局可能比中兴还要悲惨。所以朋友们,打铁必须自身硬,发展才是硬道理。一只站在树枝上的鸟儿,从来不会害怕树枝断裂,为什么?因为它相信的不是树枝,而是自己的翅膀。树枝断裂的风险随时都可能发生,我们需要做的,就是把我们的翅膀练得更硬更强。所以"行道而自强",无论何时都是我们企业发展的不二法门,必然选择。

以上这三个关键词,其实就是我们新儒商在当前新形势下的使命和情怀。它包含了三种力量,一种是"开放和融合"的魄力,一种是"知变而应变"的能力,再一种就是"行道而自强"的定力。只要我们拥有了这三种力量,既能够开放和融合,又能够知变而应变,还能够行道而自强,那么任何风浪就都不能把我们击倒,任何情况下我们就都能够克服困难,不断发展,不断前进!

谢谢大家!

从抗击新冠病疫看中国传统管理哲学思想的现代意义[*]

2020年注定是不平凡的一年。在以习近平为核心的中国共产党和中国政府的领导下,全中国14亿人民众志成城,齐心努力,终于取得了抗击新冠病毒疫情的阶段性胜利和决定性胜利。这个胜利来之不易,它不仅体现了党和国家的正确领导,体现了广大医护人员的艰苦奋战,体现了全国人民的积极参与和配合,体现了当代中国人的精神风貌,同时,它也从一个侧面体现了中国传统文化的优秀品质,体现了中国传统管理哲学思想精华的现代意义和价值。回顾并反思中国传统管理哲学思想精华在抗击新冠病疫过程中的表现,将有助于我们总结抗疫经验,增强民族自信,并对进一步提升我们的现代社会治理能力和水平,提供有益的参考和借鉴。

---

[*] 本文是作者于2020年8月提交给"重大疫情防控的社会学研究"论坛(深圳)的论文,原载于《豫章师范学院学报》2021年第1期。

中国传统管理哲学源远流长,其内容博大精深,丰富多彩,是中华民族几千年管理智慧的理论结晶。其中最重要的思想精华和核心,我曾经把它概括为四句话,十六个字,那就是:"**以人为本,以道为根,以法求治,以变求胜**"。[①] 这些思想精华不仅在人类管理思想发展史上具有极其重要的地位,而且在当代管理实践中也具有极其重要的价值。从这一次党和国家领导全国人民抗击新冠病疫的实践来看,也充分证明了中国传统管理哲学思想精华的现代意义和价值。下面我们就来做一点具体的分析和论述:

一、以人为本

我们知道,以人为本的思想是当代管理理论的一个最基本的核心理念,而这个思想在中国历史上,可谓根深蒂固,源远流长。早在《周易》这部最古老的典籍中,就把人这个概念与天地相并列,称之为"三才"。《周易》八卦中的每一卦都由三个爻组成,其中上面的一个爻代表天,下面的一个爻代表地,中间的一个爻就代表了人,这就是所谓"天地人并称三才"。儒家的孔子明确提出"仁者爱人"的口号,要求重视人,尊重人,爱护人,肯定人的尊严,把人看作是世界上最可宝贵的东西。据《论语》记载,孔子有一次退朝回家,家人告诉他马厩刚刚着火了,孔子连忙问:"伤人乎?"有没有人受伤?"不问马",绝口不问牲口和财产是否受到损失。他又提出"修

[①] 参见周瀚光:《弘扬中国传统管理科学精华,为建设中国现代管理科学体系而奋斗》,载《周瀚光文集》第三卷,上海社会科学院出版社2017年版,第232—240页。

己安人"的管理理念,把人看作是管理要素中的第一要素,所以儒家又被称为中国最早的人本主义管理哲学流派。除了儒家之外,其他好多学派也都很重视"以人为本"的理念。例如"以人为本"这四个字,最早就是《管子》这部书里提出来的。① 这个思想经过两千多年的倡导和发展,现在已经成为传统思想文化的一个重要组成部分了。

在这次抗击新冠疫情的整个过程中,"以人为本"的思想可以说是体现得最明显、最彻底、最淋漓尽致了。正如 2020 年 6 月 7 日国务院发布的《抗击新冠肺炎疫情的中国行动》白皮书中所说,在中国共产党以人民为中心的执政理念的指导下,"中国坚持人民至上,生命至上,……不惜一切代价维护人民生命安全和身体健康","全力保障人民的生命权和健康权"。这种以人为本、人民至上、生命至上的抗疫理念,又集中地表现在以下三个方面:一是在疫情爆发之后,党和国家毅然决然地按下了社会和经济发展的暂停键,不惜付出巨大的社会代价和经济代价,哪怕一段时间社会"停摆"和经济下滑,也要保证人民的生命安全和身体健康。这其中包括对湖北省和武汉市采取了史无前例的全面严格管控措施,同时在全国范围内严控人员流动,延长春节假期,停止人员聚集性活动,推迟全国企业和学校开工开学等,从而迅速地遏制了疫情的传播和蔓延,避免了更多的人受到感染。二是在疫情初期病毒感染者急剧增多的情况下,把提高治愈率、降低病亡率作为首要任务,动员和组织了全国优秀的医疗力量奔赴救治一线,采取积极、科学、灵活的救治策略,全力以赴救治每一位患者。无论是对出生仅 30 个小时的婴儿,还是 100 多岁的老人,医务人员都不计代价

---

① 见《管子·霸言》。

地抢救每一位患者的生命。在对新冠肺炎患者的医疗费用上则采取"先救治后结算"的原则,所发生的费用除了按医保规定报销外,个人负担的部分全部由政府财政补贴。其中重症患者人均治疗费用超过 15 万元,一些危重症患者治疗费用几十万元甚至上百万元,全部由国家承担。三是在全力组织国内抗疫的同时,不忘关心关爱海外的中国公民。国家时刻挂念海外中国公民的安危,采取各种有效措施来保障当地华侨、留学生和中资机构人员的安全。驻外使领馆通过各种渠道宣传介绍疫情防护知识,向留学生发放了 100 多万份"健康包",并协助在海外确有困难的中国公民有序回国。除了以上这三个方面的表现之外,"以人为本"的理念还要求我们不仅把人民的生命安全和身体健康作为抗击疫情的目标和客体,而且要把全国人民都动员起来作为抗疫的主体,作为我们战胜病疫的强大力量。上至党的总书记、国务院总理和各级领导干部,下至战斗在一线的广大医护人员、顽强不屈的武汉人民和湖北人民,以及公安民警、海关关员、基层干部、快递小哥、环卫工人、运输工人、社区工作者、新闻工作者、出租车司机、广大志愿者等,全国 14 亿人民团结一心,共同努力,人人参与,众志成城,终于成功地控制了新冠病毒这个恶魔,取得了抗击疫情的决定性胜利。

二、以道为根

"道"这个概念最早是由道家的老子提出来的,指的是天地万物的根本,宇宙发展的规律。而且"道法自然",它是不以人们的主观意志为转移的。所以道家的"道",主要是指自然发展的天道。儒家也讲"道",但它更多的是讲人道,是讲如何做人的道理。儒家认为"立人之道曰仁曰义"(《周易·说卦传》),这是说人道最根本的就是"仁义"二字,这是做人的正道。这个仁义之道非常伟大,非常崇高,"朝闻道,夕死可矣"(《论语·里仁篇》),你早上听闻了这个道,晚上为它去死也是值得的。这个道比富贵钱财重要得多。孔子说,富贵是人人都想要的,但如果"不以其道得之,不处也"(同上),不是通过正道得来的富贵,君子是不要的。孟子更把这个道看作是事业能不能成功的关键,所谓"得道者多助,失道者寡助。寡助之至,亲戚畔之;多助之至,天下顺之"(《孟子·公孙丑下》)。失去了这个道的话,那就必然众叛亲离,一事无成。所以这个道就是根,就是根本。天道是自然的根本,人道是做人的根本。无论什么时候,都必须走正道而不能走歪门邪道,这也是中国的老祖宗给后人立下的一条规矩。

在这次抗击新冠病疫的过程中,天道和人道同样是我们一直遵循和奉行的根本之道。天道是自然规律,而"顺天道"则是要求我们首先弄清楚这个来自自然的病毒有些什么规律性的东西,包括它的本质特征、基因序列、致病机理、传播能力、传播途径、来龙去脉等,然后才能采取正确有效的措施来防范并控制它。而要想弄清楚这些规律性的东西,只能通过科学研究的方法和途径。事实上,对新冠病毒的科学研究我们在一发现病疫萌芽的时候就已经开始进行了。例如我们在疫情发生的第一时间就开展了病因学调查研究,通过对病原的检测和鉴定,成功地分离出新型冠状病毒毒株,初步确认新冠病毒为疫情病原,并向世界公布了新型冠状病毒的基因组序列;同时我们又开展了流行病学调查,确定本次疫情具有人传人的现象和特点,并在此基础上制定和出台了史上最严厉的防控措施,从而有效地阻止了疫情由湖北向全国的扩散和蔓延;随即我们又迅速研究开发并生产了新冠病毒的核酸检测试剂,同时根据疫情形势的变化,制定、修正并出台了7版新冠病疫的治疗方案(截至2020年6月),为新冠肺炎患者的治疗和康复,为抢救更多患者的生命提供了医学的和科学的支持;我们的医疗机构、疾控机构和科学家们已经在国际知名学术期刊上发表了数十篇高质量的研究论文,目前正在积极推进药物的临床试验和病毒疫苗的研发。所有这些,都是我们在抗击病疫过程中"遵天道""顺天道"而进行的不懈努力。至于人道,习近平总书记已经为我们阐述了什么才是这次抗击新冠病疫的"人间正道"。他说:"全球抗击新冠肺炎疫情的实践表明,人类是休戚与共、风雨同舟的命运共同体。唯有相互支持、团结合作才是战胜危机的人间正道。"[①]在中国疫情防控形势最艰难的时候,国际社会给予了中国人民宝贵的支持和帮助。而当疫情在全球蔓延开来以后,中国在自身疫情防控仍然面临巨大压力的情况下,迅速展开行动,力所能及地为国际社会提供人道主义援助。这其中包括向世界卫生组织提供了两批共5000万美元的现汇援助,积极协助"世卫组织"在华采购防护用品和建立物资储备库,向27个国家派出了29支医疗专家组,通过各种渠道向150多个国家、地区和国际组织捐赠抗疫物资等。同时,中国还向世界承诺:将在两年内向受疫情影响的国家特别是发展中国家,提供20亿美元的国际援助;中国的新冠疫苗研发完成并投入使用后,将作为全球的公共产品。中国人民将恪守习总书记提出的"相互支持、团结合作"的人间正道,与世界人民一起并肩战斗,守望相助,共克时艰,争取在全球范围内早日夺取抗击病疫的最后胜利。

---

① 国家主席习近平2020年7月28日在"亚洲基础设施投资银行第五届理事会年会"视频会议开幕式上的致辞。

三、以法求治

这里所说的"法",就是指的法令、法规以及各项规章制度。在中国历史上,法家是最讲求法治的,他们主张有法必依,执法必严,主张"王子犯法与庶民同罪"。除了法家之外,墨家和兵家也都是执法极严的。例如墨家有一个首领叫腹䵣的,他的儿子在秦国杀了人,被官兵抓住了。秦王看在这位首领的面上,特别赦免了他儿子的死罪。但是腹䵣说,你可以赦免他,而我却不能赦免他。按照墨家的法规,杀人者必须死。结果他大义灭亲,处斩了自己的独生儿子。这是墨家执法的一个例子。兵家也是如此。孙武在为吴王操练女兵时,不顾吴王的说情,按军纪处决了两名吴王最宠爱的妃子,这个执法故事也是广为流传,脍炙人口的。儒家虽然提倡礼治,但同时也吸取了法治的思想,提出了礼法并举的口号,要求把仁义礼智的思想教育和法令法规的严格执行这两手结合起来,认为只有这样,才能真正取得社会治理的理想效果。所以中国古代的各家学派都是主张要"以法求治"的。当然,中国历史上的法治也是不彻底的。商鞅变法算是很厉害了,但秦国的太子犯法,商鞅还是没能处罚他,拿了他的老师做了替罪羊。但无论如何,中国传统管理哲学中有法必依、执法必严的思想,对于今天的社会治理来说,仍然是有积极意义的。

在这次抗击新冠病疫的过程中,依法抗疫、以法求治也是一个非常重要的特点,并且贯穿于整个抗疫斗争的始终。当疫情刚刚开始在武汉和湖北露头的时候,国务院总理李克强就主持召开了国务院常务会议部署疫情防控工作(1月20日),并根据《中华人民共和国传染病防治法》,将新冠肺炎纳入乙类传染病,采取甲类传染病管理措施。与此同时,国家卫生健康委发布公告,将新冠肺炎纳入《中华人民共和国国境卫生检疫法》规定的检疫传染病管理。随即,习近平总书记在主持召开中共中央政治局常委会部署抗疫工作的基础上,又主持召开了中央全面依法治国委员会第三次会议(2月5日),强调要从立法、执法、司法、守法各环节发力,全面提高依法防控、依法治理能力,为疫情防控工作提供强有力的法治保障。从1月21日起,国家卫生健康委依法建立了严格的疫情发布机制,及时、公开、透明地发布疫情信息,制定严格规定,坚决防止瞒报、迟报、漏报。国家卫生健康委依法每日在官方网站发布前一天全国疫情信息,各省级卫生健康部门每日统一发布前一天本省份疫情信息。这些持续、权威、清晰的疫情信息,不仅为全国抗疫提供了信息依据,而且有效回应了公众关切,凝聚了社会共识。一些地方人大常委会还紧急立法,在国家法律和法规框架下授权地方政府,在医疗卫生、防疫管理等方面,规定临时性应急行政管理措施。全国各地严格执行传染病防治法及其实施办法等法律法规,出台依法防控疫情、依法惩治违法犯罪、保障人民生命健康安全的意见,加强治安管理和市场监管,依法惩处哄抬物价、囤积居奇、制假售假等破坏疫情防控的违法犯罪行为。例如吉林省卫健委发布通告,列出10种破坏疫情防控工作的违法行为予以严厉打击和严肃处理;广西来宾某男子未按要求居家隔离,造成多人感染新冠肺炎,因犯妨害传染病防治罪被判有期徒刑一年两个月;山东聊城某新冠肺炎确诊患者隐瞒自己行程,导致50人被隔离,居住村庄被封,被判处有期徒刑一年。通过以上这些严厉的执法手段,有效地保证了疫情防控工作的顺利进行。

四、以变求胜

中华民族从来就是一个崇尚变化、信奉辩证法思想的民族。中国最古老的一部典籍叫《易经》,它的基本内容就是讲变化的。其书名叫"易","易"就是变易、变化的意思。所以后来西方翻译这部书,书名就直接翻译成《变化之书》(*The Book of Change*)。道家和道教讲天地变化,沧海桑田,认为天地都不能长久不变,又何况人事呢?道教炼丹,希望通过加温和加热来改变事物的性质,把各种东西都放到炼丹炉里去烧它个七七四十九天,结果果然改变了许多事物的物理性质和化学性质,并由此而成了近代化学的先驱,还因此而导致了火药的发明。兵家最讲究灵活机动的战略战术,最忌讳的就是墨守成规,一成不变。儒家有一句名言,叫"穷则变,变则通,通则久"(《周易·系辞下》),后来演变成一句成语叫"穷则思变"。这里的"穷"字,最早不是贫穷的意思,而是穷极、终极的意思。意思是说,事物到了极点,就一定会发生变化,而变化之后就一路通畅无阻了。所以求变才能创新,求变才有发展。所以中华民族又是世界上创造发明最多的民族之一。对于今天这样一个飞速发展、瞬息万变的时代来说,求变、创新和发展的思想自然就更加不可缺少了。

在这次抗击新冠病疫的过程中,以变求治的思想更是我们抗疫致胜的一个重要法宝。回顾我们半年多来的抗疫历程,大致经历了五个阶段,每个阶段都有其不同的特点。① 而在每一个不同

---

① 参见国务院办公室 2020 年 6 月 7 日发布的《抗击新冠肺炎疫情的中国行动》白皮书。

的阶段，我们都根据这一阶段已经变化了的不同特点，制定并贯彻新的、更有针对性的策略和措施，从而不断地解决新的问题，一步一步地夺取胜利。根据国务院办公室2020年6月7日发布的抗疫白皮书，第一阶段是从2019年12月27日到2020年1月19日，武汉疫情突然爆发并出现局部社区传播和聚集性病例，其他地区则开始出现与武汉关联的确诊病例。面对这一突如其来的爆发性疫情，我们迅速采取行动进行应对，一方面全面展开疫情防控，阻断疫情蔓延，另一方面则开展病因学和流行病学调查，及时主动地向世界卫生组织及其他国家通报疫情信息，并向世界公布新冠病毒的基因组序列。第二阶段是从2020年1月20日到2020年2月20日，全国新增确诊病例快速增加，防控形势异常严峻。针对这一变化了的新情况，中央采取阻断病毒传播的关键一招，果断关闭离汉离鄂通道（武汉封城、湖北封省），集中全国的资源和力量驰援湖北省和武汉市，各地启动重大突发公共卫生事件应急响应，展开史上最全面最严格最彻底的全国疫情防控措施，从而使疫情蔓延势头得到初步遏制。第三阶段是从2020年2月21日到2020年3月17日，湖北省和武汉市疫情快速上升的势头得到遏制，全国除湖北省以外疫情形势总体平稳，中央作出统筹疫情防控和经济社会发展的重大决策，有序推动复工复产。第四阶段是从2020年3月18日到2020年4月28日，武汉保卫战和湖北保卫战取得决定性胜利，全国疫情防控取得重大战略成果，但境外疫情快速扩散蔓延，境外输入病例造成境内关联病例传播。中央根据疫情形势的新变化，及时调整并制定了新的防控策略，那就是"外防输入、内防反弹"，把严防境外疫情输入作为当前乃至较长一段时间疫情防控的重中之重，从而巩固和深化了国内疫情的防控成效。第五阶段是从2020年4月29日至今，境内疫情呈零星散发状态，局部地区出现由散发病例而引起的聚集性疫情,境外输入病例基本得到控制,疫情积极向好的态势持续巩固。在这样的情况下,全国疫情防控进入了常态化,同时加大力度推进复工复产复学。常态化防控措施不仅经受了"五一"假期的考验,而且经受了全面复工复产复学的考验。上述这五个阶段的抗疫历程表明,正是由于我们在面对疫情形势的不断变化时,能够做到准确识变,科学应变,主动求变,在危机和困难中捕捉和创造机遇,才从而能做到以变求胜,夺取抗疫斗争的伟大胜利。

  以上我们从中国传统管理哲学思想的四条核心精华,逐条对照这次抗击新冠病疫的整个过程,可以清楚地看到:中国传统的管理智慧之光确实是超越时空、历久弥新的,它与我们现在中国共产党以人民为中心的执政理念,也是一脉流传、完全融合的。只要我们坚持中国共产党为人民服务的初心,坚持中华民族以人为本、以道为根、以法求治、以变求胜的管理哲学优良传统,那么任何困难也不能击倒我们,任何敌人也不能战胜我们,中华民族伟大复兴的"中国梦"将一定能够实现!

弘扬传统老年观精华,做一个养性达理、受人尊敬的老年人
——儒家老年观浅探*

老年观是一个人的世界观和人生观的重要组成部分。一个老年人的老年观如何,不仅关系到他的晚年生活能否幸福,而且还关系到他的身体健康和寿命长短。在西方,公元前1世纪的古罗马哲学家、教育家西塞罗,曾经写下了《论老年》的名篇,对老年观做了生动而又深刻的论述。而在中国古代,也有许多哲人和学者探讨并论及了这一问题,给我们留下了许多有关老年观的理论精华。其中尤其是儒家,因为它特别关注社会和人伦,所以在这一方面提出了许多有价值的观点,值得我们认真总结并继承发展。

按照儒家的观点,人的一生应该朝着两个方向去发展。一个方向是对外,即个人应力求对社会作出积极的贡献,力争做一个有益于社会、有益于大

---
* 本文原载于《上海老年教育研究》2017年第2期。

众的人；另一个方向是对内，那就是不断提高自己的知识水平和伦理道德，通过修身养性，逐步把自己培养成为一个仁智兼备、道德高尚的君子。在这两个方向中，自身修养是对外发展的基础，只有提高了自己的知识水平和伦理道德，才能够更好地服务于社会，有益于社会。因此，儒家要求一个人应该一辈子坚持不懈地修身养性、提高自己，即使是到了老年也不能有所松懈，而是应该更加努力，更加精进，真正把自己培养成为一个贤人和君子，从而成为年轻人乃至全社会的榜样。

儒家创始人孔子在晚年的时候，曾经对自己的一生做了这样的回顾总结："吾十五而志于学，三十而立，四十而不惑，五十而知天命，六十而耳顺，七十而从心所欲不逾矩"（《论语·为政》）。中国古代以五十岁开始步入老年，所以孔子这段话的后半部分，实际上是把自己的老年时期分成了三个阶段，即：（1）五十而知天命；（2）六十而耳顺；（3）七十而从心所欲不逾矩。在老年的第一阶段，也即50岁以后，孔子把"知天命"作为自己修养水平的标志。什么是"天命"呢？按照宋儒朱熹的解释，即"天所赋之正理也"（《论语集注》卷八），那就是天然而然的正确道理，也即是天道。它是不以人的主观意志为转移的，"莫之为而为者，天也；莫之致而至者，命也"（《孟子·万章上》）；人只能认知它并顺着它去尽自己的努力，而不能违逆它或者改变它。在孔子看来，这个天命或天道在人世间的表现，主要可以用两个字来概括：一个是"仁"字，再一个是"礼"字。用现在的话来说，"仁"就是一颗爱心，"礼"则是社会规范。所谓"知天命"，也就是要认识到"仁"和"礼"的重要性并自觉地把它们作为指导自己一切行为的原则和准绳。到了老年的第二阶段，即60岁以后，孔子则把自己的修养水平概括为"耳顺"。这里的"顺"字也是"顺乎天道"的意思，这是说，当自己的耳朵听到各种各样的言论时,就会很自然地用合乎天道的标准去考察它,辨析它,从而能够对这些言论做出正确的判断而不至于盲目地信从它们。正如孟子后来举例所说的那样:偏颇的话我知道它问题出在哪里,过分的话我知道它失足在哪里,奸邪的话我知道它与正道的分歧在哪里,躲闪逃遁的话我知道它已经理屈词穷了(参见《孟子·公孙丑上》)。我心中自有一杆天道正理的大秤,各种言辞和理论就都能一下子辨别出它们的正误曲直。如果说在50岁以后的老年第一阶段,孔子已经认知到了天命或天道的话,那么到60岁以后的第二阶段,则进一步上升到了能自觉运用天道去辨别各种言论的对错并理顺自己思路的水平了。到了70岁以后的第三阶段,孔子的修养水平更加精进,可以说是达到了其人生的最高境界,那就是"从心所欲不逾矩",即只要凭着自己的内心和直觉去做,就都能够符合仁义的原则而不会逾越礼仪的规范了。也就是说,孔子已经把天道正理的思想原则化成了自己日常生活的行为习惯,把外在伦理规范的"他律"化成了内在心理活动的"自律",并进一步把这种"自律"上升到了"自觉行为"的高度,从而使自己真正成为一位身心一致、求仁得仁的贤人君子。

孔子的这段话虽然说的是他个人的经历和体验,但以后则成了儒门学者共同追求的人生目标。稍后的孟子进一步发展了孔子的这一思想,明确提出人性本善的观点,认为这种善性天然地存在于每个人的内心之中,需要通过学习不断地将它培养扩展。在人的成长发展过程中,由于受到了环境的影响和物欲的诱惑,使这种善良的初心迷失了自我,被放逐了出去而找不回来。因此,修身养性的根本目标,就是要"求其放心"(《孟子·告子上》),即把放出去的善良本性再求取回来。尤其是到了老年以后,更应该不受物欲的干扰,一切以仁义为行为的标准,真正做到"善养吾浩然之气"

(《孟子·公孙丑上》),做到"富贵不能淫,贫贱不能移,威武不能屈"(《孟子·滕文公下》)。这样,孟子就把孔子关于老年修养的个人经历和体验,又进一步上升到了理论规范和人生准则的高度。

儒家历来倡导尊老、爱老、敬老、安老的社会风尚。孔子的学生曾经问老师:您的志向是什么?孔子讲了三条,第一条就是"老者安之"(参见《论语·公冶长》)。孟子则把年龄(齿)与爵位(爵)、德行(德)并列为天底下三件公认为尊贵的东西(参见《孟子·公孙丑下》)。但儒家又认为,作为老年人自身来说,首先就应该努力提高自己的修养水平,使自己成为一个可敬可爱、道德高尚的老年人,如此才值得社会大众来尊重你,敬爱你。如果你做不到这一点,自暴自弃,德行有亏,那不仅得不到社会大众的尊重,反而会遭到大家的唾弃和抨击。据《论语·宪问》记载,孔子有一次用手杖叩击一个老年无赖乡人的小腿,并责骂他"老而不死是为贼"。宋儒黄榦注释说:"老者无礼,则足以为人害"(《论语注义问答通释》)。所以在儒家看来,老年人最重要的事情,就是要通过修身养性,使自己的一言一行都符合仁义标准和礼仪规范,从而使自己的德行堪为社会的楷模,年轻人的榜样。

为要达到这样一个目标,儒家又倡导"活到老学到老"的理念,即坚持持续不断的终身学习,既要学习各种知识,更要学习仁义道德。孔子历来把"学而不厌,诲人不倦"作为自己的努力方向。有一次一个叫叶公的人向孔子的学生子路打听孔子的为人,子路没有回答。孔子知道了以后对子路说,你为什么不这样说:他(孔子)这个人呀,发愤学习的时候就忘记了吃饭,而且快乐得忘记了忧愁,不知不觉地就到了老年,如此而已啊(参见《论语·述而》)。先秦时期儒家的集大成者荀子则专门写了一篇《劝学》的文章来论述学习的重要性,并提出"学至乎没(通'殁')而后止也"的口号,即要求学习到生命的最后一刻才能够停止。他甚至认为,用持续不断地学习为善之道来"治气养生"的话,还可以像古代的老寿星彭祖一样健康长寿(参见《荀子·修身》)。

以上这些传统儒家的老年观思想精华,在当今这个文明和科技高度发展的社会环境下,仍然具有可供借鉴的积极意义。对于老年人来说,健康和快乐是两个永恒追求的目标。当一个人步入老年之后,当他拥有了一定的金钱、财富、地位、名声并逐渐远离社会的纷争之后,他忽然发现他的身体机能已经逐渐衰退,而他原来所注重的金钱、财富、地位、名声等身外之物与他的身体健康比起来,却已经变得不是最重要了。于是,以身体健康为首要目标的各种养生理念和养生方法,就在日益增多的老年人群中广泛地流行开来。这样一种思想观念和生活方式的转变,对于老年人来说无疑是正确的,也是必需的。然而在传统儒家看来,老年人仅仅关注自身的体质健康还是很不够的,更为重要的是要关注自身的心理健康和精神健康,即需要不断地提高自己的道德水平,使自己成为一个既充满仁爱之心、又能够自觉遵守社会礼仪规范的贤人君子。这个观念是儒家老年观的主要内容和核心思想,也是现代老年观所必须具备的基本内容之一。也就是说,我们在注重养生、关注自身身体健康的同时,更要关注我们的心理健康和精神健康,要努力培养自己对社会和他人的仁爱关怀之心,培养自己自觉遵守社会法规和秩序的习惯,养成良好的生活习惯、思维习惯、文明习惯。要努力克服老年人容易产生的倚老卖老、为老不尊的不良作风,改正各种不符合文明礼仪的日常行为,例如在公共场所大声喧哗、在公交车上让座不谢、在旅游途中争吵哄抢,甚至在交通事故中作假索赔等,通过老年人群自律和自觉的文明行为,带动整个社会风气向好的方向不断发展。

除了追求健康之外,追求快乐也是老年人生活的一个重要目标。心情的愉悦和精神的快乐不仅能够提高老年生活的质量,而且能够促进自身免疫力的增长,并进而促进身体的健康和寿命的长久。这一点已经被现代医学和现代心理学反复地证明了。然而,什么样的快乐才是真正的快乐?一个人(包括老年人)应该追求什么样的快乐,又应该如何去追求快乐呢?传统儒家在这一方面也提出了许多有价值的观点。首先,"学而时习之,不亦说(乐)乎"(《论语·学而》),学习知识和道德本身就是一件快乐的事情。孔子说自己一辈子"学而不厌,诲人不倦",而且"发愤忘食,乐以忘忧,不知老之将至"(《论语·述而》),从而为后人树立了一个终身学习和快乐学习的良好榜样。明代儒学家王艮还专门编了一首《乐学歌》,提出"乐是乐此学,学是学此乐,不乐不是学,不学不是乐",明确地把学习和快乐合而为一,融为一体。其次,儒家又主张乐以施人,与众同乐,认为"独乐乐"不如"众乐乐"(参见《孟子·梁惠王下》)。也就是说,一个人不仅要追求个人自身的快乐,还要能推己及人,"己欲立而立人,己欲达而达人"(《论语·雍也》),"老吾老以及人之老,幼吾幼以及人之幼"(《孟子·梁惠王上》),己欲乐而乐人,使天下大众都能够得到快乐,从而在众人的快乐中享受自己真正的快乐。宋代大儒范仲淹的名句:"先天下之忧而忧,后天下之乐而乐"(《岳阳楼记》),更是把积极的利他主义和社会责任感融于个人的快乐之中,达到了儒家快乐观的最高境界。显然,传统儒家的这些关于快乐的论述,值得我们在今天的老年生活中认真思考并参照实践。我们不仅可以在持续不断的学习中追求快乐,体验快乐,还应该在与社会大众的良好互动中追求快乐,在与众同乐的过程中体验快乐,而绝不能把自己的快乐建筑在别人的痛苦之上或者是环境和秩序的破坏之上。不仅如此,我们在自得其乐的同时,还可以在力所能及的条件下乐于助人,乐以施人,在帮助他人获得快乐的同时享受到双倍的快乐,享受到一种高尚的、难以言喻的真正快乐。

要而言之,传统儒家的老年观是一种积极进取、乐观好学的人生观,它把修身养德、通达天道作为老年生活的主要目标和核心内容,并在此基础上追求身体的健康和精神的快乐。在当今社会快速老年化的情况下,在越来越多的人口步入老年时期的形势下,我们老年人完全可以而且应该继承和弘扬传统儒家的老年观思想精华,努力争当一个养性达理、受人尊敬的老年人,从而为年轻人乃至全社会树立起一个良好的榜样。

达观面对生死　修道以养天年
——道家老年观浅探*

如果说儒家的老年观主要立足于社会人生,关注于社会伦理,是一种人生智慧的体验和提炼的话,那么道家的老年观则力图从天人一体的宇宙观和本体论出发,对人的生命、衰老和死亡进行终极性的观照。摆在老年人面前最具普遍性的问题,一是疾病,二是死亡,而死亡作为人的生命的必然归宿,又是每一个老年人在思想上都迈不过去而在实际上又不得不迈的一个坎。因此,生死观也就成了老年观的题中应有之义,成了老年观的一个极其重要的组成部分。儒家对人的生死问题采取了一种"知之为知之,不知为不知"的理性主义态度。孔子的学生子路曾经问孔子:人死究竟是怎么回事?孔子回答说:"未知生,焉知死"。生的问题还没有搞清楚,又怎么知道死是怎么回事呢(参见《论语·先进》)?然而道家却对这一问题进行了深深的思

---

* 本文原载于《上海道教》2018 年第 4 期。

索：什么是人的生命和死亡？人对于生命和死亡应该采取什么样的态度？在生命和死亡面前，人究竟应该怎么做才好？……道家对于生死观的探索极大地丰富了中国传统老年观的思想内容，直到今天仍有其值得借鉴的意义和价值。

一、什么是人的生命和死亡？

在道家看来，人的生死是自然界的一种再正常不过的现象了。《老子》说："飘风不终朝，骤雨不终日。孰为此者？天地。天地尚不能久，而况于人乎？"暴风不会整天刮个不止，骤雨也不会终日下个不停。是谁使它们如此的呢？是天地。而天地本身也不可能长久，又何况是人呢？所以，自然界的一切都有生有死，都有它一定的寿限。有些事物寿限较短，可以称为"小年"；有些事物寿限较长，可以称为"大年"。"朝菌不知晦朔，蟪蛄不知春秋，此小年也。楚之南有冥灵者，以五百岁为春，五百岁为秋；上古有大椿者，以八千岁为春，八千岁为秋；此大年也"（《庄子·逍遥游》）。朝菌类的东西活不过一月，蟪蛄（寒蝉）类的虫儿活不过一年，这些都是寿命较短的事物。楚国南面有一种叫冥灵的大龟，它以五百年为春，五百年为秋；上古有一种叫大椿的树，它以八千年为春，八千年为秋，这些都是寿命较长的事物。但不管其寿命长短，是"小年"还是"大年"，既有其生，则必有其死，哪怕它活得再长，也一定有它死亡的一天。因此，生命和死亡都是自然界的正常现象，是自然发展不可避免的必然规律。

至于人的生命与死亡，那只是自然之气的聚散而已。《庄子》说："人之生，气之聚也。聚则为生，散则为死"（《知北游》）。自然之气凝聚成形,才有了人的生命;而一旦年老衰亡,死了以后,原先凝聚成形的气就又消散开来,复归到大自然之中去了。所以,人的生死其实都是一体的,都不过是气的聚散变化而已。从这个意义上来说,"生也死之徒,死也生之始"(同上),生命可以说是死亡的延续,而死亡又可以说是生命的开始。"大块载我以形,劳我以生,佚我以老,息我以死"(《庄子·大宗师》)。大地之气给了我做人的形体,让我辛劳地生活,安逸地养老,平息地死去,这不是最合于自然的生命过程吗?所以《庄子》说:"孰知死生存亡之一体者,吾与之友矣!"(同上)谁如果能真正知道人的生死存亡其实都归于气之一体的道理,那才是我的朋友啊。

二、人对于生死应该采取什么样的态度?

既然人的生死不过是气之聚散的自然现象和必然规律,那么人对于生死的态度就不应该是悦生恶死,贪生怕死,而应当坦然面对,超然待之。所以道家认为,一个真正看透了生死的高人,他"不知说(悦)生,不知恶死"(《庄子·大宗师》),不因为活着而喜悦,也不因为死亡而厌恶;"不乐寿,不哀夭"(《庄子·天地》),不因为长寿而快乐,也不因为夭折而悲哀。这不是说他不要活着,不要长寿,不珍惜生命,而是因为他看到了死亡是每一个作为个体的人的不可避免的必然趋势,说到底只是一种自然之气的回归而已。既然如此,那么与其哭哭啼啼地痛苦地去面对它,还不如平平静静地坦然地去面对它。人们在这个世界上顺其自然地生活,该吃吃,该睡睡,该干嘛干嘛,"何暇至于悦生而恶死"(《庄子·人世间》),哪里有空去担心死亡的事情呢?

《庄子》书中还讲了许多寓言故事,来表达道家的这种豁达的生死观。

故事一:庄子的妻子死了,他的朋友惠子前去吊唁,看到庄子正敲打着瓦片在唱歌。惠子就对庄子说:"你妻子与你一起生活了那么多年,又为你生儿育女,现在她死了,你不哭也就算了,却还要敲着瓦片唱歌,不也太过分了吗!"庄子回答说:"她刚死的时候我也很难过很感慨啊,但后来我想通了。其实她最早也是没有生命的,是由气慢慢成形,才慢慢地有了生命。现在她回归了自然,安安静静地躺在天地之间,这就像四季的变化一样正常。我还要呼天抢地对着她痛哭,不是也太不懂天命了吗?"(参见《庄子·至乐》)

故事二:有三位心心相印的好朋友,一位叫子桑户,一位叫孟子反,一位叫子琴张。子桑户死了,尚未下葬,孔子派了自己的学生子贡去帮助料理丧事。没想到子贡去的时候,看到孟子反和子琴张二人一个在编曲,一个在弹琴,并且互相应和着在唱歌,歌词大意是:"子桑户啊子桑户,你已经返归本真,而我们还寄生在人间啊!"(参见《庄子·大宗师》)

故事三:庄子在去楚国的路上看到一个死人骷髅,就用马鞭敲击它,一边敲击一边问道:"你是因为纵欲失理而死的呢?还是因为亡国而被人砍死的呢?还是因为做了坏事而自杀身亡的呢?还是因为受冻挨饿而死的呢?还是因为寿数到了本该如此的呢?"说完,他就把骷髅当枕头躺了下来。半夜的时候,骷髅出现在庄子的梦中并对他说:"你说的这些都是活着的牵累,死了就没有那些忧患了。在死者的世界里,上无君主,下无臣子,也没有一年四季做不完的事情,纵情而自在地享有天地一般的寿命,那真是比君王还要快乐呀。"庄子说:"如果我让掌管生死的神灵恢复你的形体、骨骼、肌肉和皮肤,让你重新回到父母、妻子、孩子、乡邻和朋友身边,你愿意吗?"骷髅皱紧眉头说:"我怎么能放弃君王般的快乐而重返人间的劳苦呢!"(参见《庄子·至乐》)

类似的寓言故事在《庄子》一书中还有很多,它们都生动形象地反映了道家的这种面对死亡豁达超然的态度。

三、在生死面前,人应该怎么做才好?

道家认为,既然人的生死都是一个"载我以形,劳我以生,佚我以老,息我以死"的自然过程,都是上天给我们的一个无可推辞的机会(生)和无法避免的结果(死),那么我们就应该好好地把握这个机会并顺应这个过程,努力做到善待生命,善待死亡。尤其是我们现在活着的时候,更应该好好地珍惜生命,保有生命,善待生命,让生命发挥它该有的作用并尽到它应尽的义务,而如果能做到这样的话,那也就是真正地善待死亡了。所以《庄子》说:"故善吾生者,乃所以善吾死也"(《大宗师》)。

在这样一种顺应自然的理念指导下,道家一方面劝导人们不要悦生恶死、贪生怕死,要坦然而平静地面对死亡,另一方面则鼓励人们修身养生、努力争取长寿以得享天年。据说道家的创始人老子就是一个长寿的榜样,有人说他活了160多岁,也有人说他活了200多岁。《史记·老子韩非列传》说:"盖老子百有六十余岁,或言二百余岁,以其修道而长寿也"。

《史记》在这里说出了道家如何追求长寿的一个关键词,那就是"修道"。在道家看来,"修道"是比生死更为重要的事情,你只要修得了道,那就不仅可以永葆青春,可以延年益寿,甚至可以超越生死,死而不亡。在道家的思想体系中,"道"是一个最高的概念。它既是世界万物的本原,又是事物发展的规律,是道家学派所要追求的终极目标。《庄子·大宗师》说:"南伯子葵问乎女偊曰:子之年长矣,而色若孺子,何也?曰:吾闻道矣"。这是说,女偊之所以年纪很老却容颜如童子一般年轻,就是因为他闻"道"了。同篇中又说:"夫道有情有信,无为无形;可传而不可受,可得而不可见;自本自根,未有天地,自古以固存;神鬼神帝,生天生地。……彭祖得之,上及有虞,下及五伯。"这是说,彭祖因为得到了那个有情有信、无为无形、自古以固存的"道",所以能够长寿不死,从上古的有虞氏时期一直活到春秋五霸的年代。不仅如此,因为人的生死只是自然之气的聚散变化,而道则是自然之气的本原和气之变化的规律,所以一旦得到了道,甚至还可以超越生死,抵达永恒。所以《庄子·在宥》篇说:"得吾道者,……吾与日月参光,吾与天地为常"。人的生命再长,总是有它的寿限,而只有道,才能与天地同久。所以《老子》说:"死而不亡者寿"(魏晋时的王弼注曰:"身没而道犹存")。人的生命可以消亡,而道则会永恒存在,这才是真正的长寿。

那么,究竟应该如何来修道,才能达到延长生命、争取长寿、得享天年的目标呢?道家又提出了两个具体的思想原则,用以指导人们的修道实践。其一是顺应自然。《老子》说:"人法地,地法天,天法道,道法自然"。道的最根本的法则就是效法自然,顺应自然。因此,养生的一切行为也都应该以顺应自然为主旨,绝对不要去做那些刻意尚行、违反自然、拔苗助长、画蛇添足的傻事。越是刻意为之,越是事与愿违。其二是养神守心。道家认为,养生固然需要保养身体,需要养形,但更重要的是养神,是保养精神,守护心神。《庄子·在宥》中说:"抱神以静,形将自正。必静必清,……乃可以长生。"就是要求人们做到神清心静，无为少欲，抛弃杂念，淡泊名利，如此才能"形全精复，与天为一"，才能真正达到长生的目的。"故曰：纯粹而不杂，静一而不变，惔而无为，动而以天行，此养神之道也"（《庄子·刻意》）。

　　以上所述，大致概括了中国传统道家"达观面对生死、修道以养天年"的老年观，其中所蕴含的人生哲理，直到今天仍值得我们老年人参考和借鉴。首先，作为一个老年人，必须懂得生老病死是每一个人不可避免的自然过程。任你贵为天子，富甲一方，貌似潘安，才高八斗，也都只是亘古自然的一位过客，缥缈天际的一颗流星，生命再长也只是一个过程。所以，你与其畏惧死亡，害怕死亡，倒不如坦然地去面对它，善待它，尤其是要去善待我们活着时候的每一天。越是畏惧死亡，害怕死亡，其实越是不利于身心康宁，养生长寿。例如，有些老年人得知自己身患绝症之后，精神崩溃，终日惶惶，结果加剧了病情的发展。反之，平静地面对，积极地治疗，放松心情，放开胸怀，反而能赢得更多的生存机会甚至康复的机会。这样的例子在我们的周围是屡见不鲜的。其次，养生的要旨在于顺应自然，切不要去做那些刻意尚行、违反自然、拔苗助长、画蛇添足的事情。现在社会上各种养生的理论、方法、药物、食品及运动项目等层出不穷，名目众多，有的甚至互相矛盾，截然相反。比如今天说某个身体的体征指标不能太高，明天却又说这个指标不高反而不好；今天说要多吃某种食物，明天却又说多吃这种食物反而会吃出病来；等等。让人看了眼花缭乱，无所适从。如果你不根据自己的身体状况而去刻意养生，热衷于跟着那些所谓的养生名目来不断地折腾自己，其结果恐怕不仅得不到理想的养生效果，反而是适得其反，财去人衰。再次，养生既要养形，更要养神，追求精神安宁，心态平和，心情愉快，心理健康，这才是我们老年人最重要的养生之道。人到了老年之后,辉煌已成为过去,财富已不再重要,名利已不必追求,责任也无须太重,平平淡淡、健康快乐才是此时的第一要务。精神的愉悦和心态的平和不仅能够提高老年生活的质量,而且能够促进自身免疫力的增长,并进而促进身体的健康和寿命的长久,这一点已经被现代医学和现代心理学反复地证明了。正如《庄子·天道》所说:"俞俞(愉快的样子)者,忧患不能处,年寿长矣"。最后,我们如果把道家所说的"道"理解为人生的正道和生命的意义,在我们的有生之年仍不懈地去追寻它,追随它,修养它,懂得感恩报恩,乐于帮助别人,多做好事善事,在力所能及的前提下为社会和他人贡献哪怕是一点点微薄的力量,那么我们的生命价值就一定会更上一个层次,生命意义就一定会绽放出绚丽的光彩,离道家所说的得道永恒、死而不亡的终极目标也就更加接近了。

探索衰老奥秘　追求健康长寿
——医家老年观浅探*

中国传统医学对于人类的老年问题,历来相当关注。医家经典《黄帝内经·素问》的第一问,就借黄帝之口,向天师岐伯提出了这个问题:我听说上古的人都能活到百岁以上且动作一点也不衰老,而现在的人五十岁开始就动作衰老了,这是什么原因呢?是因为时代变了呢,还是现在的人做错什么了呢?这里所说的上古之人都能活到百岁以上且动作不衰,当然只是古人的一种未经考证的美好想象;但五十岁以后的人为什么会逐渐衰老并走向死亡,却是人类面对的一个亟待解答的重要现实问题,由此而引起了历代医家几千年来的深深思索。

如果说中国传统儒家的老年观主要立足于社会人生并关注于社会伦理,是一种人生智慧的体验和提炼;传统道家的老年观力图从天人一体的宇宙观和本体论视角,对人的生命、衰老和死亡进行终

---

* 本文原载于《终身教育》2020 年第 8 期。

极性的观照;那么中国传统医家的老年观,则完全是从人体自身的生理、心理和病理状况出发,来探索人类生命的奥秘,并由此而追求老年人的健康和长寿。在医家看来,人体的本质是自然之气,"天地合气,命之曰人"(《黄帝内经·素问·宝命全形论》),而人体的衰老则是自然之气由盛而衰的过程,从根本上来说,就是人体生理状况的逐渐改变。所以医家认为:

首先,人体的衰老是一种正常的生理现象。

《黄帝内经》中岐伯在回答黄帝提出的"人为什么年老而无子(无生殖能力)"这个问题时,用了很长的一段话来描述和概括人体从少年发展到老年的生理变化过程:

女子七岁,肾气盛,齿更发长;二七而天癸至,任脉通,太冲脉盛,月事以时下,故有子;三七,肾气平均,故真牙生而长极;四七,筋骨坚,发长极,身体盛壮;五七,阳明脉衰,面始焦,发始堕;六七,三阳脉衰于上,面皆焦,发始白;七七,任脉虚,太冲脉衰少,天癸竭,地道不通,故形坏而无子也。

丈夫(男子)八岁,肾气实,发长齿更;二八,肾气盛,天癸至,精气溢泄,阴阳和,故能有子;三八,肾气平均,筋骨劲强,故真牙生而长极;四八,筋骨隆盛,肌肉满壮;五八,肾气衰,发堕齿槁;六八,阳气衰竭于上,面焦,发鬓斑白;七八,肝气衰,筋不能动;八八,天癸竭,精少,肾脏衰,形体皆极,则齿发去。……今五脏皆衰,筋骨解堕,天癸尽矣。故发鬓白,身体重,行步不正,而无子耳。

以上这段话分别从女性和男性的不同角度,对人体生长发育、逐步衰老的过程做了非常详细的描述。大致来说,女性以七年为一个发展阶段,至二七(14岁)发育成人,至五七(35岁)开始衰老,再至七七(49岁)步入老年;男性以八年为一个发展阶段,至二八(16岁)发育成人,至五八(40岁)开始衰老,再至八八(64岁)进入老年。这个概括虽然不一定完全符合每一个个体的人的具体情况,但大体说来,还是符合大多数人生理变化的实际情况的,在今天看来也仍然有其科学价值。这也就是说,人体的衰老只是其自身发展的一种非常正常的生理现象,是人体自然之气由盛而衰的一个正常过程。

元代名医朱震亨在他所著的《格致余论·养老论》中,更是详细列出了人体衰老的种种生理和病理现象,如"头昏目眵(眼屎)、肌痒溺数、鼻涕牙落、涎多寐少、足弱耳聩、健忘眩晕、肠燥面垢、发脱眼花、久坐兀睡、未风先寒、食则易饥、笑则有泪",等等。他的结论是:"但有老境,无不有此"。这是说,人到了老年之时都会出现这些机体衰老的症状,而这些症状的出现完全是一种正常的生理现象。

其次,人体的衰老是一个渐进的生理过程。

在中医看来,人体的衰老不是在跨入老年期的某一天突然变老的,而是一个渐进的生理发展过程。其实,人在未老之时,甚至还在其最鼎盛的中年阶段,身体的一些脏器就已经开始出现了老化的情况。据《黄帝内经·灵枢·天年篇》记载,黄帝问岐伯,人体"其气之盛衰,以至其死,可得闻乎?"岐伯详细阐述了人生从出生到百岁"气之盛衰"的情况,其中指出人体在四十岁"大盛"的时候,就已经开始出现了衰老的迹象:

四十岁,五脏六腑十二经脉皆大盛以平定,腠理始疏,荣华颓落,发鬓斑白,平盛不摇,故好坐。五十岁,肝气始衰,肝叶始薄,胆汁始灭,目始不明。六十岁,心气始衰,苦忧悲,血气懈惰,故好卧。七十岁,脾气虚,皮肤枯。八十岁,肺气衰,魄离,故言善误。九十岁,肾气焦,四脏经脉空虚。百岁,五脏皆虚,神气皆去,形骸独居而终矣。

这是说,人生其实在 40 岁壮年的时候,就已经"腠理始疏,荣华颓落,发鬓斑白",开始走上了衰老的道路。经过 50 岁的肝气始衰,60 岁的心气始衰,70 岁的脾气虚,80 岁的肺气衰,90 岁的肾气焦,到 100 岁,五脏皆虚,神气皆去,最后老死于天年。

按照现代医学的研究,人体的衰老是因为肌体生命最基本的组成单位——细胞出现了衰老。这种细胞的衰老甚至从十几岁性成熟的时候就已经开始了,到 40 岁左右便明显地表现出来,到 50 岁以后则加速了衰老的过程。《黄帝内经》的这段话虽然是用中医独特的"五脏气衰"理论来解释这个过程,但它把人体的衰老看作是一个逐渐变化的生理过程,这与现代医学的观点是基本吻合的。中医还注意到人体各个器官的衰老也有时间先后上的不同:首先是皮肤和毛发,即"腠理始疏","发鬓斑白",这些症状尚不影响人的正常生活;然后是耳朵和眼睛,即"耳馈(聋)""眼花",这就影响人的正常生活了,中医称之为耳目瘼症;最后再发展到心、肺、肾等肌体生命最重要的器官。因为"耳馈""眼花"是老年人特有的普遍性病症,所以历来被中医视为典型的老年病。史传扁鹊"过雒(洛)阳,闻周人爱老人,即为耳目痹医"(《史记·扁鹊仓公列传》),显示了中国医学很早就开始了对老年疾病的重视和治疗。

最后,老年期的开始有一个客观的生理标准。

人究竟什么时候才算是进入了老年期呢?根据《礼记·王制》的记载:"凡养老,……五十养于乡,六十养于国,七十养于学"。这是说中国古代普遍以 50 岁为老年期的开始。但这里所说的老年期,其实只是社会学意义上的老年期,而不是生理学意义上的老年期。按照中国传统医家的观点,尽管男子和女子有着不同的生理发展周期,各个地域的人也有着不同的生理发展特点,但他们进入老年期的时间,却有着一个共同的和客观的生理标准。根据《黄帝内经》的论述,这个老年期开始的生理标准,必须具备以下三个条件:第一,"形体皆极",即身体各方面的器官,无论是外在的皮肤毛发还是内在的五脏六腑,都已经生长发育到了它们的极点;第二,"无子",即已然丧失了生殖能力;第三,"天地之精气皆竭",即天地合气而生人的精气都已经用尽和消竭,人体的自然之气由盛而衰。这个时间点的出现,女子大约在"七七"四十九岁,男子大约在"八八"六十四岁。也就是说,当女子 49 岁或男子 64 岁时,他们形体的生长发育已达到极点,他们的生殖能力已经丧失,他们体内的精气已经用尽,从这个时候开始,他们就真正地进入了生理意义上的老年期。当然,由于每个人的个体体质都不相同,因此进入老年期的这两个时间点(49 岁和 64 岁)并不是绝对的,有的人会略早一些,有的人会略晚一些。又由于时代的进步和生活水平的提高,人们的平均寿命和衰老时间都在向后延迟,这个时间点也在不断地向后顺延。但中医以人体自身的生理发展状况来作为进入老年期的标准,这个观点显然是符合科学,符合实际的。中国古代社会以 50 岁进入老年期,现代社会则以 60 岁进入老年期,规定女性在 50 岁到 55 岁退休,男性在 60 岁以后退休,有些国家则以 65 岁进入老年期并领取养老金,这些都是建筑在人体生理发展基础上而产生的社会观念和社会措施,是有着生理学和医学上的依据的。

由于医家一直注重从生理上、心理上和病理上来探索人体奥秘,研究衰老机制,因此他们的老年观就完全不同于儒家的社会价值论老年观和道家的哲学本体论老年观,而是一种自然生理论老年观。他们更关注从老年人自身肌体的生理和心理状况出发来保养身体,"未病先治",并以此来追求人体的健康和长寿。也正因为如此,中医提出并发展出了一套行之有效的养生理论和养生方法,直到今天仍然有着其重要的现实意义。

中医首先认为,人体的健康与否和寿命长短,取决于两方面的因素:一方面是先天的,是父精母血的禀受,按今天的说法就是遗传基因的不同;另一方面是后天的,即通过自身后天的努力,来提升自己的健康水平并延长自己的生存寿命。正如明代医家张景岳所说:"先天有定数,君子知命,固当听乎天也;若后天之道,参赞有权,人力居多矣"(《景岳全书·传忠录》)。这是说,人对于自身的健康和寿命不完全是听天由命而无可奈何的,而是"参赞有权",是可以通过自己后天的努力来加以改变和提升的。《黄帝内经》中岐伯在回答黄帝所问"为什么上古之人年百岁动作不衰而今时之人年半百动作皆衰"这个问题时说:"今时之人……以酒为浆,以妄为常,醉以入房,以欲竭其精,以耗散其真,不知持满,不时御神,务快其心,逆于生乐,起居无节,故半百而衰也"。即把今时之人半百而衰的原因归结为其"逆于生乐,起居无节"的后天因素,也是告诫人们一定要注重自身后天的保养和努力。

在医家看来,老年人养生的最重要之事是"养心"。这里"养心"的"心"不光是指人体的心脏器官,还包括了人的情感、思想、意志等心理方面的因素。《黄帝内经·素问·灵兰秘典论》说:"心者,君主之官,神明出焉。……故主明则下安。以此养生则寿,殁世不殆"。这是说心主神明,最为重要,必须先养此"心",才能健康长寿。清·袁开昌《养生三要》说:"苟欲治病,先治其心,一切荣辱得丧,俱不足为吾心累。即小之而疾病,不以疾病累其心;大之而生死,不以生死累其心"。这是说世间一切的荣辱得失和疾病生死,都不要太放在心上而成为心的累赘。只有这样,才能够"不期寿而寿益增,他又何术焉!"该书又援引清·张英《聪训斋语》说:"昔人论致寿之道有四,曰慈、曰俭、曰和、曰静"。慈即仁慈,俭即节俭,和即平和,静即清静。"此四者于养生之理,极为切实,较之服药导引,奚啻万倍哉?"即是说,如能做到仁慈、节俭、平和、清静这四条致寿之道,那其在养生方面的功效,比服药和导引等其他养生方法要好上一万倍也不止呢。以上这些关于养生先要养心养德的论述,即使在今天读来,仍有其深刻的含义和实际的功效。

在重视养心养德的基础上,传统医家又提出并倡导了许多关于老年人如何养生、如何追求健康长寿的具体方法。例如,中医倡导运动养生,劳动养生,认为:"身体常欲小劳,流水不腐,户枢不朽,运动故也"(明·冷谦《修龄要指》)。但这种运动和劳动又不能过度,"勿得久劳,久行伤筋,久立伤骨,久坐伤肉,久卧伤气,久视伤神,久听伤精"(同上)。同书又说:"面宜多擦,发宜多梳,目宜常运,耳宜常凝,齿宜常扣,口宜常闭,津宜常咽,气宜常提,心宜常静,神宜常存,背宜常暖,腹宜常摩,胸宜常护"。这些都是老年人日常生活中行之有效的养生保健方法。中医又特别重视老年人的睡眠,认为充足的睡眠是养生保健的第一要务。清·曹庭栋《老老恒言》(又称《养生随笔》)的第一卷第一篇就是"安寝",认为"少寐乃老年大患",并引《半山翁诗》云:"华山处士如容见,不觅仙方觅睡方"。中医还特别关注老年人的饮食,倡导饮食疗法、服食膏方等各种增强体质、延缓衰老的有效手段。在中国医学发展史上,从《黄帝内经》首倡"养生之道"理论,到东汉华佗编创五禽戏健身体操,再到南朝陶弘景著《养性延命录》,唐代孙思邈著《千金方》和《千金翼方》,一直到宋元明清的各种养老著作和健身方法,传统医家为中国古代老人和现代老人的健康长寿,已经做出了并正在继续做出不可磨灭的重大贡献。

解除老死痛苦　祈求身心安乐
——佛教老年观浅探*

中国古代从先秦时期起，就有许多哲人和学派思考老年现象，研究老年问题，提出了各自富有特点的老年观。例如传统儒家从社会伦理着眼，希望老年人能够成为乐观好学、养性达理、自我完善的仁者，成为年轻人的道德楷模。传统道家从天人一体的宇宙观出发，要求人们达观地看待人的生命、衰老和死亡，并在此基础上修道以养天年。传统医家则从人体自身的生理角度去探索人类生命的衰老奥秘，以此来调养身体，去除疾病，达到健康长寿的目的。到了东汉末年佛教传入中国之后，又产生了一种与以往学派思想不同的佛教的老年观，从而为中国古代老年观的发展增添了新的内容。

佛教对老年观的认识，是从"老是一种痛苦"（老苦）这一基本判断出发的。在佛教的观念中，人生本来就是一场苦难，包含有生苦、老苦、病苦、死

---

* 本文原载于《上海佛教》2021年第1期。

苦、爱别离（与所爱的分离）苦、怨憎会（与所怨憎的聚会）苦、求不得（所求取的得不到）苦和五取蕴（各种烦恼）苦这八种痛苦，而老苦是其中不可避免的痛苦之一。据佛经记载，释迦牟尼早在尚未成佛、还是净饭王太子的时候，有一次出城游历，见到一个年迈衰丑之人，只见他"伛偻低头，口齿疏缺，须鬓如霜，形容黑皱，唯骨与皮，无有肌肉，身体萎摧，唯仰杖力，上气苦嗽，喘息声粗，喉内吼鸣，犹如挽锯，行步不安，或倒或扶"，就问马夫说这是何人，马夫告诉他这就是老人。太子又问，那我将来老了会不会也是这样一种羸弱不堪的惨状呢？马夫回答说是的，每个人老了都会成为这个样子。于是太子再也没有出城游玩的兴致了，返回家中苦苦思索如何才能解脱这种痛苦。[①]后来他又看到了辗转呻吟的病人，亲朋送葬的死人，饥渴困乏的农人等种种痛苦的景象，促使他放弃继承王位，离家出走修行，去追求如何解脱世间痛苦的真谛，并最终在菩提树下战胜烦恼，彻底觉悟，证成佛陀。可以说，佛教对老年观的思索和认识，正是其创教救世的初始动力之一，也是其教义理论的基本内容之一。

那么，人生的痛苦（包括老苦）究竟如何才能得以解脱呢？佛教试图从身心两个方面来帮助人们（包括老人）解除痛苦，而其中最重要的则是解除精神上（心）的痛苦。在佛教看来，世界万物（万法）都是因缘相生的产物，人的生老病死也只是其中的一个自然的过程而已。一切的一切皆有其原因和缘起（因缘），而因缘又都是非真实的"无"和"空"，所以只要把这些因缘都看空也就彻底解脱痛苦了。佛教把人生概括为"十二缘起"：首先是(1)老死；这是思考问题的起点。缘何而有老死忧悲苦恼呢？那是因为有(2)生；没

---

① 参见《佛本行集经》卷十四。

有生命也就没有老死了。生命需要条件,而最重要的条件是(3)有;有就是存在,就是你生命活动所具备的"业力"。生命活动缘于(4)取;取是追求和执着的意思,就是要追求各种可爱的事物并执着为我所有。取的动力是(5)爱;爱就是生命欲望,是生命活动的本源力,有生命欲望才有追求执着。爱又缘于(6)受;受是感觉,即因外界事物所引起的感受,包括快感(乐受)、不快感(苦受)和不苦不乐感(舍受)。受又依存于(7)触;触是接触外界事物的反应,是感觉器官、外界事物和心理活动三者的会合。触又依赖于(8)六入;六入是眼、耳、鼻、舌、身、意这六种器官(六根)的机能。六入则依存于(9)名色;名色是人的身心的全体组合,人没有统一的身心也就没有了他的六根机能。名色又依赖于(10)识;识是人的主体认识,是名色的中心,是外在事物、六根机能和内在思想的统帅。识缘于(11)行;行是以往的行为和习惯所造的"业",现在的识(果)是由以往的行(因)造成的。行则缘于(12)无明;无明就是痴,是对真相的不认识,是对因缘的不理解,所以才会有执着和烦恼,才会有生老病死等种种痛苦。总起来说,老死只是"十二缘起"中的一个起始环节,而无明才是人生一切痛苦的终极根源。按照佛教"此生则彼生,此灭则彼灭"的原则,从"十二缘起"倒推回去,那么无明灭则行灭,行灭则识灭,识灭则名色灭,名色灭则六入灭,六入灭则触灭,触灭则受灭,受灭则爱灭,爱灭则取灭,取灭则有灭,有灭则生灭,生灭则老死灭。只要你真正认识到世间因缘的真相,把受污染的无明转化为清净的智慧,那么你就能进入到一个福德圆满、永恒安乐的涅槃境界,一切人世间的痛苦(包括老苦)也就全部得到解脱了。

在帮助老人解除精神上(心)痛苦的基础上,佛教又试图为世间的老人解除生活上及身体上等各方面的问题和痛苦。佛教主张要善待老人，尊敬老人，"见凡老人当尊敬之"[①]；要供养老人，给老人以施舍，"若施老人、孤独、病急，是大布施"[②]。佛经中还借佛陀之口，讲了一个批评"弃老"的故事：

在很久很久以前，有一个国家叫弃老国。这个国家有一条规定，即凡是一个人到了年老的时候，大家就要把他遗弃掉，把他赶出这个国家。但是其中有一位大臣非常孝顺，不忍心把他年老的父亲赶走，于是就偷偷地在家里挖了一个地下室，把他父亲藏在地下室里供养。国王在召集大臣们议事的时候，常常会碰到一些疑难不决的事情，大家都拿不出什么好的解决办法。这位大臣回到家里，就到地下室去请教他的父亲，而他父亲每次都会教给他解决这些疑难问题的办法，然后第二天他再去告诉国王和其他大臣。有时候大臣还会把他父亲所说的关于三世轮回、敬信三宝、孝顺父母、乐善好施的佛理转述给国王和其他的大臣听。时间长了，大家都有些怀疑这位大臣所说的内容不像是他自己能够想出来的，国王就问这位大臣，你这些办法和说法到底是你自己的想法还是有人在背后教你？大臣不敢隐瞒，如实说了自己在地下室供养父亲，"这一切都是父亲教给我的"。国王听了之后，终于认识到老年人的经验、知识和智慧对国家和人民具有非常重要的作用，于是把大臣的父亲请来奉为国师，并废除了原来遗弃老人的规定，下令"一切国土，还听养老"，"其有不孝父母，不敬师长，当加大罪"。[③]显然，佛教在这个故事中所提倡的养老和孝敬的观念及做法，与中国传统儒家的敬老和孝道已经是不谋而合、殊途同归了。

与老苦关系最密切的是病苦，老年人身体衰弱多病是不可避

---

① 参见《佛说谏王经》卷一。
② 参见《毗耶娑问经》卷一。
③ 参见《杂宝藏经》卷一。

免的普遍现象,因此佛教在力图为人们解除老苦的同时,又注重为人们解除病苦,鼓励信徒们身体力行地开展行医治病、救死扶伤的医疗活动。佛教以救死扶伤为己任,所谓"救人一命,胜造七级浮屠",即是说救活一个病人是比建造一座七层高的佛塔还要大的功德。佛教又把"五明"视为佛教徒修行的必修课程,而"五明"之一的"医方明",即为医药学方面的必备知识。佛教非常重视医药学的研究和实践,据统计,中国佛经中专门论述医药学的著作就有85部,涉及医药学内容的著作更多达370部。而中国历史上有姓名可考、有事迹记载的从事医药学活动的重要佛门弟子则多达近百位,这还不包括少林寺禅医、竹林寺女科等一些佛教医药团体和医药机构。[1]佛教中还有一种药师佛信仰。药师佛与释迦牟尼佛和弥勒佛并称为"横三世佛",其中释迦牟尼佛为主佛,弥勒佛专管人的临终往生、超度亡灵,而药师佛则专管治愈疾病、安乐健康、消灾延寿。药师佛在行菩萨道时曾发下大愿:"愿我来世得菩提时,若诸有情,众病逼切,无救无归,无医无药,无亲无家,贫穷多苦,我之名号一经其耳,众病悉除,身心安乐,家属资具,悉皆丰足,乃至证得无上菩提。"[2]这是说,药师佛的宏愿就是要为天下众生治愈一切疾病,解脱病患之苦,从而达到"众病悉除、身心安乐"的境界。

在佛教看来,身心的安乐与佛法的弘扬这两者是相辅相成、完全一致的,"身安则道隆"[3],只有身体健康了,才有能力弘扬佛法。他们把治病救人视为僧侣的一种修行方式,体现了佛教关护众生、慈悲为怀的菩萨心肠。在为众生和老人解除病苦的同时,佛教又

---

[1] 参见周瀚光主编:《中国佛教与古代科技的发展》,华东师范大学出版社2013年版。
[2] 参见《药师琉璃光如来本愿功德经》。
[3] 隋·智顗:《修习止观坐禅法要》。

倡导重视个人的清洁卫生,并传入了一些中国古代原本没有的清洁卫生用具和物品以及一些良好的个人卫生习惯。例如用杨柳枝来清洁口腔和牙齿,用澡豆粉(类似现在的肥皂粉)来帮助沐浴和洗涤,用净瓶和触瓶来分别盛装饮用水和洗手水,用漉水囊来过滤水中的杂物,用香炉来驱赶蚊蝇,用拂子来掸灰除虫,用手巾、面巾、拭身巾和拭脚巾等不同的毛巾来擦拭身体的不同部位,等等,这些都是符合卫生原则、有利身体健康的习惯和方法。

要而言之,佛教的老年观以人生的"老苦"为思考原点,论及了老苦的表现、老苦产生的原因和根源,以及如何从精神上(心)和肉体上(身)两个方面来解除老苦(包括病苦)的方法和途径。在弘扬佛法的同时,倡导尊敬老人、治病救人和个人卫生,从而最终使老年人达到精神解脱、身体健康、身心安乐的境界。它不仅是中国传统老年观的重要思想内容之一,而且对当今社会也有一定的借鉴意义。

首先,佛教把人的生老病死看作是一种因缘相生的自然过程,主张修行要从"修心"开始,要求人们不去痴迷于物质的追求和物欲的享受,抛弃各种有害的偏见、执着和仇恨,努力去止息妄想,摆脱烦恼,放下包袱,求得内心的清净和平静,这对于当代社会的老年人静养身体、调节心理,并以此达到身心健康,是有积极和有益的作用的。养生最重要的莫过于养心,人到老年尤其如此。在这种有意识的养心过程中,人的世俗欲望受到了最大限度的制约,内心世界实现了前所未有的宁静和平和,长此以往,人的身心就会处于一种和谐和放松的状态,避免了焦虑和浮躁给人体造成的损害,从而使老年人心情愉悦,胸怀舒展,不焦虑不浮躁,颐养天年,并最终达到健康和长寿的目标。

其次,佛教主张要尊敬老人,善待老人,供养老人,并且在有条件的情况下，充分利用老年人所积累的经验、知识和智慧来为社会服务，充分发挥他们力所能及的作用，不能因为他们年老体弱而歧视他们甚至遗弃他们，这对建设当代和谐社会也具有积极的借鉴意义。尊老爱老、孝敬老人是中华民族的优良传统，是社会主义核心价值观的基本内容之一，也是现代社会最基本的公德。在当前中国加速进入老龄化社会的形势下，如何使广大的老年人群真正能够老有所依，老有所养，老有所用，老有所乐，应该是各级政府和整个社会需要认真考虑并加以落实的重要责任。

最后，佛教重视医药学的研究和实践，鼓励广大信徒学习医药学知识并尽一切努力去救死扶伤、治病救人，以此来解除老人们因病而生的痛苦，这对促进当代社会的老年人祛病养生、健康长寿，也是有所裨益、颇具功德的。佛经中的一些医药学著作，例如《佛说佛医经》《除一切疾病陀罗尼经》《佛说疗痔病经》《救疾经》《延寿命经》《续命经》《佛说婆罗门避死经》等，其中的一些内容至今仍有其临床医疗的价值。佛教虽然没有专门论述养生的著作，但它所倡导的一些注重个人清洁卫生的良好习惯以及符合养生要求的观念和做法——例如静坐禅定、慈悲为怀、喝茶素食、戒酒戒色，等等，直到现在仍对老年人养生健体、延年益寿具有积极的借鉴意义。

病中三梦记[*]

十五年前的今天（2003年3月12日），是我突发急性广泛性心肌梗死的日子。前几天看陈毅之子陈小鲁猝死的消息，说他的死因是急性大面积心肌梗死，我想他的病应该跟我15年前的病是一样的，"大面积"当是"广泛性"的同义表述。只是我的运气要比他好一些，经过开膛剖心（先放支架再做搭桥手术）、剥皮抽筋（把腿上的静脉血管割取出来移植到心脏）的抢救，居然大难不死，又活过来了，而且一不小心又活了整整一十五年。网上有医生和专家说，搭桥手术以后的病人，8年的存活率大约在60％，如愈后好的话，能活12年到15年。我已经活满专家所说的15年了，这15年其实就是我生命的额外收获，是老天爷对我的额外恩赐。而从今天开始，以后的每一天又将都是我生命中额外的额外收获。老天爷对我实在是太慷慨、太友好、太

---

* 本文是作者于2018年3月为纪念自己心肌梗死发病15周年而写，曾发于部分微信群中。

有恩了!

弹指一挥间,15年前的许多事情都已经渐渐淡忘了。然而,在那一段发病抢救、开刀手术、九死一生的日子里,我曾经做过三个印象深刻的梦,令我至今都不能忘怀。只要我闭上眼睛,昔日的梦境就会栩栩如生地重现在面前……

一

心肌梗死虽然是一种突发性的急性病,但对我本人来说,其实是有预兆的。

发病的那天下午我去学校办事,刚走出小区的大门,一股寒风袭来,顿觉胸口一紧,心中一阵难受。我赶紧乘上公交车,车上暖和多了,心中的难受感也就慢慢地缓解了。这种情况在此前几天走路急的时候也曾出现过一次,这已经是第二次了。晚上回家吃饭的时候,我对妻子说,今天下午感觉不好,胸口疼,前几天也有过一次。话刚说完,胃里却开始难受起来。妻子说,要不要去医院看一看?我说没事,让我去书房静坐一会就好了。大约坐了有十几分钟的时间,我感觉好像好点了,就起身去收拾碗筷,准备洗碗。就在我正要开始洗碗的时候,胃里突然又一阵难受,感觉比前一次更厉害了。我连忙对妻子说,你帮我去烧一点热水灌个热水袋,我想把肚子热捂一下。然后我放下碗筷,走向卧室,准备去床上躺下休息。就在这个档口,突然,心口感到一阵剧烈的绞痛,然后是一阵又一阵的心绞痛猛烈地向我袭来,让我感到了一种前所未有和难以忍受的剧烈疼痛,疼得我脸上、头上和身上到处直冒冷汗。妻子一看急了,说赶紧上医院吧。我半靠在床上,双手紧抱着胸口,咬着牙关说了七个字：

"心—肌—梗—死—1—2—0……"

事后我妻子说，我说的前面几个字她根本没有听清，但后面的120三个字是听明白了。于是她马上拨打了120急救电话，也不知过了多少时间，救护车终于到了。车上的医护人员先给我量血压，听心脏，做检查。我只是恳求他们先给我止痛，我痛得实在是受不了了。然后他们又给我服了药（应该是阿司匹林），并让我在舌头下含了药（应该是硝酸甘油），最后把我抬下五楼，送上救护车，直向离家最近的普陀区中心医院驶去。

就在救护车从我家驶往医院的这一段路上，我感觉我处在一种昏昏沉沉、迷迷糊糊、似睡非睡、似醒非醒的状态。车开了多长时间我不知道，但这个时候在我的眼前却如同放电影一般，把我五十多年的生活历程飞快地一一展开并迅速掠过。就像是我们放录像时按了快进键，一幕幕场景不断地掠过，但没有一幕镜头停下来能让人看清到底是什么内容。然而我却又明确地知道，它们都是我以前生活中曾经发生过的事情。（直到现在我还是想不起来，那一幕幕场景到底是些什么内容，哪怕连一点点具体的细节也记不起来。）直到救护车驶进医院急救中心那一刻，我忽然醒了过来，似乎意识一下子回到了我的身上。那一刻我非常清醒，又非常平静，我的内心好像有一个声音在对我说：你虽然只活了五十多岁，但是这五十多年你没有白活。老天爷让你做一个男人，你娶了妻子，生了孩子，现在女儿已经长大成人了。她虽然没有太大的出息，但生活自理能力很强，将来肯定不会饿死，你完全不用为她担心。老天爷又让你做一个教师，你也已经尽力了，而且你已经拿到了大学的正教授职称，你还有什么不满足的呢？你已经对得起老天爷给你的这一生了。在这个救护车呼啸而行、生死前途未卜的紧要时刻,我的内心却忽然变得异常的平静。此时的我,胸口似乎已不那么痛了,精神也已经完全放松,尽管意识到有可能就此而走向死亡,告别人生,但是心中却没有一丝恐惧,也没有一点遗憾,只是坦然而平静地去迎接那即将要来临的不可知的一切……

　　直到现在,我也没有搞明白在当时面对死亡的时候,自己何以能如此的平静。那一切既没有刻意的成分,也没有伪装的可能,完全是一种突如其来的自然过程。我不知道在救护车上昏昏沉沉时犹如电影回放生命历程般的梦境,究竟是在做梦呢,还是人们常说的一种濒死体验。我在网上曾看到一个帖子,叫"人临死前的十三种神秘感受",其中有一种感受就是"回望人生"。我想,人一旦死了,那就再也不可能向你阐述那些感受了;但只要没死,又活过来了,那就只能把它看作是一场梦境了。

二

　　如果说发病时的第一场梦虽然伴随着惊险但总的来说还算正常的话,那么令我印象深刻的第二场梦,尤其是联系到做梦前后所发生的一系列事情,则有点蹊跷和吊诡了。

　　发病当晚被救护车送到普陀区中心医院之后,急救中心的医生们立即对我进行了抢救。首先是做心脏造影检查,确认我心脏中的血管已经形成了大面积的堵塞。其中三根主动脉都有严重堵塞,一根堵了95%,一根堵了85%,还有一根堵了68%。因为心脏主动脉堵塞而引起心肌坏死是非常迅速的而且是不可逆的,所以心肌梗死很容易造成病人的突然死亡(猝死)。当医生让我妻子在病危通知书上签字,并让她告知所有的亲属都来见我一面(有可能是最后一面)的时候,她的精神一下子崩溃了,眼泪瞬间涌了出来。在一切准备工作都做好以后,医生于那天半夜就为我那根堵得最严重的心脏主动脉施行了安放支架的手术,即在那根动脉里严重堵塞的部位放置一个钛白金的管状支架来把血管撑开以促使并保持血液流通。手术的过程我已经一点也没有印象了,只是到第二天清晨我衰弱地睁开眼睛的时候,我才意识到:我没有死,我又活过来了!

然而危险并没有完全解除,仍有两根主动脉及其他心脏血管严重堵塞,死亡仍有可能随时降临。在征得普陀区中心医院的同意后,家人们于支架手术后的第三天,将我转到了对心脏病治疗更加专业的上海市胸科医院。到了胸科医院后,先是在心内科监护室做进一步的全身检查。考虑到心脏血管中有多处严重堵塞而不适宜再安放支架,所以医生建议做心脏搭桥手术,即把我自己腿上的静脉血管割取出来,截成几段以后再移植到心脏里,用以代替原来严重堵塞的那几段血管。这样我又需要从心内科的监护室转到心外科的病房。就在我即将要转出心内科监护室的那天下午,病房里进来了一位新的病人,是从门诊直接收治进来准备进行心脏造影检查的。巧的是这位新进来被安排睡在我原来睡的那个病床上的男士正好与我同岁,但身体则明显比我壮实很多。因为刚进来,他来不及预订当天的晚餐,所以我就把我的那份晚餐让给他吃,反正我订的那份晚餐本来就是给陪护我的家属吃的,我自己只能吃一点流汁,根本吃不了那么多的饭菜。没想到那位病友把这份饭菜全部吃完还嫌不够,又去外面买了点心来吃,一点也看不出有病的样子。

那天晚上我睡在新搬进去的外科病房里,睡得很不踏实。我感觉我一整夜都在做梦,但梦里什么内容却一点也想不起来,唯一记得内容的一个梦是天快亮时突然醒来前的最后一个梦。在那个梦里,我被人四处捉拿和追杀,我拼命奔逃,好不容易逃过一拨人的追杀,又遇上另一拨追杀我的人,然后我继续奔逃……最后,我逃到了一个十字路口,前后左右一看,四条路上全都是赶过来追杀我的人。我想这下完了,无路可逃了!于是我干脆往地上一坐,心想,既然逃不了了,那就随你们怎么处置吧……就在这个时候,梦醒了,我睁开眼睛,浑身上下都是湿漉漉的虚汗。抬眼望了一下窗外,天灰蒙蒙的,眼看就要放亮了。

也正在这个时候,我听到病房走廊里传来一阵嘈杂的声音,有呼叫声,有奔跑声,有车轮推动声……依稀好像听说是心内科监护室里出事了,医生们正在全力抢救一位濒死的病人。过了大约一个多小时,外面的声音渐渐平息下来了,一切又恢复了正常。有消息传来说,那位出事的病人虽然经过医生用各种方法全力抢救,但最终还是没有能够抢救过来,现在已经确认死亡,死者的家属们也都已经赶到了医院。我这时已经起床,于是就慢慢地扶着走廊墙边的扶手向心内科监护室走去,想去看看心内科监护室——我昨天还在那里住过的病房究竟发生了什么事情。到了心内科监护室门口一看,顿时令我一惊,一群人正围着我昨天睡过的那张病床嚎啕大哭。病友们告诉我,一个多小时之前死去的这位病人,正是昨天下午刚进来、与我同龄却比我壮实、晚饭能吃二两多米饭还嫌不够、接替我睡在我曾经睡过的那张病床上的男人!

我的内心受到了巨大的震撼!回到病房躺在床上,我的心情久久不能平静下来。一个如此年轻、如此壮实的生命,昨天还生龙活虎地出现在你面前,而转眼之间却就被死神召唤走了!我又想起了自己凌晨惊醒前的那场梦,脑子里忽然产生了一些奇怪的念头。小时候看神鬼故事书里说,人的生死都由阴间的阎王掌管着,每个人的寿数都记载在阎王的那本生死簿上。每当下半夜阴气最盛的时候,阎王帐下的小鬼(牛头马面)们就拿着阎王的那本生死簿分头出动,照着上面寿数已尽、被阎王画了圈的人的姓名,一个个把魂勾走,把命取走,然后在天亮之前到阎王那里去交差。然后我开始胡思乱想:我在昨天下半夜梦里见到的那些拼命追杀我的人,会不会就是阎王派出来向我索命的小鬼们的化身呢?或许是我的阳寿尚未到数,他们一看追错了,于是就没有抓我,让我从梦中醒了过来。又或许是因为追我追了半天没有追到,一看天快亮了,于是就随手抓了一个回去交差,而那个被抓的,正是心内科监护室里凌晨死去的那位病人。再或许是小鬼们粗心大意,他们不知道我昨天已经从那个病房搬走,按老地址误抓了那位刚住进去的新病人……我知道我的这些想法是有点荒诞不经,但事情也实在是太巧了。巧就巧在我的梦醒时分(逃离追杀)正是他的死亡之时,而他又恰巧与我同龄,又恰巧睡在我前一天刚刚睡过的那张病床上!这一切若非是命运的安排,又怎能如此地巧合,如此的不可思议呢?

我们从小接受唯物主义和无神论的教育,不相信鬼神,也不相信天命(或称为命)。但是,世界上总有一些用常理无法解释的现象,让人们不得不把它们产生的原因归结到冥冥之中的天命。以心肌梗死的发病为例,一般都认为发病时离医院越近,抢救就越及时,就越能避免死亡。但上述这位死去的病友,恰恰就是住在医院里发的病,而且是住在上海医疗水平堪称一流的专业医院里发的病。应该说没有比他离医院更近了吧,没有比他的救治条件更好了吧,结果也没有能够保住他的性命。心内科监护室里还有一位病友,我们叫他"湖州老爹"。他发病的时候远在湖州,他的三个女儿叫了一辆救护车,开了三个多小时才把他送到上海。一路上他的心脏一度已停止不跳了,医护人员硬是不断地按压他的胸口以至于压断了两根肋骨,终于使他的心脏又重新开始跳动。"湖州老爹"那时已快70岁了,他后来与我一样也做了心脏搭桥手术,一年之后我还跟他通过电话,他照样活得好端端的。怎样来理解这两个反差强烈的例子呢?我们只能用前者命定该死而后者命不该绝来做解释。《孟子》说:"莫之为而为者,天也;莫之致而至者,命也。"不是人为的力量而导致某种结果的产生,这就是命,就是天命。孔子说"五十而知天命",我那时虚岁54岁,也许开始有点"知命"了。

三

我的心脏搭桥手术——从早上8点钟躺在活动病床上被推进手术室一直到下午4点多钟才被推出来——整整做了8个多小时。

事后才知道,我的这台手术的施行过程大致经历了以下三个步骤:第一步是"剥皮抽筋"(请注意这是我的通俗概括而不是医学用语),即沿着腿上静脉血管的走向,切开我整个右腿(从下腹部的大腿根一直到脚后跟)的皮肤和肌肉组织,把里面的整条静脉血管割断并抽取出来,经过处理后用作心脏搭桥的主要材料,需要搭几根桥即分成几段。因为只有自身体内的血管才不会与心脏血管产生排异作用,所以这一步是整个手术能否进行下去的前提和基础。第二步是"开膛剖心"(这也是我的通俗概括),即切开胸口从颈部到上腹部的皮肤和肌肉组织,锯断胸前保护胸腔的六根胸骨,扒开整个胸腔,让心肺和五脏统统暴露在光天化日(手术灯)之下,从而为心脏里面动手术做好准备。以上这两项准备工作,都是在主刀医生的指挥下,由他的主要助手完成的,当然麻醉师和其他的辅助医生也一直在旁边紧密配合。第三步才是真正的关键和重点,由主刀医生亲自动手。他要在心脏里面找到那几根堵塞严重的血管,然后在血管严重堵塞部位的前后两端各剪开一个口子,把腿上截取下来的静脉血管的两头丝扣密合地缝合在这两个剪开的口子上面,从而使心脏里的血液得以绕过严重堵塞的部位而流向全身。这就叫搭桥,喻意在血管堵塞部位的两端架起一座飞渡的桥梁。这是一个需要极其细心、极其耐心和极其认真负责的技术活,又是一个高度紧张而极其累人的体力活。我的手术原计划是搭三根桥,但医生打开胸腔后发现情况比预想的还要严重,所以临时决定增加两根,以至最后一共搭了五根桥。为我主刀的医生叫李颖则,是上海胸科医院心外科的副主任。他四十多岁,刚从美国进修学习回来,是当时院内数一数二的心脏外科手术专家。等到他的这部分核心工作完成以后,他的助手们再把我的心脏和其他脏器归回原位,然后用不锈钢丝把我的六根被锯断的胸骨一根一根穿接绑定,用羊肠线把我被割开的肌肉组织一块一块缝上拼好,最后用订书钉(就是我们用来装订书面文件的订书钉)把我被翻开的皮肤一段一段钉紧固定。(后来拆线的时候我数了一下,胸口的钉子有 28 个,腿上的钉子有 56 个,两条刀疤的总长度大约在 80 多厘米。)

  当然,在这漫长的八个多小时里,我因为被全身麻醉,所以是一点知觉也没有的。等我当天晚上醒来的时候,已经躺在了心外科的重症监护室里。我的手上、脚上、鼻子里和胸口中被插满了各种各样的管子,全身被固定在病床上不能动弹,唯一的和强烈的感觉是被一种巨大而无边的痛楚所包围。这种痛楚自内而外、从上到下、全身心地刺激着我的每一根神经,使我一刻也不能安宁下来。首先是胸腔深处刚被动了手术的心脏的痛楚,那是一种钻心的痛,撕心裂肺的痛。然后是胸部六根胸骨被生生锯断后再用钢丝一根根穿过绑住的痛楚,那是一种彻骨的痛,深入骨髓的痛。再然后是胸部肌肉被切开20多厘米、腿部肌肉被切开60多厘米以后再用羊肠线把它们硬生生缝住的痛楚,那是一种一动就痛、弥漫全身的痛。至于那皮肤上80多个订书钉所引起的痛楚,与心脏、骨骼、肌肉的痛楚相比,那简直不算什么痛苦了。最要命的是,我的胸口插着一根直径一厘米以上的金属管(用来引流胸腔里的积液),它严重地压迫着我的呼吸。我每呼吸半口气,就引起胸口一阵剧烈的疼痛,以至于接下来的半口气根本无法继续呼吸下去。更要命的是,那些护士还每隔一段时间,把我拉起来猛拍我的后背,说是要把我胸中的积痰拍出来。但结果是不但没有拍出一口痰来,相反却一遍遍地加剧我的痛楚,把我好不容易用意志和毅力镇定下来的精神完全摧毁。以至于到最后我一看见那些年轻的女护士向我走来,就像是看到了恶魔一般的害怕。

在调动了我所有的意志和毅力,忍受并熬过了一个剧痛无比和彻夜无眠的夜晚之后,到第二天早上,我的忍耐力终于用完了,意志也随之被完全摧毁。此时的感觉,就是一种痛不欲生、生不如死的感觉。如果不是手脚被紧紧地绑在病床上,我真想爬到窗口,从六楼往下一跳了之。前几天住在三楼病房的时候,就曾经遇上过六楼跳楼事件的发生,当时还感到不能理解。没想到现在的自己却对此无比向往,觉得那真是一个最好的解脱!令人恐惧的年轻女护士又过来了,但这次没有拍打我的后背,而是问我:"要不要喝水?"我答:"不喝。"问:"要不要喝点粥?"答:"不喝。"问:"那吃药吧?"答:"不吃。"问:"那你要干嘛?"答:"不活了。"我真的是不想活了。……过了一会儿,为我主刀的李颖则医生和他的助手任医生来了,估计是那位女护士向他报告了我的不合作态度。我就像看到了最亲的亲人一样,向他诉说了我的痛苦感受,尤其是胸口插着的那根粗大的金属管给我带来无法正常呼吸的特别痛苦。李医生查看了一下我的身体以及床边的仪器,稍微思索了一下,然后与他的助手一起把我慢慢扶起,两人同时出手在我的背部猛拍一掌,一大口浓痰顿时从我的口中吐了出来。然后,李医生指示他的助手拔去了我胸口的那根管子,我一下子感到我终于又能够比较畅通地呼吸了,感到全身的痛楚似乎也减轻了很多,似乎又有了战胜病痛、走向生命的勇气和希望……

在搭桥手术之后的那几天里,我几乎天天都做噩梦,而且几乎都是与死亡相关的噩梦。其他的噩梦内容我都已经记不起来了,唯有一个噩梦令我印象特别深刻。它不仅内容奇异,而且形式独特,竟然采取了电视连续剧的形式:连做三天,情节连贯,梦梦相扣,内容完整——

梦中的故事发生在一个类似学校大教室那样的房间里。房间里没有课桌,靠着墙的四周由椅子围成了一个大圈,就好像是要开联谊会的模样。我和其他人一样在房间里随意走动,但大家心里都知道,这个房间里的所有人都是在等待着死亡,都是注定要走向那边的。忽然,在我的面前出现了一个中年男子,看上去很年轻、很壮实的样子。他告诉我,他们说走的时候要两个一组、两个一组地一起走,并且已经安排了他和我一组一起走。我不知道他说的"他们"是谁,但既然都已经安排好了,那就听天由命吧。两个人一起走,至少路上不会太孤单。但那个男子握住了我的手,用力在空中晃了一下,说:"我们要创造一个奇迹出来!"……梦醒了,顿觉后脊梁升起一股凉气。

这个梦真有点匪夷所思。人常说梦由心生,可是在我的生活中从来就没有过如此大胆的想象力,竟然会想到即使去死也要由组织安排两个一组、两个一组地去死。我真搞不清楚这种不拘一格的创造性思维究竟是从哪里来的?然而令我更没有想到的是,第二天晚上又接着做梦了,梦中的内容竟然是接着昨晚梦中的故事情节继续地往下发展:

……还是那个熟悉的大教室,还是那些等待死亡的人们,我的面前忽然又出现了昨天那位据说是被"他们"安排与我一起走的中年男子。他告诉我说,情况发生了一些变化,"他们"说两个一组、两个一组地走这种形式不变,但原本是安排两个男生一起走,现在则要改为一男一女一起走。他还告诉我,明天安排与我一起走的那位女生是他的女朋友,并希望我能够对他的女朋友一路上多加照顾。他还叮嘱我,明天进房间后看到坐在左上角的那位女生就是他的女朋友,我只要过去坐在她的旁边,一切就都OK了。……梦醒了,后脊梁又升起一股凉气。

由两个男生一起走改为一男一女一起走,我感觉"他们"的这种安排似乎更加人性化了。所谓"男女搭配,干活不累",就是走向死亡也给人增添了一些温馨的色彩。我倒是有点好奇地想知道事情到底将如何发展了,果然在第三天晚上迎来了那个预期中的梦:

……还是那个熟悉的大教室。我推开门,往左上角的那个座位望去。果然有一位年轻的女生已经在那里坐好了,而整个房间也只有她一个人坐在里面。我一边朝她走去,一边仔细地端详着她。这是我从来没有见过的一张脸,长得一般,既不好看也不难看。我记起昨天那位男生对我的嘱托,于是就准备在那位女生的左边座位上坐下去。没想到我刚要坐下去的时候,突然发觉那个座位上已经有人了。我又换到女生的右边座位上准备坐下,没想到右边座位上也已经有人坐着。我想既然两边都已有人了，那我就随便找个位子坐下吧。没想到刚才还空荡荡的房间里，居然一下子全部坐满了人，已经找不到一张空椅子让我坐下了。正当我惶恐不安、不知如何是好的时候，一位服务员模样的人走过来对我说："你下一批，出去吧。"……一下子，我又从梦中醒了过来。从那天往后，我就再也没有做过类似内容的梦，这个"电视连续剧"应该是全部播完——"剧终"了。

记得好像是弗洛伊德说的，梦是人的潜意识的一种表现。然而我挖空心思也想不明白，我的潜意识里怎么会有如此稀奇古怪、匪夷所思的东西。直到现在，15年过去之后，我仍然非常清楚地记得梦中那位男生和那位女生的面容。我一直在人世间不停地寻找他们，可是却至今也没有找着。我尤其关心的是那位服务员模样的人对我说的"你下一批"究竟是什么意思。在"他们"的安排中，"一批"大约相隔多少时间呢？"下一批"的安排究竟会在什么时候来临呢？不过我已经非常庆幸了，在"下一批"的时间点到来之前，我已经又看到了许许多多人世间的美景了……

结　　语

2003 年的春天注定是一个不平常的春天。在那个春天里，世界发生了三件大事。第一件是美国攻打伊拉克，第二件是中国发生禽流感(非典)，第三件则是本人因心肌梗死而差点死亡。第一件事发生在世界的世界里，第二件事发生在中国的世界里，第三件事则发生在本人的世界里。一切的世界，都建筑在本人的世界之上；本人的世界没有了，那么于你而言，还有什么中国的世界、世界的世界吗？陆象山曰："宇宙便是吾心,吾心即是宇宙";王阳明曰："天下无心外之物";此之谓也。

世界又有劫数,世界上的各种事物又各有其不同的劫数。那么本人的劫数又当如何？能不能卜上一卦,推算出来呢？三年前,《广西民族大学学报》在采访我的时候,我曾经对他们这样说："回顾我60多年的人生历程,大约每经过27年历一次大劫,每历一次大劫都有一次大的感悟,现在已经到达生命的第三阶段了。"他们听了很感兴趣,问："此话怎讲？"我回答说："在我27岁的时候,正好逢上中国社会的一个大动荡和大转折,那就是文化大革命的结束和改革开放的开始。经过急剧变化的政治形势和思想观念的冲撞洗礼后,我对自己的社会定位有了一个比较清醒的和自觉的认识,从而基本确立了今后人生道路的方向。至于54岁时的大病则是一次更大的大劫,劫后余生,价值观和人生观又有了新的提升。如果老天能再假我数年,争取在大病后再活一个27年,那么从现在开始到九九归一,我想我一定会更加珍惜生命,珍惜人生,努力做好自己想做的一些事情,让自己活得更加自由,更加洒脱。"

好了,天机不可泄露,就此打住。

在"冯契学术成就陈列室开展仪式暨冯契思想学术研讨会"上的发言[*]

我是冯契先生的"私淑弟子",一直把冯先生视为自己崇拜、学习和追随的导师和榜样。早在20世纪70年代初期的时候,我就曾经向冯先生当面请教有关明末思想家王夫之的问题。冯先生指示我去读王夫之的原著,并明确告诉我王夫之的一些原话出自《船山遗书》的某卷某篇某页。这让我这个当时仅二十几岁的年轻人钦佩不已,要知道《船山遗书》共有近百种著作,总数达400多卷呢。后来在复旦大学哲学系就读中国哲学史专业的研究生时,我也常写信向冯先生请教一些问题,并得到冯先生为我答疑解惑的回信。如这次展出的"冯契学术成就陈列室"中,就陈列有当时冯先生给我的一封来信。再后来有幸来到华东师范大学工作,在冯先生身边待了十几年时间,并且在冯先生耳提面

---

* 本文是作者于2018年5月16日在"冯契学术成就陈列室开展仪式暨冯契思想学术研讨会"上的发言。

命的直接指导下开展了一些学术研究的工作,以至于当时学术界的一些学者想当然地把我看作是冯先生的亲弟子。例如胡道静先生在给我的《传统思想与科学技术》一书所写的序言中就说:"瀚光同志是我们南方的两位哲学大师——严北溟教授和冯契教授的高弟子"。①我也不作申辩,乐得享受这种"冒充"的身份。

冯先生虽然不是我的授业导师,但他却确确实实是我学术道路上的重要"贵人"。在我研究生毕业的时候,由于冯先生的亲自过问,使我得以分配到华东师范大学,并安排在他的身边工作。冯先生非常重视研究"中国古代哲学与自然科学"这个主题,他不仅亲自撰写并发表有关这一主题的论文,而且还在他招收"中国哲学史"专业的研究生中,新增了一个"中国古代哲学与自然科学"的研究方向。而我当时的任务之一,就是协助冯先生在指导这一方向的研究生时,做一些辅助性的教学工作,例如请一些上海著名的科技史专家(如胡道静、袁运开、傅维康等),来给研究生和青年教师们讲授中国农学史、中国物理学史和中国医学史等课程。这一研究方向和培养方式持续了好几年的时间,其中既有硕士研究生,也有博士研究生,不少研究生后来都有了很好的发展,例如李似珍后来成了华东师范大学哲学系的教授,吾敬东成了上海师范大学的教授,等等。

除了教育和培养这一方面的研究生外,冯契先生还带领并指导我们就这一研究主题开展了一系列的学术活动,仅20世纪80年代后期到20世纪90年代初期,我们就举办了三次规模不一的学术会议。第一次是1987年秋天由华东师范大学哲学系负责承办的"首届中国科学思想史研讨会",第二次是1989年秋天由上海

---

① 周瀚光:《传统思想与科学技术》,学林出版社1989年版,第5页。

科学思想研究会主办的"道家道教与科学技术研讨会",第三次是1990年春天由华东师范大学古籍研究所和上海科学思想研究会联合主办的"传统思想与科学技术研讨会"。冯先生不仅亲自参加了这三次会议,而且都在会上作了重要的主题学术报告。我作为这三次学术会议筹备工作的具体负责人,也比其他人更多地受到了冯先生的直接指导和教诲。

1992年6月,华东师大出版社出版了我撰写的专著《中国古代科学方法研究》,而我写作这本书的最初动因,正是缘于冯先生提出的一个问题。冯先生在他于1983年出版的《中国古代哲学的逻辑发展》一书中,曾引述了爱因斯坦在给友人的一封信中对中国古代缺乏演绎几何体系和实验归纳方法的评论,然后郑重地提出:"这是一个外国的伟大科学家提出来的问题。中国古代有那么多科学发现和创造,是用什么逻辑、什么方法搞出来的?这确是一个令人惊奇、需要我们认真研究的重大问题。"冯先生的这个问题激发了我强烈的好奇心和探索欲望,促使我花了两年多的时间深入其中,并最终形成了这样一个研究成果,对这个问题给出了一个较为可信的初步答案。书稿写成后,冯先生以其76岁的高龄,亲自为我的这本书写了一个序言,并且在这个序言里面讲了许多肯定和鼓励的话。这些话,对于我以后的科研工作实践,一直是一种难忘的激励。

冯先生后来又担任了由袁运开先生和我共同主编的三卷本《中国科学思想史》一书的顾问,而中国科学思想史研究其实正是中国古代哲学与自然科学关系研究的一个合乎逻辑的必然展开。与冯先生一起担任这部著作顾问的,还有钱临照、胡道静和杜石然先生,现除了杜石然先生仍健在外,其余三位都已经作古了。此书于2000年出版后即获得了学术界的广泛好评,被誉为"国内外学术界所见到的最系统、最完整的关于中国科学思想史研究的力作",并获得了第十三届中国图书奖、第五届安徽图书奖一等奖、第六届上海哲学社会科学优秀成果二等奖以及第十届全国优秀科技图书奖等奖项。现已有很多高校的科技史专业或其他专业,将此书列为研究生的必读书或参考书。冯先生虽然没有能够看到此书的最终出版,但他关于中国古代哲学与自然科学研究的一些深刻思想和精彩观点,已经深深地融化进了该书的字里行间。

正如刚才张天飞教授在发言中所说,冯先生的学术思想集中贯彻了三个方面的结合,而中国古代哲学与自然科学的结合正是其中的一个重要方面。可以说,冯先生晚年不仅对自己一生哲学思想的发展做了系统的总结和阐发,而且还开辟了新的研究方向,提出了新的哲学观点。其中相当重要的一个方面,就是对中国古代哲学与自然科学关系研究的特别关注和展开。我在冯先生晚年的那一段时间里亲身受到他的关怀和指导,对这一点有着特别深切的认识和感受。因此,我们现在要继承和发展冯先生的哲学思想,构建具有中国特色的哲学社会科学理论体系,就一定要在冯先生哲学思想和成就的基础上继续前进,不仅要"照着讲",更要"接着讲",讲出冯先生所没有来得及讲的新内容和新创见。例如最近我出版了我的个人文集[①],其中第一卷(上下两册)的书名,叫作《中国科学哲学思想探源》。有人可能会提出问题来说:中国古代有科学哲学思想吗?是啊,我们现在一讲到科学哲学,就是库恩、波普尔、拉卡托斯等西方科学哲学家的思想,从来没有人说中国古代也有科学哲学思想。但是事实上到底有没有呢?我认为是有的,而且内容非常丰富,观点非常精彩。比如,中国古代有非常丰

---

① 周瀚光:《周瀚光文集》(四卷五册),上海社会科学院出版社2017年版。

富的科学方法论思想,这一点我在《中国古代科学方法研究》一书中已经有了充分的论述,而科学方法论正是科学哲学思想的重要内容之一。再比如《老子》的自然哲学思想和《周易》的数理哲学思想,其实也都是中国早期的科学哲学思想。再比如,大家都知道西方著名的科学哲学家波普尔提出"三个世界"的理论:世界一是物理世界,世界二是精神世界,世界三是精神产品,包括语言、文字、书籍、艺术,等等。但其实中国古代哲学家早就有了这方面的思想总结,早就提出过一个理论,叫作"书不尽言,言不尽意,意不尽道"。"书不尽言"是说文字不能完全表达语言,"言不尽意"是说语言不能完全表达思想,"意不尽道"则是说思想不能完全把握客观世界。这个理论的实质,难道不是可以与波普尔"三个世界"理论媲美的科学哲学思想吗?所以,如果有人不承认中国古代有科学哲学思想,这没关系,我们摆事实,讲道理,总有一天你会承认这是个历史事实。以前西方不是说中国古代连哲学也没有吗,后来冯友兰写了一部书叫《中国哲学史》(英语版的),现在大家都承认中国古代有哲学了。后来西方又说中国古代没有科学,结果英国学者李约瑟写了一部书叫《中国科学技术史》(洋洋7大卷20多册),现在大家也都承认中国古代有科学了。如果大家继续努力、深入发掘的话,我想一定会发现并承认这样一个事实,即:中国古代不仅有哲学思想,有科学思想,而且还有着非常丰富而深刻的科学哲学思想。

要而言之,冯契先生的哲学思想理论给我们留下了一笔巨大的精神财富,同时也为我们提供了深入研究的框架并指出了继续努力的方向。我们有理由、有责任在冯先生思想成就的基础上,进一步拓展空间,填补空阙,修正成见,开发新意,为构建中国特色的哲学社会科学理论体系做出我们应有的贡献。

沉痛告别袁运开先生[①]

今天上午去参加了袁运开老校长的遗体告别仪式。面对老校长遗容，心中思绪万千，往事历历在目。在我三十多年的教学研究生涯中，曾经遇到过许多"贵人"相助，其中最主要的有三位：第一位是我在复旦大学就读研究生时的恩师严北溟先生，是他第一次把我引进了学术研究的大门；第二位是上海著名的哲学家、华东师范大学的冯契先生，是他在我研究生毕业时把我要到了他的身边，使我有机会跟着他学到了很多东西；第三位就是时任华东师范大学校长的袁运开先生，在我以后的工作和生活中得到了他的许多帮助和支持，润享到了他的许多恩泽。1985 年，我有幸成为他亲笔特批的青年骨干教师之一，被分配了学校的一套教工住房，虽然只有一居室，但解决了我当时最大的后顾之忧。在这一批分到住房的青年骨干中，后来出了像华

[①] 本文系作者于 2017 年 4 月 16 日上午参加袁运开先生遗体告别仪式后所写，发于当天的微信群中。

民、陈卫平、夏中义等一批知名的学者。1989—1990年,由他领衔的国家社科项目"中国古代的天人观及科学思想的发展"落脚在我们古籍研究所,他亲自参与项目研究并对我们的具体工作给予了大力的支持。1991年,由他和我共同主编的三卷本《中国科学思想史》正式启动,出版后获得广泛好评,得了好几个大奖,现已被许多高校列为相关专业的必读书或参考书。20世纪90年代他担任第三届上海市科学技术史学会理事长,我作为学会的副理事长兼秘书长,在他的领导下工作顺利,心情舒畅。他在辞去了上海市科协委员的兼职后,推荐我担任此职,并推举我获得了上海市科协先进工作者称号。他还一直关心我的正高级职称评审,虽然他当时已经从校长岗位上退下来了,但仍不忘向王建磐校长和张济顺书记等学校领导作特别推荐。往事历历,记忆犹新,袁校长于我,恩莫大焉! 我曾经鼓动过他去申报中国科学院院士,但他说自己水平不够,还是算了。谦虚如此,人品如此,学校领导和老师们人所共知……。书写至此,泪眼模糊,不能自已。谨以此文送别我学术生涯中的"贵人"——袁运开老校长,祝一路走好,直上天堂!

《润德普天——唐祖德回忆录》序[*]

唐祖德先生1995年就读于华东师范大学哲学系工商管理硕士研究生班(MBA)的时候,我是给他们班讲授"中国管理哲学"这门课程的主讲老师。这门课程讲授了有一个学期的时间,其间也经常有一些学员和老师之间的互动交流,因此我跟这些学员们就慢慢地熟悉起来并成了朋友。早期MBA研究生班的学员大多是政府中层干部或企业管理干部,他们中的许多人都跟我是同时代人,个别的甚至比我还要年长,所以我们在相处时往往有一些共同的语言。他们虽然在理论素养方面比较欠缺,但都具有比较丰富的实践经验和管理能力,而且都能够认真学习,积极思考。我在课堂上一方面给他们介绍和总结中国古代管理哲学思想的精华,这是他们都非常愿意聆听和了解的;另一方面则启发他们把这些古代管理哲学思想精华与当前的行政管

---

[*] 本文是作者于2018年1月为《润德普天——唐祖德回忆录》(上海远东出版社2021年1月出版)一书所写的序言。

理和企业管理结合起来,鼓励他们把具体的管理经验提升到管理哲学的高度,把中国古代优秀的管理思想贯彻到自己日常的管理工作中去。在课程结束的时候,我还要求他们结合课程教学的内容和自己工作的实践,撰写一篇短篇论文,既作为课程考试的成绩,同时也作为中国管理哲学应用研究的理论积累。其中有一些比较好的论文,我后来又把它们汇编起来正式出版。

唐祖德先生那时40来岁,正是年富力强、风华正茂的时候。他是上海欧利文实业公司的总经理,平时工作很忙,但每周都坚持前来听课,学习非常认真。课程结束的时候,他写了一篇《〈菜根谭〉与企业管理者素养》的论文,结合自己的思想实际和企业管理的经验,阐述了运用中国传统思想智慧来提高管理者自身素养的体会。这篇文章后来收入了我与美国夏威夷大学成中英教授一起主编的《超越时空的管理智慧之光——中国管理哲学的现代应用》一书中,他也因协助我组织编辑出版这部书而担任了该书的编委。后来,我又多次应邀到他位于奉贤区南桥镇的公司和工厂参观访问,在交流和互动的过程中不断增强了我们之间的友谊。

2003年初春的时候,我得了一场大病,是急性广泛性心肌梗死。病情来势汹汹,差点要了我的性命。经过开膛剖心(心脏搭桥手术)、剥皮抽筋(把腿上的静脉血管取出来移植到心脏里)的抢救,总算大难不死,又活过来了。当我从医院出来在家休养的时候,我得知唐先生不久前也得了一场大病,病情比我更加可怕。他先是被查出直肠癌,动手术切除了一段直肠;接着发现肝里面也有转移,又动手术加以切除;最后发现又转移到了脑子里,再动手术切除了脑瘤。一般人经过这三次折腾,脆弱的生命很难再熬得过去,我当时也深深地为唐先生担忧。然而,唐先生的生命力是如此的顽强,其意志是如此的坚强,居然一次又一次地挺了过来,一次又一次地熬了过去,直到现在仍然好好地活着,并且继续做着自己想做的事情!这简直就是一个奇迹!等到几年后我再见到唐先生的时候,他除了因化疗而导致头发全部脱落之外,其他都依然如故,依然是精神饱满,谈笑风生,还亲自开着车过来接我。两个大难不死、劫后余生的老朋友相逢,都对生命有了更进一层的体验和理解,也都更有了一种曾经沧海、笑看一切的默契。

最近,唐先生把他写的《润德普天——唐祖德回忆录》给我看,并希望我能够为此书写一个序言,我自然乐于为之。唐先生出生于一个世代中医的家庭,他父亲给他取名"祖德",就是希望他能够继承和发扬其祖上治病救人、积德行善的优良遗风。他一生秉持两条原则,一条是真诚做人,一条是努力做事。正因为如此,所以在他人生所经历过的每一段路程上、每一个岗位上,他都能够兢兢业业,做出成绩,从而收获了众多的奖状和荣誉。也正因为如此,他能够正直无私,乐于助人,捐款扶贫,广做善事,被评为奉贤区的"慈善之星"。他觉得自己身患恶症、多次手术却能够大难不死、转危为安,就是上天对他积德行善的褒奖和鼓励。他曾经做梦进入了天堂,那是一个阳光灿烂、到处充满鸟语花香的美好世界。醒来以后他常常对人说:"我是进过天堂的人,现在留在人间,是上帝让我再做一点好事。"

唐先生的《润德普天——唐祖德回忆录》中有专门的一章,来讨论人的生命的意义。一个人,只有当他经历过生死的考验、濒临于死亡的边缘而又重获生命的时候,他对于生命意义的思考,才是真正有价值的,并值得我们去反复地咀嚼和回味。这里,我想先摘录书中的几段文字以飨读者:

生命的意义是什么?我的感受是爱,是善。人从离开母体呱呱坠地就得到无私的母爱,随着人的成长得到的是整个社会的关爱,是"爱"培育了一代又一代人的成长,是爱的力量使社会能不断地发展,才会有生命的不断的延续。爱贯穿于社会,贯穿于人的整个生命的过程,它无时不在,无地不在。人需要别人的爱,同时也必须给别人以更多的爱。

再问生命的意义是什么? 我的感受是奉献,奉献才是美。生命的过程是一个从获取到奉献,是边获取边奉献的过程。如果说获取是自然的,那么奉献应是必然的,能奉献更是美的,是灿烂的。

一个人的美好的生命,是不以寿数长短来衡量的,人生中只求其有一点闪光,一点灿烂就好。

人能发挥自己作用,能够为别人、社会多作出一些努力是幸福的。因为你有机会去付出,你的生命才有价值,才有意义。真正做到"能够不为虚度年华而悔恨,不因为碌碌无为而羞耻"。

生命的意义还包含着什么? 我的感受是真诚,是真。陶行知说过:"千学万学,学做真人。"做人要真,做事要真。要少一点虚伪,多一点真诚,真诚就是正义感和责任感。

"生命的意义"的问题永远是一个值得探讨的话题。但我想用最简单的语言来表示:"自己想要什么样的人生,并按自己的意愿去做,生命就有了意义。我们要善待周围一起生活的人,多一点真诚,尽量多的去付出,我们生命的意义就在这里了。"

唐先生的这部《润德普天——唐祖德回忆录》,其实就是他用自己一生的经历,来阐述他所理解的生命的意义。当然,它所表述的,只是唐先生作为个体的人的生命历程,只是一个平凡的人的平凡一生。然而,如果读者在读了这部书之后,能够掩卷沉思一下:在自己或长或短的人生历程中,除了忙忙碌碌地为维持自己生命而终日奔波外,还有没有做过一点其他有意义的事情呢?人的一生应该怎样度过,才是幸福而美好的呢?怎样才能对得起上天赐予我们的如此珍贵的生命,使我们的人生能够变得更有意义呢?……假如这部书能够引起读者对这些问题的一点反思,一点启示,我想这部《回忆录》的价值就已经充分地体现出来了。

是为序。

在"经典阅读与大学心灵"师生讨论会暨"ECNU 经典领读者"聘任仪式上的发言*

在这个阳光明媚的春天、"世界读书日"的前夕,我很荣幸地被我们华东师范大学聘任为"ECNU 经典领读者",非常愿意为推动青年学生的读书活动尽自己的一份绵薄之力。今天的讨论会提出了三个主题:"经典与时代""经典与大学""经典与青年",这三个主题都很有意思,我就这三个主题简单地谈一点我的想法。首先,关于第一个主题"经典与时代",我想问的是:什么样的时代才能涌现出经典来?毫无疑问,经典的产生需要一个思想自由和开放的时代环境。比如中国先秦时期的百家争鸣,欧洲 16 世纪和 17 世纪的文艺复兴,这些都是思想自由开放、经典层出不穷的时代。其次,关于第二个主题"经典与大学",我想说的是:我们

---

* 本文是作者于 2018 年 4 月 18 日在华东师范大学举行的"经典阅读与大学心灵"师生讨论会暨"ECNU 经典领读者"聘任仪式上的即兴发言,回来后追记成文。

的大学校园是思想相对自由开放并适宜产生经典的地方。我们不能指望经典产生于其他的企事业单位，因为那是以经济和效率为主、人们赖以养家糊口的地方。我们也不能指望经典产生于政府机关部门，因为那是贯彻上级指令、落实政府职能的地方。所以，我们的大学校园才是最有可能产出经典的地方。最后，关于第三个主题"经典与青年"，我想对青年朋友说的是：青年人不仅需要阅读经典，领会经典，用经典来滋养我们的精神和灵魂，而且需要有一种敢于创造经典的勇气和志向。如果我们有10位青年具有这种勇气和志向，甚至有100位青年具有这种勇气和志向，那么说不定就真有一部经典产生于这些青年之手。但如果我们没有一位青年具有这样的勇气和志向，那毫无疑问是绝不可能产生出任何一部经典来的。经典呼唤时代，经典呼唤大学，经典呼唤青年。希望寄托在青年身上，未来的世界是属于你们青年的！

昔日奇井今何在
——郑思肖沉书之古井寻访记*

公元1638年(明崇祯十一年)冬天,苏州城内的承天寺因浚疏枯井,在井中发现并起出了一部古书,那就是距当时已有三百多年的宋代爱国诗人兼画家郑思肖(号所南)的杰作——《心史》。该书因其内容忠于故宋而不容于元,系由作者自己用铁函密封后,于宋亡后4年(1283年)沉入承天寺井中。此书于明末被发现后,一时引起轰动,经刊刻出版后在当时的学林中广泛传播,得到了王夫之、顾炎武、黄宗羲、方以智等许多著名学者的高度评价。由此,郑思肖的铁函《心史》又被学术界誉为"井中奇书"。①

自《心史》被发现并出井之后,至今又经历了380余年。笔者在钦佩《心史》作者的为人气节和思想艺术文采的同时,又对当年发现《心史》的那口

---

* 本文是作者与卿朝晖、杜祯彬合作撰写,原载于《苏州日报》2020年5月9日。
① 今人陈福康先生著有《井中奇书新考》三卷(上海外语教育出版社、上海交通大学出版社2015年版)详论其事。

古井产生了兴趣,不知那口涵沉奇书的古井现在还在不在呢?如果还在的话,那让它昭著天下供人瞻仰岂不是雅事一件吗?于是,在一个风和日丽的春日下午,笔者对苏州承天寺遗址一带进行了一番寻访。

据史料记载,苏州承天寺最早建于南朝梁武帝时期,初称重玄寺,宋时改称承天寺,以后又改称能仁寺、重元寺等。该寺在唐宋时规模宏大,香火兴旺,元时曾毁于大火,后又重新修葺,清以后逐渐衰落,直至最后寺院坍塌,仅存残垣断壁,其遗址位于苏州城内接驾桥西的东中市(路)以北。

笔者沿着东中市(路)上的承天寺前(街)向北走去。这是一条很普通的苏州老街,宽不过二三米,两边大多是旧式的民宅,间或有一两家小商铺。整条街长约一二百米的样子,走到尽头即是现存承天寺遗址的大门了。大门里面是一个建筑工地,有几个建筑工人正在忙碌着。听附近的居民说,好像是正在建造私人的别墅。在离大门不到10米的承天寺前(街)西侧,笔者见到了一口很普通的水井,有一位大嫂正在从井里打水冲洗拖把。井圈是石制的,上面依稀刻有"民国十三年"字样。井边的平地则是用水泥板铺成,显然是近些年新筑的。笔者探头往井里面看去,井中泛动着水的波光。

那么,这口离承天寺遗址大门那么近的普通水井,会不会就是当年承天寺的古井,甚至就是郑思肖沉书的那口奇井呢?笔者经多次实地考察,并结合查阅古籍文献、走访街邻居民、搜集历史传说等调查研究工作,初步认定:这口井正是当年郑思肖沉书的承天寺古井。兹详述如下:

一、根据苏州历代地方志的记载,承天寺在宋代的时候,曾经是一座规模宏大、香火旺盛、声名显赫的寺庙。据《元丰吴郡图经

承天寺遗址大门外西侧的水井　　水井位置示意图

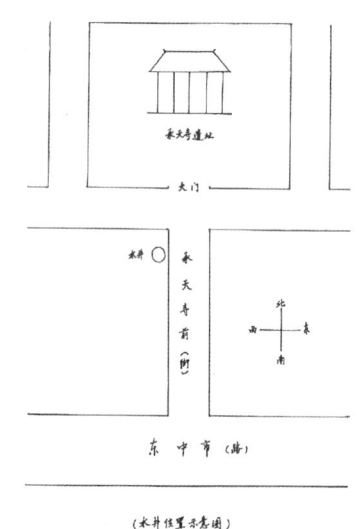

续记》载:"承天寺……殿阁崇丽,前列怪石。寺中有别院五:曰永安,曰净土,禅院也;曰宝幢,曰龙华,曰圆通,教院也。"《吴郡志》也说:"承天能仁禅寺在府治北。……寺有无量寿佛铜像及盘沟大圣祠、灵佑庙、万佛阁寺。……福昌寺在寺内,本寺之子院,旧名永安。宋宝元间僧道昇建,旧有正偏知阁。圆通寺在寺内,亦子寺也。……宝幢讲寺在承天寺内东偏,本寺之子院。"这些记载都说明,承天寺在宋时并不是一个单座佛殿的小庙,而是一个除了主殿之外还包含有至少五个以上独立寺院的大寺庙。这也就是说,宋时承天寺的面积要远远大于现存承天寺遗址的面积,而现在位于承天寺遗址大门外面的水井,在宋时其实是位于当时承天寺的占地面积里面的。我们在水井旁边又询问了几位住在附近的居民,据居民们反映,在这口水井南边约几米的承天寺前(街)上,以前曾经立有一个很大的牌坊,这个牌坊一直到新中国成立以后还在,后

来才被拆除掉。根据这个信息,我们推测这个被拆的牌坊很有可能是以前规模宏大时的承天寺的山门,而这口井正位于原来的这个山门里面。

二、我们查阅了历代苏州城的古地图,发现有好几幅清代绘制的苏州城古地图中,都明确地标示有承天寺遗址以及承天寺前(街)上的这口井。(如下图)

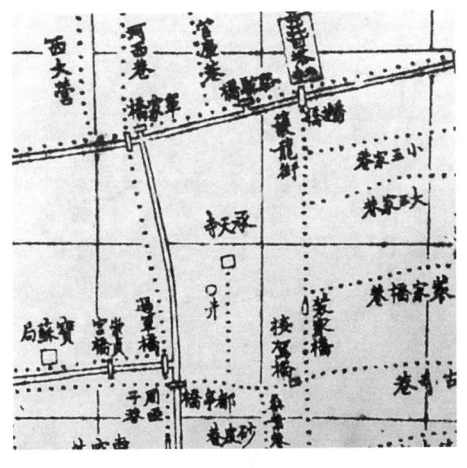

《苏州城厢图》①局部

此图中间"承天寺"三字下方的方块即承天寺遗址大门,方块下面的虚线即承天寺前(街),其标注为"井"的圆圈与笔者所见之井的位置完全相同。另有一幅地图则更明确地在这口井边标注:"宋末郑思肖藏书于此"。(见下页图)

---

① 张英霖主编:《苏州古城地图》,古吴轩出版社 2004 年版。此图原件现藏苏州博物馆,据专家考证,约绘制于 1888—1903 年间。

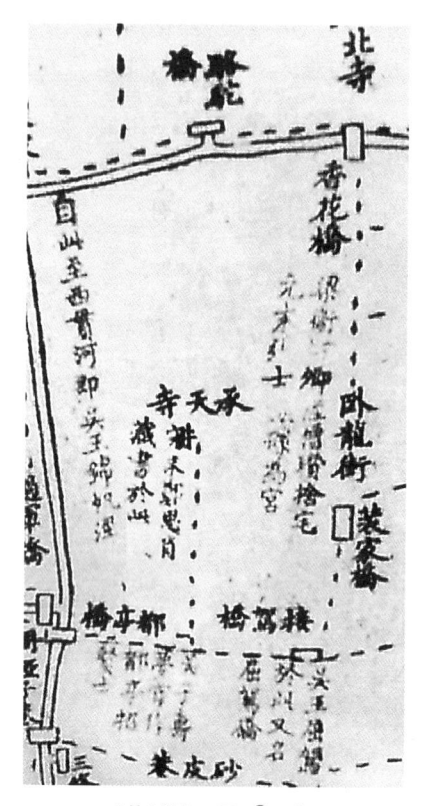

《苏城地理图》①局部

　　以上地图为确定这口井正是郑思肖沉书之井提供了历史文献的依据。

　　三、据记载，郑思肖铁函《心史》一书当年在承天寺井内发掘出来的时候，曾引起了苏州学界的轰动。那么，生活在苏州城内尤其是住在承天寺一带的居民，一定会通过口耳相传的方式，把这个

---

　　① 张英霖主编：《苏州古城地图》，古吴轩出版社2004年版。此图原件现藏苏州博物馆，据专家考证，约绘制于1864—1873年间。

故事一代一代地传递下来。笔者根据陈福康先生提供的线索,有幸在民国时苏州文人包天笑的著作中,找到了有关这口井的传说的一些文字资料。

包天笑在他的《钏影楼回忆录·吴中公学社》中,记述了他28岁左右(1904年前后)时居住在承天寺前的一些情况,原文如下:

> 有一天,是个下雨的天气,朱梁任穿了一双钉鞋,握了一把雨伞,到我家里来。<u>其时我已迁居,自曹家巷迁至都亭桥的承天寺前</u>,这一条巷名很别致,唤做东海岛郎山房。原来吴人佞佛,寺院极多,<u>承天寺这个寺院占地极多,从前那地方本为寺产,现在已成为民居</u>,什么东海岛、朗山房(疑是狼山房),都还是当日寺院中的名称。<u>但我家门前,却有一个古迹,对门一口井,这口井便是宋末遗民郑所南的一部《心史》出现的地方</u>,见之于顾亭林的文集中。但是这虽是一口古井,仍旧为邻近各小家所汲用。<u>梁任来访我,常要到井畔去徘徊,谈及郑所南故事</u>。①

包天笑的这段话为我们提供了关于这口井的一些极其重要的文字信息。首先,包天笑当年曾居住过的"承天寺前(街)"以及这口井,在宋代时"本为寺产",都是承天寺的属地。这从一个侧面印证了我们前文的判断。其次,包天笑住在承天寺前的东侧(东海岛),其"对门一口井"即位于承天寺前的西侧,而这正是前述地图中标注为"宋末郑思肖藏书于此"的那口井的位置。其三,包天笑

---

① 包天笑:《钏影楼回忆录》,上海三联书店2014年版,第191页。下划线为本文作者所加。

明确指出"这口井便是宋末遗民郑所南的一部《心史》出现的地方",他的朋友们也都对这一点确信无疑:"(朱)梁任来访我,常要到井畔去徘徊,谈及郑所南故事",这说明它确实是苏州当地居民两百多年来口耳相传的历史事实。

综上所述,笔者于承天寺前(街)上寻访并发现的那口水井,正是 737 年前(1283 年)宋代爱国诗人兼画家郑思肖把他的《心史》沉入水中,又在 382 年前(1638 年)被后人发现并起出来的那口奇井。奇人已逝,奇井犹在,可不赞乎!值此郑思肖《心史》一书首版 380 周年[①]之际,我们强烈建议有关部门在此井边立碑纪念,以供后人追思瞻仰。

---

① 《心史》首刻本为明崇祯年间(约 1640 年)张国维刻本。

揭开《周易》的神秘面纱[*]

各位老师、各位同学：

大家好！

说到《周易》这部古代典籍，我相信在座的老师们和同学们可能都知道这部书，但是不是都读过这部书我就不敢说了，读了以后是不是能读懂我就更不敢说了。因为《周易》这部书实在是太古老了，它里面的符号和文字实在是太难读，太难懂了。尤其是它的身上被古人和今人披上了一层又一层神秘的面纱，许多问题直到现在也没能完全搞明白，从而给我们留下了一个又一个的谜团。所以，我们要想真正读懂《周易》这部书，首先就必须把有关《周易》这部书的一些基本问题搞清楚，把它本身的一些谜团解开，如此才能真正揭开披在《周易》身上的神秘面纱。

那么，围绕在《周易》这部书上究竟有哪些谜团

---

[*] 本文是作者于2018年秋天应邀为豫章师范学院（江西南昌）校庆讲座而写，后因故未能成行。

呢？我想主要有以下三个：(1)《周易》的八卦和六十四卦究竟是什么东西？(2)《周易》的作者到底是谁？(3)《周易》这部书究竟是一部什么书？今天我就给大家主要讲讲这三个问题，希望能够为大家解开这些谜团。

谜团之一：《周易》的八卦和六十四卦究竟是什么东西？

许多人读《周易》觉得难懂，觉得困惑，很重要的一个原因，就是一开头就被《周易》中的八卦和六十四卦搞糊涂了。这些卦象都是一条一条的直线，有的连着，有的断开，它们到底代表了什么意思？它们又是按照什么法则排列起来的，排列了以后又表示什么意思？为什么这些卦象正好是六十四个，而不是六十三个或者六十五个？这些卦象真的很神秘吗？从这些卦象里真的能看出个人的吉凶祸福和发展前途吗？因此我们讲《周易》，首先就要讲这个八卦和六十四卦。不把这个问题讲清楚，不解开这个谜团，那么《周易》对于我们来说，就只能是水中看月，雾中看花，永远是神秘莫测的。

从《周易》这部书的总体内容来看，八卦和六十四卦确实是其中最基础的部分。《周易》这部书的内容一共分为两大部分。其中一大部分的内容被称作《经》，又称《易经》；另外一大部分的内容则被称作《传》，又称《易传》。（见下页图）

被称为《经》的内容，主要就是六十四卦的卦象体系，再加上少量的一些文字说明（它们被称为爻辞和卦辞）。被称为《传》的内容，则是对《经》部卦象体系和卦辞爻辞的文字解释和发挥，一共包括了十篇文章，历史上把它们称为"十翼"。既然《传》部的内容都

《周易》内容构成图

《周易》
- 一、《经》(又称《易经》)
  1. 六十四卦卦象体系
  2. 爻辞(关于爻的文字说明)
  3. 卦辞(关于卦的文字说明)
- 二、《传》(又称《易传》,也称"十翼")
  1.《彖传上》
  2.《彖传下》
  3.《象传上》
  4.《象传下》
  5.《系辞上》
  6.《系辞下》
  7.《文言》
  8.《说卦》
  9.《序卦》
  10.《杂卦》

是用来解释和发挥《经》部内容的,可见《经》部的六十四卦体系确实是《周易》中最基础的东西。

下面我们就来具体地看看《周易》中的八卦和六十四卦究竟是如何构成的。

首先我们要知道,构成八卦和六十四卦的最基本的符号是"爻"(见下图)。爻有两种,一种叫阳爻,即一条长的横线,横线当中是不断开的;另一种叫阴爻,是一条当中断开的横线,或者确切地说,是两条并列的短线。在《周易》中,阳爻和阴爻这两种符号被称为"两仪",整个八卦和六十四卦体系都是由阳爻和阴爻这两种最基本的符号所构成的。

阳爻　　阴爻

两仪图

现在我们来看八卦是如何构成的。如果我们把阳爻和阴爻按照两个一组、两个一组的方式排列起来，那么我们就可以得到四组不同的排列（见下图），这在《周易》中被称为"四象"。

太阳　　少阳　　太阴　　少阴

四象图

如果我们把阳爻和阴爻按照三个一组、三个一组的方式排列起来，那么我们就可以得到八组不同的排列（见下图），这就是《周易》中的八卦了。

乾　兑　离　震

巽　坎　艮　坤

八卦图

这八个卦又称为"单卦"。为便于记忆，后人又根据这些卦象的形象特点编了一套口诀，叫作"八卦取象歌"。其口诀是这样的："乾三连，坤六断；震仰盂，艮覆碗；离中虚，坎中满；兑上缺，巽下断。"

如果我们再进一步，把这两种爻按照六个一组、六个一组的方式排列起来，那么我们就可以得到六十四种排列组合，而这就是

《周易》六十四卦的卦象体系了(见下图)。

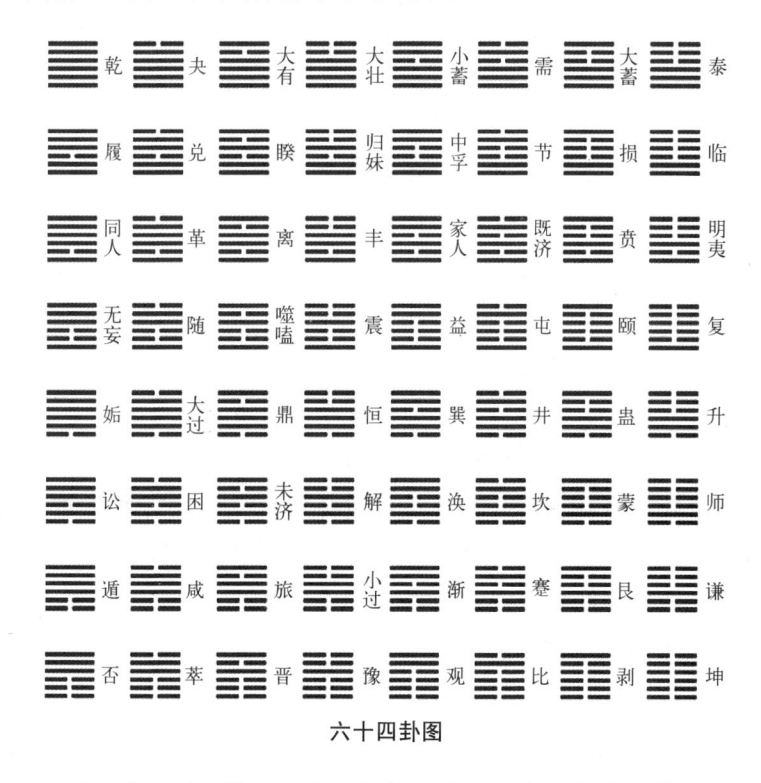

乾	夬	大有	大壮	小畜	需	大畜	泰
履	兑	睽	归妹	中孚	节	损	临
同人	革	离	丰	家人	既济	贲	明夷
无妄	随	噬嗑	震	益	屯	颐	复
姤	大过	鼎	恒	巽	井	蛊	升
讼	困	未济	解	涣	坎	蒙	师
遁	咸	旅	小过	渐	蹇	艮	谦
否	萃	晋	豫	观	比	剥	坤

六十四卦图

下面我们可以举出六十四卦体系中的几个卦象来具体地看一看(见下图)：

乾　坤　泰　否　既济　未济

六十四卦(重卦)举例

比如我们可以把六个阳爻排列起来，这就是乾卦；把六个阴爻排列起来，这就是坤卦；上面三个阴爻，下面三个阳爻，这就是泰卦；反过来，上面三个阳爻，下面三个阴爻，这就是否(pi)卦；从上到下,一个阴爻、一个阳爻地间隔着排列,这就是既济卦;反过来,一个阳爻、一个阴爻地间隔着排列,这就是未济卦。那么,如果我们把阳爻和阴爻这两种符号按照六个一组的方式排列起来,一共能排出多少个不同的卦象来呢?不多不少,正好是64个卦象。而且其中既没有遗漏的,也没有重复的。它必须是64个,而且只能是64个。这就是《周易》六十四卦的卦象体系。几千年前的古人就能够做到这一点,确实是很聪明的。

前面我们说过,八卦中的每一卦都是三个爻,称为单卦;而六十四卦中的每一卦都是六个爻,称为重卦。为什么叫它重卦呢?因为它的每一个卦,其实都可以看作是两个单卦的重叠。比如六十四卦中的乾卦正好是两个单卦的乾卦的重叠,坤卦是两个单卦的坤卦的重叠,泰卦是上坤下乾的重叠,否卦是上乾下坤的重叠,既济卦是上坎下离的重叠,未济卦是上离下坎的重叠,等等。所以这六十四卦的每一卦又都被称为重卦。

按照《周易》的说法,八卦和六十四卦的产生是遵循着一种不断地一分为二的原则来进行的。《易传》中说:"易有太极,是生两仪,两仪生四象,四象生八卦"(见下页图)。这里的太极是一,是一种混沌未分的统一。由太极分出两仪,由两仪分出四象,由四象分出八卦,再由八卦分为十六,由十六分为三十二,由三十二分为六十四,整个八卦和六十四卦的产生就是这样一个不断地一分为二的过程。

不仅如此,《周易》中还有一个原则,叫作"象也者像也"。这里前一个"象"是指卦象,后一个"像"则是象征的意思。也就是说,每一个"象",包括两仪、四象、八卦、六十四卦,等等,都具有一种象征的意义。比如两仪中的阳爻象征天,阴爻则象征地。四象象征四时,象征一年四季。其中少阳象征春天,太阳象征夏天,少阴象征

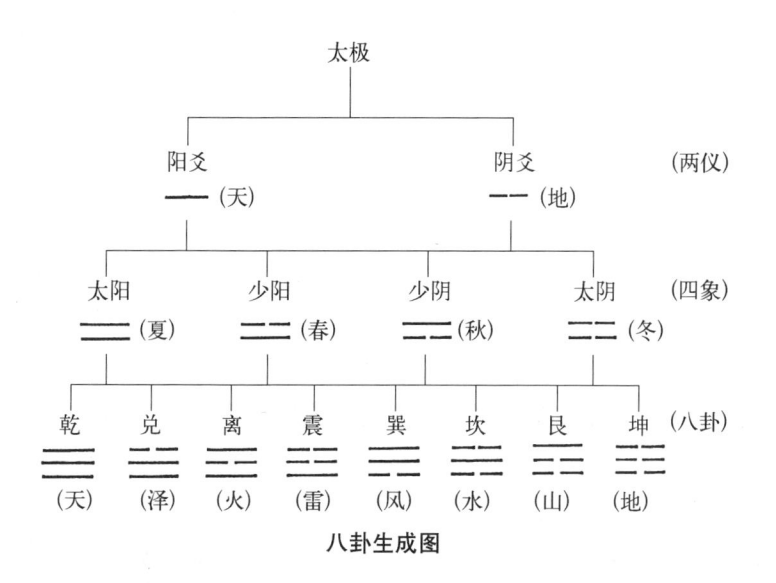

```
                            太极
              ┌──────────────┴──────────────┐
            阳爻                           阴爻          (两仪)
          ━━━━ (天)                      ━ ━ (地)
     ┌──────┴──────┐              ┌──────┴──────┐
    太阳          少阳            少阴          太阴       (四象)
   ━━━━         ━ ━              ━━━━          ━ ━
   ━━━━ (夏)    ━━━━ (春)        ━ ━ (秋)      ━ ━ (冬)
   ┌──┴──┐   ┌──┴──┐          ┌──┴──┐       ┌──┴──┐
   乾    兑    离    震          巽    坎       艮    坤     (八卦)
  ━━━  ━ ━  ━━━  ━ ━          ━━━  ━ ━      ━━━  ━ ━
  ━━━  ━━━  ━ ━  ━ ━          ━━━  ━━━      ━ ━  ━ ━
  ━━━  ━━━  ━━━  ━━━          ━ ━  ━ ━      ━ ━  ━ ━
  (天) (泽) (火) (雷)          (风) (水)     (山) (地)
```

八卦生成图

秋天,太阴象征冬天。至于八卦,则象征自然界的八种基本物质。其中乾卦象征天,坤卦象征地,震卦象征雷,巽卦象征风,坎卦象征水,离卦象征火,艮卦象征山,兑卦象征泽(沼泽)。由于这些卦象都具有象征的意义,所以在《周易》看来,这八卦和六十四卦的产生过程,正好又同时象征着整个宇宙和自然万物的生成和演化过程。其中太极是一个混沌未分的宇宙统一体,先是从这个宇宙统一体中分化出天和地(两仪),再从天地中产生出四时,产生出春夏秋冬这一年四季(四象),再从四时的交替变化中演化出天、地、雷、风、水、火、山、泽这八种自然界的基本物质,然后再由此而产生出宇宙间形形色色、丰富多彩的各种事物。这个观念,反映了中国远古时代的人们对自然界演化发展的一种理解和认识。

现在我们对《周易》中八卦和六十四卦的构成及其象征意义,已经有了一个初步的了解和概念了。有了这个基础,解开了第一个谜团,我们对《周易》这部书的认识,就可以逐步地深入和提高了。

谜团之二：《周易》的作者到底是谁？

《周易》的作者到底是谁？这个问题其实到现在还没有彻底解决。但经过学术界的反复研究，大致形成了一个初步的意见。按照传统的说法，《周易》的作者及其成书年代，是"人更三圣，世历三古"（《汉书·艺文志》）。所谓"人更三圣"，是说《周易》这部书是由古代的三位圣人更替创作而成的。所谓"世历三古"，则是说它的成书年代经历了上古、中古和近古这三个历史时期。那么这三个时期的三位圣人究竟是谁呢？第一位，是上古时期的圣人伏羲；第二位，是商周时期（中古）的文王；第三位，则是春秋时期（近古）的孔子。依据传统的说法，正是由伏羲、文王和孔子这三位圣人的共同创作，才最终形成了《周易》这样一部伟大的古代典籍。

我们知道，伏羲是中华民族远古时代传说中的圣王，按我们现在的理解，实际上应该相当于原始社会时期的部落联盟首领。《周易》的《易传》中说，当年伏羲称王天下的时候，他仰观天象，俯察地理，"近取诸身，远取诸物"（近处以身体作比照，远处以万物作比照），然后"始画八卦"，开始创制了八卦。这就很明确地告诉我们，八卦是由圣王伏羲发明和创制出来的。

第二位圣人是文王，他对《周易》的贡献是"演而为六十四卦"。即是说，文王在伏羲创制八卦的基础上，进一步演化创造了六十四卦的卦象体系。这里的文王就是大家都比较熟悉的《封神榜》里面的西伯侯周文王，是商朝末年地处西方的一个叫周部落的部落领袖。就是他的儿子周武王，后来率兵打败了商纣王，建立了西周王朝。据说周文王曾经被商纣王抓去，关在当时的国家监狱羑里城（今河南汤阴县境内），一共被关了七年之久。文王就在这七年的监狱生活中，研究八卦，并最终把八卦演变发展成了六十四卦。（现在的羑里城已经建设成为一个著名的旅游景点，里面有文王演易坊和演易台，专门用来纪念周文王演化《周易》而创制六十四卦的历史功绩。这里面还有一个景点叫"吐儿冢"，是一个用土堆起来的坟墓。为什么叫它"吐儿冢"呢？传说当时周文王创制了六十四卦之后，能够上知天文，下知地理，占卦卜筮，无所不知。商纣王听说以后，非常害怕，就想了一个办法去试探他。他叫人把周文王的大儿子伯邑考杀了，用人肉做成一碗羹，然后派人送去给周文王吃。如果周文王真的如传说那样无所不知，那他肯定不会吃这碗用他儿子的肉所做成的羹。据说周文王面对纣王派来的使者，明知碗中是他儿子的肉，但他强忍悲痛，不动声色地喝下了那碗肉羹。使者回去报告纣王，说肉羹都让西伯侯全部喝了。纣王听了非常高兴，说西伯侯连他儿子的肉也算不出来，哪里有什么无所不知啊。所以后来就放松警惕，把文王放回去了。而文王吃了肉羹以后，心里非常悲痛，等使者走了之后，就找了一个角落，把吃进去的肉羹全部吐了出来，再用土把它掩埋起来，堆成了一个墓冢。后人就把这个墓冢称为"吐儿冢"。）

至于第三位圣人孔子，大家就更熟悉了。孔子是春秋时期的教育家，儒家学派的创始人。《易经》这部书就是孔子用来教育学生的一部必读教材，是儒家学派的一门必修课程。大家知道，儒家推崇的古代经典最早有六部，称为六经，其中第一部就是《易经》。后来又发展为七经，九经，十三经，其中第一部也还是《易经》。据说孔子晚年非常喜欢《易经》，读《易经》读到了"韦编三绝"地步。什么叫"韦编三绝"呢？这里的"韦"是指熟的牛皮。古代的书都是写在竹简上的,所谓竹简就是一根根又细又长的竹片。竹简上写满字以后,就用熟牛皮编的绳子把这一根根写满字的竹简串起来,这就叫"韦编",这就编成书了。古代的书之所以叫一卷一卷的,就是因为古书是用牛皮绳子把竹简串起来然后把它们卷成一卷一卷的缘故。所谓"三绝",这里的"绝"是断绝的意思,"三"是形容多次的意思,"三绝"就是牛皮绳子被磨断了多次。孔子喜欢《易经》,反复阅读,"韦编三绝",竟然把编书用的牛皮绳子都磨断了多次,可见他对《易经》这部书确实是下了很大的功夫的。再看现在流传下来的《易传》这十篇文章,里面经常可以读到"子曰"如何如何的话,这个"子曰"如何如何不就是孔夫子说的话吗?所以后人认为《周易》这部书的《易传》部分,也就是后面那十篇解释和发挥《易经》的文章,是出自孔子的手笔,是孔子写的作品。

  以上就是从汉代人开始最早对《周易》作者的一种传统的看法。但到了宋代的时候,就开始有学者对这个说法提出了怀疑,而到清代和近代的时候,争议就更多了。因为伏羲和文王的时代实在是太久远了,又没有其他的文字记录可以考证,所以对"伏羲画八卦"和"文王演而为六十四卦"这两条没有太大的争议。争议的焦点集中在《易传》这十篇文章究竟是不是孔子写的,而且大部分学者(包括现代的许多学者)基本上都持否定的态度。你说孔子喜欢《易经》,熟读《易经》,韦编三绝,就一定是《易传》的作者吗?那当时喜欢和熟读《易经》的学者和学派多了去了,比如当时有一个阴阳学派就是专门研究和发挥《易经》当中的阴阳思想的,甚至还可能有一个专门研究《易经》的学派存在,为什么不能是他们写的呢?你说"子曰"就是孔子说的话,那当时被称为"子"的学者也多了去了,比如老子、庄子、墨子、孙子、孟子、荀子、韩非子,等等,为什么"子曰"就一定是孔子说的话呢?"子"这个称呼是古代对那些有学问、有知识的长者的一种尊称,就好比现在称呼一个人为"先生""老师",那你怎么就能够断定这个人一定是孔老师,而不是张老师、李老师或者其他老师呢?再退一步讲,就算"子曰"是孔子的话,那也不过是作者在文章中引用的话,那其他那些没有冠以"子曰"的话,岂不是很明显地不是孔子写的吗?所以现在学术界大部分学者们的看法,都不认为《易传》是孔子写的,而认为很可能是春秋战国时期一个专门研究《易经》的学派(或可称为易学派)的作品,也可能是阴阳学派或者儒家后学的作品,甚至还可能是当时研究和论述《易经》的各种论文的一个汇编,一个《易经》研究的论文集。

由于这方面争议的具体内容很多,我这里就不再把它们详细展开了。现在学术界的一个比较一致的看法是:第一,《周易》这部书既不是出自某一个个人之手,也不是某一个特定时期的作品,它的成书经历了一个很长的历史时期,大约从原始社会后期一直到春秋战国甚至汉代,经过了众多知识分子的共同创作和不断加工,才最终完成了这样一个智慧的结晶。第二,《周易》这部书当中的《经》部,也就是八卦和六十四卦的卦象体系以及一些简单的卦辞和爻辞,这部分的内容成书时间较早,大约在西周初年的时候。其中既有早期思想资料的总结,也有少量后人添加的内容。而《周易》一书中的《传》部,也就是《易传》这十篇解释和发挥《易经》的文章(十翼),它们的成书时间较晚,大约在春秋战国一直到西汉初期。

以上是关于《周易》这部书的作者及其成书年代的一些基本情况和学术观点。这里我再顺便给大家介绍一下《周易》这部书的书名究竟是什么含义。现在一般都认为,"周易"的"易"字,是变易和变化的意思。中国古代最早的一部辞典叫《说文解字》,是东汉时期的许慎编的,书中解释"易"这个字的时候说:"易,蜥蜴也。"蜥蜴是壁虎一类的爬行动物(我们现在看到的壁虎都是很小的体型,我在马来西亚曾看到过大的蜥蜴,它们的体型要比鸡和鸭还要大),据说它们的皮肤能够变换颜色,一天十二个时辰能变化出十二种颜色来,所以又号称"变色龙"。这样,"易"这个字又引申出了变易和变化的意思。东汉还有一个炼丹家叫魏伯阳,他写了一部书叫《周易参同契》,里面解释这个"易"字说:"字从日下月",即是说"易"这个字上半部分是一个"日"字,下半部分是一个"月"字,一个变了形的"月"字。日月为易,昼夜交替,也是自然变化的意思。至于"周易"的这个"周"字,既有周文王的"周"、西周的"周"的意思,又有周遍和普遍的意思。所谓"周易",就是讲的"普遍的变化之道"。所以这部书后来传到西方的时候,书名就被翻译为:The Book of Change(《变化之书》)。

谜团之三:《周易》究竟是一部什么书?

《周易》这部书究竟是一部什么样的书?换句话说,《周易》这部书的主题究竟是说的什么东西?关于这个问题,现在也是一个谜团,而且众说纷纭,至今也没有一个统一的意见。围绕着这个问题,现在有各种各样的说法,而且各有各的道理,谁也说服不了谁。

第一种说法,是认为《周易》是一部占卦问神、预卜吉凶的书。其根据就是在《周易》这部书中,尤其是在《经》部的六十四卦以及那些卦辞和爻辞中,很大部分的内容都是一些通过占卦来预卜吉凶、预测祸福的记录。例如六十四卦的首卦"乾"卦,它的卦辞只有四个字:"元亨利贞"。这里的"元"是开始的意思,"亨"是通达的意思,"利"是适宜的意思,"贞"是纯正的意思。整个卦辞就是说此卦是一个吉卦,是一个大吉大利的卦象。我们知道,远古的人们由于认识水平的低下和科学知识的缺乏,又受到原始宗教的影响,误认为人间的吉凶祸福都是由天上的神仙决定的,所以每次重大决策的制定,都要举行占卦问神的仪式,而八卦和六十四卦就成了沟通人事与天神之间的工具和桥梁。他们先通过某种程序和方法来确定某个卦象(立卦),然后再根据这个卦象的象征意义来猜测天神的意旨,猜测事件的发展趋势(解卦),最后再根据这种猜测来决定自己的行为。现在我们知道,古人的这种做法是一种非常愚昧的迷信活动,因为卦象的象征意义与客观事物的发展趋势之间根本就没有任何的必然联系,靠一个卦象的象征意义怎么可能确定事物发展的必然趋势呢?但古人对此却非常虔诚地相信,并且把这些活动的具体内容非常郑重地记录在《周易》这部书中。从这个意义上说,《周易》这部书确实可以说是一部占卦问神的书。

第二种说法,是认为《周易》是一部哲理书,是一部哲学著作。这是因为在《周易》这部书里,无论是八卦和六十四卦的构成也好,卦辞和爻辞的表述也好,尤其是在《易传》的十篇文章中,时时处处都体现出了古人的一种早期的哲学思想智慧。例如我们在前面曾经介绍过,《周易》中八卦和六十四卦的构成,就是一个由"太极生两仪(阴阳)",然后再由"两仪生四象、四象生八卦",然后再由八分为十六、十六分为三十二、三十二分为六十四……这样一个不断地一分为二的过程。而我们现在讲辩证法的"一分为二",这个概念最早就是从《周易》这里来的。《易传》中又说:"一阴一阳之谓道"。这是说阴和阳两种物质力量的相辅相成和消长转化就是"道",就是事物发展的普遍规律。这与我们现在讲的辩证法的对立统一规律,在思想内容上也是非常吻合的。前面我们还说过,《周易》特别重视事物的变化,其书名"易"字就是变易、变化的意思,而西方直接把它翻译成《变化之书》(The Book of Change)。我们现在有一句成语叫"生生不已",它就是出自《周易》的。这里的"生"字是指新事物的产生,"生生"就是生而又生,指新事物的不断产生和发展。"不已"就是不停止的意思,就是说这种生而又生、新陈代谢的变化发展过程永远不会停止,永远没有尽头。这与我们现在哲学上说的运动变化是绝对的、静止不变是相对的,也是基本上一致的。所以现在哲学界已经公认,《周易》是中国古代辩证思维的一个重要的源泉。从这个意义上说,《周易》确实是一部哲理书,是中国古代的一部重要的哲学著作。

第三种说法,是认为《周易》是一部科学著作。这是因为在《周易》这部书里,确实记载了大量的古人对于自然界的认识,记录了中国早期的许多数学知识、医学知识以及天文地理等各方面的知识,还有一些科学思想的萌芽。以数学为例,中国历史上一直把《周易》公认为是数学的起源和开端。《汉书·律历志》的第一句话就是:"自伏羲画八卦,由数起。"魏晋时期的大数学家刘徽(曾发明割圆术并求得圆周率为 3.1416 而领先世界数学)在论述数学的起源时,第一句话也是:"昔在包牺(伏羲)氏始画八卦。"他们都把《周易》八卦中蕴含的排列组合等数学内容,看作是中国古代数学发展的源头。除此之外,《周易》中还有对自然数的奇数和偶数的分类,有正整数的四则运算等内容。以后的数学家们还通过对《周易》中数学内容的研究和发挥,提出了一些新的数学运算法则和定理,进一步推动了古代数学的发展。例如南宋时期的大数学家秦九韶,他通过研究和改造《周易》中的"蓍法"(又称"筮法",即如何用蓍草来起卦的一种运算程序),发明了"大衍求一术"这种一次同余式解法,被西方数学史家誉为"中国剩余定理"。不仅如此,《周易》又被称为中国医学发展的源头。我们知道,中医最基本的理论就是阴阳平衡,"八纲辨证"(中医诊断)的第一纲就是辨别阴阳,而阴阳理论的最早起源就出自《周易》,出自《周易》的"一阴一阳之谓道"。所以唐代的大医学家孙思邈说过这样一句话:"不知《易》不足以言太医",你如果不懂《周易》的话,就不可能成为一个好的医生(大医)。除了数学和医学之外,《周易》中还有天文地理等其他一些知识的记载,这里就不展开了。从这个意义上来说,把《周易》称为科学著作,也是不无道理的。

第四种说法,是认为《周易》是一部管理学著作。这是因为《周易》中的许多内容,确实与当时的社会管理活动有关,而且总结并保存了中国古代最早的管理经验和管理思想。我们看六十四卦的卦名和卦辞,其中许多内容就都涉及到了社会管理活动的方方面面。例如六十四卦中的"节"卦具有礼节的意义,"师"卦具有军队的意义(这里的"师"不是老师的意思,而是"王师""师出有名"的"师",是表示军队的意思),"困"卦具有刑法和监狱的意义,"讼"卦具有争讼、打官司的意义,"豫"卦具有预谋的意义,"革"卦具有变革的意义,"临"卦具有治理的意义,等等。其中特别是"临"卦,"临"这个字本身就有领导和管理的意思,过去讲"君临天下",就是用的这个"临",就是讲的治理天下和管理百姓的意思。在"临"卦的卦辞和爻辞中,一共提出了六种管理百姓的方法。第一种叫"感临",就是用教育感化来管理百姓;第二种叫"威临",就是用刑法立威来管理百姓;第三种叫"甘临",就是用甘甜仁爱来管理百姓;第四种叫"至临",就是用亲身参与来管理百姓;第五种叫"知临",就是用智慧谋略来管理百姓;第六种叫"敦临",就是用敦厚诚信来管理百姓。这六种管理方法,显然都是上古时期管理经验的理论总结。清朝的康熙皇帝曾经说过这样一句话,他说如果能够把《周易》这部书读懂读通,然后再能够引而申之、触类旁通的话,那么治理天下的一切道理也就都完备了。所以,现在管理学界把《周易》这部书称为中国古代最早的管理哲学著作,也是有一定道理的。

说到这里,有同学可能会问了:周老师,你说了那么多的观点,说《周易》又是算卦的著作,又是哲学的著作,又是科学的著作,又是管理学著作,那么你自己的观点到底是什么呢,你认为《周易》究竟是一部什么样的书呢? 好,现在我可以告诉大家,我的观点是:《周易》是一部综合性的著作,是中国古代最早的一部百科全书。(百科全书,百科全书,百科全书,重要的事情说三遍。)《周易》这部书当中确实包含了极其丰富的内容,正如我们前面所说的,其中既有迷信的东西,也有科学的东西,既有哲学的思想,又有管理学的内容,所以我们与其把它归属到某一类专门的著作,还不如把它看作是一种综合性的百科全书,看作是古代人们对于自然界和人类社会的各种认识的一种汇集,看作是古人思想发展轨迹的一种全方位的记录。清代《四库全书》的编者曾经对《周易》有一个评价,八个字,叫作"易道广大,无所不包"。这个"无所不包"的书,当然就是一部百科全书啦。

这里需要说明一下,我的这个观点,即认为《周易》是一部百科全书的观点,并不仅仅是我一个人的观点。经过学术界的反复讨论和研究,现在大多数学者都比较倾向于接受这样一种观点了,即认为《周易》是一部综合性的、百科全书式的著作,它从各个角度比较全面地反映了中国古代人民在远古时期对于自然界和人类社会的种种认识。弄清了这一点,我们就不难理解:为什么《周易》这部书能够几千年来一直被广泛流传,经久不衰? 这是因为无论从哪个学科、哪个学派、哪个角度来看,它都能够提供丰富的思想养料,都能给人们以思想的启迪。在中国历史上,儒家曾经把《周易》

奉为"五经之首"(五经为儒家的五部主要经典,即:《周易》《诗经》《尚书》《周礼》和《春秋》);魏晋时期的玄学家把《周易》列为"三玄之冠"(三玄为玄学家的三部主要经典,即:《周易》《老子》《庄子》);而道教也把《周易》收入到《道藏》(道教所有典籍的汇集)里面,视为自己教派的第一经典。中国历代的皇帝和官员都把《周易》看作是治国平天下的管理学著作,中国历代的科学家则把《周易》看作是探索自然界奥秘的科学著作,中国历代的哲学家又都从《周易》中吸取精邃的思想养料,而中国历代的算命先生也都把《周易》看作是他们的基本教材。《周易》在国际上也有很大的影响。我们只要看一看韩国国旗上的图案:四个角是《周易》中的四个卦象(乾坤坎离),当中是一个太极图,就可以清楚地看到《周易》对韩国人的思想有多么重大的影响了。总而言之,《周易》这部书内容丰富,鱼龙混杂,其中科学的东西也有,迷信的东西也有,哲学的思想也有,管理的经验也有,精华确实很多,但糟粕也确实不少。这就需要我们对它做具体的分析,先要揭开它的神秘面纱,还它一个本来的面目,然后在这个基础上对它进行一番去伪存真、去粗取精的加工工作,一方面吸取它的科学与精华,另一方面剔除它的愚昧和迷信。我想,这应该是我们对待《周易》这部传统典籍的一个基本的和正确的态度。

  我今天要讲的内容就这些,希望我讲的这些内容能对大家读懂《周易》这部重要的古代典籍有所帮助。最后,祝大家学习愉快,校庆快乐!

越南民间佛教一瞥[*]

2020年年初,我有幸在行解法师和她弟子的陪同下,对越南中部顺化市的民间佛教作了一次短暂的考察。行解法师是华东师范大学古籍研究所2014届的越南籍留学博士,专攻中国与越南的佛教交流史,毕业后回到越南,现在顺化佛学院任教,同时创立香云净室,招收弟子并主持佛事。有她的一路陪同参访和讲解,使我对越南民间佛教有了一个较深的印象。

历史上最早将佛教传入越南的,相传是东汉末年(公元2世纪)的中国人牟子,但因年代久远已难以详考。可以确信的是,到了3世纪的时候,越南已有了出家的僧人,并且有了佛教经典《三藏》。大约在10世纪到12世纪,越南佛教发展到了它的"黄金时期",其时僧侣众多,寺庙林立,史称"百姓大半为僧,国内到处皆寺"。以后经历代沿革,一直绵延不绝,流传至今。越南的佛教教义

[*] 本文原载于《上海佛教》2020年第5期。

也与中国佛教一样以大乘教义为主,其间又汲取了中国禅宗的义理,近代以来则更多地归入了净土宗之门。无论是在越南北部的河内市,还是在中部的顺化市或者南部的胡志明市,巍峨庄严的佛教寺庙随处可见,构成了一条独具风韵的宗教文化风景线。

越南中部最著名的佛教寺庙,要数位于顺化市郊香江河畔的天姥寺了。天姥寺又称灵姥寺,始建于 16 世纪初叶,迄今已有 400 多年历史,是顺化最古老的寺庙,现已作为顺化历史建筑群之一而被列入世界文化遗产。寺庙的整体格局与中国传统的寺庙大致相同,其掩映在枝繁叶茂的大树中间的天姥寺塔,七层八角,巍然伫立,令人肃然起敬。我和行解法师及她的弟子站在天姥山上眺望香江,但见夕阳西下,波光粼粼,群山起伏,江面平淌,一时间心静如水,万念俱化。

顺化佛学院位于顺化市郊的南部丘陵之中,是一所以培养佛教高级人才为宗旨的专门学院。行解法师在该院为学员讲授佛教经典和中文课程。校园很大,院舍是新建的,教学楼、办公楼、宿舍楼、礼堂、食堂等一应俱全。行解法师陪着我去参访的时候,佛学院已经放假,校园里已经见不到几个学员了。但是礼堂里喜迎新年的欢庆氛围依然存在,可以想见学员们在此学习生活状况之一斑。

从佛学院出来,我们又去了行解法师创立的"香云净室"。净室在离佛学院不远处的一个僻静的村庄里,周边绿植环绕,是一个潜心修禅的好地方。行解法师和她的弟子就在这里朝课暮唱,礼佛诵经,传承着越南人民一代又一代的佛教信仰。

就在我去越南的一个月前,由清绕长老率领的越南中央佛教教会代表团刚刚到北京访问了中国佛教协会,受到了中国佛教协会演觉副会长和刘威秘书长的热情接待。笔者由衷地相信,中越两国佛教界的传统法谊和中越两国人民之间的深厚友谊一定会发扬光大,代代相传。

杂诗一束

圣诞小诗[①]

聆听席琳·迪翁圣诞歌声,心旷神怡。值此辞旧迎新、回顾展望之际,乃仿其歌词而作英语小诗一首:

So this is Christmas,
And what have we done?
A Korean version of my early book,
Now finally come.
A new year just begun,
And what is your expectation?
My collected works in 4 volumes,
Will be published soon.

自译:

圣诞节又已来临,

[①] 作于2016年12月26日。

这一年有哪些事做成?
我的一部早期著作的韩文译本,
已经走出了出版社的大门。
新年正在向我们走来,
请问你还有什么期待?
我的学术小结——四卷本文集,
下一年即将出版,很快……

春游两江[①]

才阅山水卷,
又做洞中仙。
风景千般好,
能不赞江南!

青岛冬眠
——丁酉仲冬戏作

飘雪望窗外,
天晴去海边。
晚来读《老子》,
梦里做神仙。

---

① 两江:新安江和富春江。作于2017年5月。

病中三梦吟生死[①]

仙客谈长寿,凡夫俗子信欲求。
吾辈劳作苦,偏遇大患遭天妒。

天黑忽发绞心疼,大汗淋漓床边横。
平生首次呼救护,飞车疾驶鸣笛声。
我却因之神穿越,回眸一生云度月。
事业如我意,妻儿亦周齐。
老天待我不薄矣,我又何必多嚱唏。
坦然向未知,心中无凄凉。
梦中醒来时,恍然有生机。

支架植入心稍定,欲做搭桥转室暝。
夜色深沉始入眠,忽被小鬼围中间。
左突突兮无路,右奔走兮呼喊。
四面被围,插翅难飞。
訇然醒来,昏眼睁开。
阎王放生不抓我,牛头马面安在哉!

事已此兮赌一把,剖吾心兮昏然术刀下。
历九死兮搏一生,痛之余兮梦如麻……
忽成双以赴死,恍惊起而长嗟。

---

① 今年(2018年)三月曾撰《病中三梦记》一文(见本书本编前文),以纪念自己于2003年春天心肌梗死大病一场15周年。然意犹未尽,乃步李白《梦游天姥吟留别》韵而作此诗。

忽改之以女伴,沐黄泉之烟霞。
末了许我下一回,幡然而醒命始归。

下一回分是何年,且骑白鹿青崖边,再往人世访名山。
感恩上天留我在人间,使我日日开心颜!

老　时[①]
——步程颢《秋日》诗韵戏作

老来最贵是从容,
一觉醒时日已红。
坐看闲书唯自得,
偶玩微信与人同。
管它天地有形外,
不入风云变幻中。
富贵贫穷皆往矣,
煮茶何必论英雄?

七律·携弟子登天平山感怀[②]

深秋时节漫山红,
叶落斜阳一地枫。
海外孤鸢归故里,

---

① 作于2018年夏日。
② 作于2018年秋。

亭前游子挹师翁。
清泉冽冽茶堪醉,
往事悠悠情益浓。
十六年间多少梦,
青烟一缕入西风。

夜　　读[1]

冬天正是读书天,
长夜绵绵足消闲。
吟至佳处心头热,
浑忘窗外数九寒。

群　芳　谱
——周老师的女弟子[2]

老来有闲,翻看旧照。恰时逢三八妇女佳节,乃兴之所至,诌成小诗一束,以此祝我曾经的女弟子们工作顺利,家庭幸福,健康美丽,永远年轻!

其一　东坡侧卧(史华)[3]
素衣带笑一娇娃,
天资聪颖才自华。

---

[1] 作于2019年1月。
[2] 作于2019年3月。
[3] 东坡侧卧像位于杭州虎跑景区内。

疑是文豪伺墨女,

于今潜出东坡家。

其二　焦山望远(万蓉)①

江东女杰志气豪,

一路拼搏堪傲娇。

俯瞰山下奔流水,

一浪更比一浪高!

其三　丽娃倩影(俊俊)②

丽娃河水西复东,

两代师生情更浓。③

海关女史换装日,④

博士帽穗分外红。

其四　才女挥扇(春琴)

盐城才女尤须夸,

师门贴心好管家。⑤

令扇指处齐踊跃,

书山有路乐无涯。

---

① 焦山为镇江三山之一,矗立于长江之畔。
② 丽娃河位于华东师范大学中山北路校区之中。
③ 其公爹二十多年前即为华东师大哲学系管理硕士研究生班的学生,我曾担任他的硕士论文指导老师,故曰两代师生。
④ 该生为上海海关教育科在职博士研究生。
⑤ 该生读研期间曾担任我的科研助理,办事得力稳妥,与师兄妹们相处甚欢。

其五　吴山天风(莎莎)①

未识琼楼何处仙，
天风吹落吴山前。
却向西湖觅船渡，
修得三载师生缘。

其六　云门拜寿(玉玲)②

足踏天梯上云门，
瑶宫处处玉玲声。
寿字岩前极目望，③
不登此顶枉此生！

其七　五泄源头(亦梅)④

五泄源头万木森，
紫阆村口水清纯。
古来诸暨多才女，
天赐一个入我门。

其八　大山女儿(雅汝)⑤

百里青峰百里江，
大山走出俏姑娘。

---

① "吴山天风"为杭州西湖边的一个著名景点。
② 云门山在山东青州城南，因山顶有洞、云从中出而名。
③ 该"寿"字为中国古代最大的单字摩崖石刻，被誉为"天下第一寿"。
④ 该生家住诸暨紫阆村，乃浙江著名景点五泄的源头处。
⑤ 该生曾为我做了两年的科研助理，是我退休前带的最后一届研究生。

敛目含眉常不语,
胸中却有好文章。

风春之歌[①]

暮春尚未至,
春服既已成。
冠者二十许,
童子十余人。
浴乎樱桃河,
风乎大草坪。
欣然咏而归,
足以慰平生。

游苏州寒山寺偶题[②]

姑苏最美是秋色,
枫落水潺何自得。
池边不知身为客,
却与池中鱼共乐。

---

① 2019年春,昔日弟子们携家带儿回母校看我,于华东师大闵行校区之大草坪放飞风筝,重温旧梦。乃据《论语》"风乎舞雩"段,即兴改编成"风春之歌"而咏之。

② 作于2019年11月13日。

七律·南行
——己亥末作于云南、广西及越南途中

岁寒访友又辞家,
千里南行始见花。①
故国旧城寻去梦,
滇池邕水煮新茶。②
下龙湾口奇峰丽,
灵姥寺前夕照斜。③
老骥奋蹄羞伏枥,
扁舟一叶任天涯。

---

① 云南一带以冬樱花为行道树,腊月开花,一片粉色,煞是好看。
② 故国旧城指位于大理的南诏古国和巍山古城。在昆明滇池和南宁邕江边上与三十多年前的学生品茶叙旧,不亦乐乎!
③ 越南下龙湾山水秀丽,无愧"海上桂林"之美称。昔日越南籍留学博士率其弟子陪我礼佛于顺化市香江畔之灵姥寺。夕阳西下,心静如水,我佛慈悲。

续编二:
域外新声
(英语论文)

本编说明

  本编收集了作者近两年来在国外学术刊物上发表的用英语撰写的三篇论文。前两篇分别论述了中国儒家和佛教对古代科技发展的积极影响，并对英国学者李约瑟全盘否定中国儒家和佛教的观点提出了批评。最后一篇则介绍和分析了中国古代风水术中蕴含的早期科学元素，力图给它一个客观的和历史的评价。

The Positive Influence of Confucianism upon the Development of Science and Technology
—— A Comment on Joseph Needham's Prejudice against Confucianism*

Has Confucianism exerted a positive influence or a passive one on the development of ancient science and technology? This is a question that has been debated repeatedly in the field of scientific history and philosophy and has not been settled up to now. A large number of scientific historians hold the opinion that the influence that Confucianism exerted on the development of science and technology is basically passive and negative. One of the most prominent representatives of this view is the famous historian on Chinese science and technology history —

---

* 本文是作者于 1996 年提交给第 8 届东亚科学史国际会议(韩国首尔)的论文,后经吴雅可修订整理,发表于 *Philosophy Study*(美国)2020 年第 4 期。

British Dr. Joseph Needham. Dr. Joseph Needham declared in the second volume of *Science and Civilization in China*, namely *History of Scientific Thought*: "They (Confucians) were thus, throughout Chinese history, in opposition to those elements which groped for a scientific approach to Nature, and for a Scientific interpretation and extension of technology,"[1] "their contribution to science was almost wholly negative."[2] As Confucianism has been playing an important role in ancient Chinese society for a long time, it is necessary for us to discuss this issue in detail.

I

Is the influence of Confucianism on the development of science and technology completely passive and negative? In our opinion, the facts drawn from history has tested that it is not always true. At least in the following three aspects, Confucianism played a positive and promoting role in the development of ancient science and technology.

Firstly, in terms of the four main disciplines in ancient Chinese science (astronomy, mathematics, medicine and agronomy), the traditional Confucians were not against them, instead they actively

---

[1] Joseph Needham, *Science and Civilization in China* Volume 2 *History of Scientific Thought*, Cambridge University Press, 1956, Page 9.
[2] Joseph Needham, *Science and Civilization in China* Volume 2 *History of Scientific Thought*, Cambridge University Press, 1956, Page 1.

participated in and contributed to them. Confucianists had always attached great importance to observe the astronomical phenomena and compiled the calendar. From Confucian philosophy, the emperor rules the world according to the will of Heaven, and the change of the astronomical phenomena is just the embodiment of the will of Heaven. On the basis of this way of thinking, all the rulers of the past dynasties spared no effort to recruit talents to establish special astronomical observation institutions and record the changes of celestial bodies. Their goal was to maintain the lasting political stability of the dynasty. However, they objectively promoted the development of ancient astronomy and provided abundant and accurate astronomical observation data for astronomical research. The study of astronomical calendar cannot be separated from mathematics, which is one of the obligatory courses — the "Six Arts" (六艺) of the Confucians. Yan Zhitui (颜之推) in the Southern and Northern Dynasties once said: "Mathematics is also the most important one of the Six Arts. Since ancient times, Confucians who argued about the laws of Heaven and formulated the rhythm and calendar have all learned and mastered it."[1] This thought is embodied in the general ideas of traditional Confucians for mathematics. Encouraged by this way of thinking, many Confucians were trying to master mathematical knowledge and learn mathematical theory while

---

[1] Yan Zhitui (颜之推): *Yan's Family Dictates* (颜氏家训). The original text is:"算术亦是六艺要事,自古儒士论天道定律历者皆学通之。"

learning Confucian classics. Some of them had even made outstanding achievements in mathematics. For example, Li Ye (李冶) in the Jin and Yuan Dynasties was not only a "Confucianist", but also a famous mathematician. As far as medicine is concerned, Confucians regarded medicine as "benevolence", and scholars should also study it. Fan Zhongyan (范仲淹), a great scholar in the Song Dynasty, once said, "If I can't be a good minister, I will be a good doctor."① It can be seen that Confucians attached great importance to medicine. Moreover, in the Song Dynasty, a large number of scholars with excellent medical skills appeared in the medical field. They were called "Confucian doctors" (儒医) at that time. In agronomy, Confucians had always taken agriculture as the foundation of the country and the priority of the government, which shows the Confucian's great emphasis on agriculture. In many important Confucian books such as *The Book of Songs* (诗经), *The Rites of the Zhou Dynasty* (周礼), *The Book of Rites* (礼记) and *The Book on Elegance* (尔雅), large amount of information and knowledge about agriculture was taken down and rich agricultural achievements were accumulated. In short, in the study of the most important disciplines of ancient Chinese science and technology, Confucians had all taken an active part and had made contributions to varying degrees.

Secondly, some ways of thinking of Confucians had also performed a positive influence on the development of science and technology. In particular, these ways of thinking directed ancient

---

① The original text is: "不为良相, 当为良医。"

scientists to widen their trains of thought and look for the correct methods when they were doing scientific researches. For example, in some ancient Chinese scientific works, we can often find what Confucius said about "drawing inferences about other cases from one instance" (举一反三) and what Mencius said about "seeking for the reason" (苟求其故). "Drawing inferences about other cases from one instance" is an important thinking method of Confucius. *The Analects of Confucius* (论语) said: "Do not enlighten a student until he has searched hard for the solution but cannot get it. Do not straighten him out until he has an irrepressible urge to express himself but cannot say it. If he is taught one instance but cannot draw inferences about other similar cases, it would be impossible to teach him any longer."[①] The significance of its methodology is to infer other things of the same kind by grasping the essence of a typical thing. Since this ideology has the universal significance of general methodology, scientists applied it into the field of scientific research as a scientific method. For example, Zhao Shuang (赵爽), a mathematician in the Three Kingdoms period, cited this sentence of Confucius when he was annotating *Zhou Bi Suan Jing* (周髀算经). Liu Hui (刘徽), another mathematician in that time, also used the method of "Drawing inferences about other cases from one instance" when studying *Jiu Zhang Suan Shu* (九章算术). He sorted out some universal arithmetic principles in the book,

---

① The original text is: "不愤不启, 不悱不发, 举一隅不以三隅反, 则不复也."

named "Du Shu" (都术), which can be used to solve various mathematical problems. As for Mencius' "seeking for the reason", it is an ideal of probing and searching for the reasons and rules of things. Mencius said, "High is the sky, far are the stars, if their reasons and rules of motion were found, the time of the Winter Solstice in a thousand year could be calculated by sitting."[①] We know that it is always the goal of astronomers to pursue the reasons and rules of the movement of celestial bodies. This sentence of Mencius has been frequently quoted by scientists of successive ages, which shows the recognition and appreciation of the thinking method of "seeking for the reason". Li Shanlan (李善兰), an astronomer and mathematician in the Qing Dynasty, once said, "Statements on astronomy, whether ancient or modern, have never been better than Mencius' 'seeking for the reason'."[②] This is a full affirmation of the positive influence of this thinking method of Mencius in the field of astronomy. In addition to those above, some other thinking methods of Confucianism such as "learning for application", "paying attention to practice", have certain positive impact on the development of ancient science and technology.

Finally, we can find some clues about the positive influence of Confucianism on the development of science and technology from the historical characteristics of the development of science

---

① *Mencius · Lilouxia*（孟子·离娄下）. The original text is:"天之高也,星辰之远也,苟求其故,千岁之日至,可坐而致也。"
② Li Shanlan (李善兰): *Tantianxu* (谈天序). The original text is:"古今谈天者莫善于子舆氏（即孟子）'苟求其故'一语。"

and technology and the evolution of Confucianism in ancient China. We know that in the history of ancient Chinese science and technology, there are two times that are particularly important. One is the Han Dynasty, when various disciplines began to take shape and establish systems; the other is the Song Dynasty, when traditional science reached its peak. In terms of academic thoughts in these two periods, Han Dynasty is exclusive dominated by Confucianism, while, Song Dynasty is the revival of Confucianism. Is it just a chance coincidence or some necessary connection between Confucianism and the development of science and technology in these two ages? Is it reasonable that a society's science and technology is in a highly developed and prosperous stage, while the main trend of academic thought in this period are completely negative to the development of science and technology. A society's science and technology can obtain high development must have various reasons such as political, economical, ideological and cultural reasons, etc. We have reason to believe, at least in the Han Dynasty and Song Dynasty, Confucianism is one of the ideological reasons for the development of science and technology.

In short, the influence of Confucianism on the development of science and technology is various in different scientific disciplines and different historical periods. Specific analysis should be given to it instead of negating it totally. Of course, there are some disadvantageous factors to the development of science and technology in Confucianism. It has become a common sense that imperial official selecting system after the Ming Dynasty, which took the Confucian classics as the only model, not only hindered the free argument of the ideological circles, but also the scientific research and innovation. However, in general, the impact of Confucianism on the development of science and technology is still positive. Its achievements in promoting the development of ancient science and technology are historical facts that cannot be erased.

II

Dr. Joseph Needham's prejudice against Confucianism lies in the fact that he regards part of Confucianism's negative impact in a certain historical period or in a certain scientific discipline as the whole effect on the development of science and technology. He had already found the right way to study this problem, that is to say, he saw two contradictory tendencies of Confucianism towards the development of science and technology: Confucianism opposed superstition with reason, which was conducive to the development of science; it cared about human but not nature, which was not benefit to the progress of science. Unfortunately, he did not follow the correct way of thinking, but rashly came to a conclusion that totally denied the positive role of Confucianism in the development of science and technology, and used it to cover the whole history of Confucianism in China. In this way, his conclusion is not only contrary to the historical facts, but also in the insurmountable logical contradictions to his own discussion in the book of *History of Scientific Thought*.

Firstly, Dr. Joseph Needham's total negation of Confucianism contradicts his discussion of Wang Chong (王充) and his skeptical tradition. Joseph Needham praised Wang Chong in the Han Dynasty as "the greatest representative" of Chinese skepticism tradition, "his (Wang's) merit in the history of Chinese science is well appreciated by modern Chinese scientists and scholars."[1] But Joseph Needham also admitted that "he (Wang Chong) typifies those men who, while remaining basically Confucian, were nevertheless attracted by the Taoist interest in Nature."[2] That is to say, in Joseph Needham's view, although Wang Chong was influenced by Taoism, he was basically a Confucian scholar. As for the skepticism tradition after Wang Chong, Joseph Needham listed Fan Zhen (范缜) in the Southern and Northern Dynasties, Fu Yi (傅奕), Lu Cai (吕才), Liu Zongyuan (柳宗元) and Han Yu (韩愈) in the Tang Dynasty, Chu Yong (储泳), Hu Anguo (胡安国) and Shi Jie (石介) in the Song Dynasty, Liu Ji (刘基) and Xie Yingfang (谢应芳) in the Yuan Dynasty, Cao Duan (曹端) and Wang Chuanshan (王船山) in the Ming Dynasty, and put them all into the skepticism school

---

[1] Joseph Needham, *Science and Civilization in China* Volume 2 *History of Scientific Thought*, Cambridge University Press, 1956, Page 368.
[2] Joseph Needham, *Science and Civilization in China* Volume 2 *History of Scientific Thought*, Cambridge University Press, 1956, Page 346.

of Confucianism. According to Needham's understanding, skepticism is the essence of the critical spirit and the necessary condition for the development of scientific thinking. Since it is so, how can we say that the role of Confucianism in science is "almost wholly negative"?

Secondly, Joseph Needham's total negation of Confucianism contradicts his evaluation of the Song Dynasty's Neo-Confucian (理学) represented by Zhu Xi (朱熹). Among Joseph Needham's thoughts, in the schools that made great contribution to the scientific thought in ancient China, only the Song Dynasty's Neo-Confucian can be compared with the Taoist thought. He spoke highly of the organic view of nature represented by Zhu Xi's thought, and thought that "there can at least be no doubt that the Neo-Confucian view of the world was one extremely congruent with that of the natural sciences."[1] He also regarded the brilliant achievements of Science in Song Dynasty as the inevitable result of the rise of Neo-Confucianism: "Neo-Confucian philosophy, essentially scientific in quality, was accompanied by a hitherto unparalleled flowering of all kinds of activities in the pure and applied sciences themselves."[2] However, Joseph Needham ignored the fact that the Song Dynasty's Neo-Confucianism was undoubted one of the well-known Confucian

---

[1] Joseph Needham, *Science and Civilization in China* Volume 2 *History of Scientific Thought*, Cambridge University Press, 1956, Page 493.

[2] Joseph Needham, *Science and Civilization in China* Volume 2 *History of Scientific Thought*, Cambridge University Press, 1956, Page 495.

schools, although it combined the thoughts of Confucianism with that of Taoism and Buddhism. Zhu Xi, as the epitome of the Song Dynasty's Neo-Confucianism, is the greatest Confucian scholar except Confucius and Mencius in Chinese history. If Joseph Needham's evaluation of the scientific thought of the Song Dynasty's Neo-Confucianism can be established, it is just in contradiction with his evaluation of the whole Confucianism.

Such contradictions can also be seen in other discussions in Needham's book. For example, when discussing the Confucian classics study in the Han Dynasty, which was divided into two schools of thought: New Text School and Old Text School, Needham said:"there were scientific minds on both sides……the Old Text school included astronomers like Chia Khuei (贾逵) as well as mutationists like Yang Hsiung (杨雄)."[1] This is to affirm the contribution of Confucianism in Han Dynasty to science. When talking about the Taoist scientific thought of causality, Joseph Needham cited a paragraph from *Lu Shi Chun Qiu* (吕氏春秋):"knowing the faraway by means of the near, knowing the ancient by means of the present"[2], which actually originated from Xunzi (荀子), a Confucian scholar. After reading Joseph Needham's book of *History of Scientific Thought*, readers may raise a question: as the tradition of Confucian skepticism represented by Wang Chong is a necessary condition

---

[1] Joseph Needham, *Science and Civilization in China* Volume 2 *History of Scientific Thought*, Cambridge University Press, 1956, Page 248.
[2] The original text is:"以近知远,以今知古。"

for the development of scientific thought, the Song Dynasty's Confucianism represented by Zhu Xi contributed to the golden age of Chinese science and technology, and Confucian scholars made more or less contributions to the development of Science in many periods of Chinese history, how a totally negative conclusion can be made on the role of Confucianism in the history of scientific development?

III

Dr. Joseph Needham's prejudice against Confucianism had historical reasons at that time and his own ideological reasons. As we know, Joseph Needham wrote the book of *History of Scientific Thought* in the early 1950s (published in 1956). At that time, the Chinese academia still basically held a comprehensive negative attitude towards Confucianism. Under such a background, it is obviously unrealistic to ask a foreign scholar not to be affected. In addition, Joseph Needham's preference for Chinese Taoism is also a well-known fact, while Confucianism and Taoism have different views on many issues. Therefore, Dr. Joseph Needham's radical conclusion on Confucianism should be completely understandable and not be overly critical. In any case, Dr. Joseph Needham's pioneering work and outstanding contributions to the Chinese history of scientific thought are deeply admired and will never be forgotten.

The Positive Influence of Buddhism upon the Development of Science and Technology in Ancient China
—— A Discussion with Joseph Needham*

It is important and worthwhile to discuss what kind of influence Buddhism cast on the development of science and technology in ancient China. In Joseph Needham's great book *Science and Civilization in China*, the second volume *History of Scientific Thought*, he definitely said: "It is for us, however, to attempt some estimate of the influence which Buddhism exerted on Chinese science and scientific thought. There can be little doubt that on the whole its action was powerfully inhibitory."[1] But we cannot agree with this view, we think as a whole

---

* 本文是作者于 2015 年提交给第 14 届东亚科学史国际会议（法国巴黎）的论文，发表于 *Philosophy Study*（美国）2019 年第 4 期。

[1] Joseph Needham, *Science and Civilization in China* volume 2 *History of Scientific Thought*, Cambridge University Press, 1956, Page 417.

Buddhism once took a positive promotion and influence on the development of science and technology in ancient China.

I. Some important characteristics of Chinese Buddhism which are closely connected with development of science and technology

According to our opinions, there are at least three important characteristics of Chinese Buddhism which are closely connected with development of science and technology.

(1) The Chinese Buddhism had a strong spirit to get into the secular society.

As we know, since Buddhism arrived at China, only Great Vehicle books and thought propagated wildly and conducted deep influence in large district of China (expect the minority nationalities lived in the southwest China). In early Little Vehicle theory, Buddhism really had a tradition that kept off the secular society. Then such tradition was criticized by Great Vehicle Buddhism when it took place and became actively to join in common affairs of the secular society. The present Buddhism researching circle has got a same view on it to a large extent. For instance, Du Jiwen (杜继文) said in his book *History of Buddhism* (佛教史): "The basic characteristic of Great Vehicle was to participate and intervene in the common people's life of secular society."① It was the real fact when Great Vehicle Buddhism spread in the most part of China.

No doubt, such spirit of Great Vehicle in the Chinese Buddhism was an important thinking premise and theory foundation for it to take part in science research and technology action. Science or technology is one of social action closely linked with ordinary life, also is one of significant source to promote social progression, so it was naturally to cause the Chinese Buddhism paying interest and attention in science and technology.

(2) The Chinese Buddhism had a high adaptability to its existence environment

As an outside culture, Buddhism could take root deeply and prospered successfully on Chinese earth, then even surpassed development in it's own country, no one could deny that it was a result owing to its high adaptability to its existence environment. History of Buddhism developing in China, actually was a process of transforming itself unceasingly in order to suit Chinese reality, to suit changes of social superstructure and economy foundation, to suit spirit need of intellectuals and common people, therefore it could spread wildly and get more and more prosperous. Buddhism adapted to Chinese society comprehensively, that naturally included to adapt to development of science and technology. Science and technology is an important factor to

---

① Du Jiwen (杜继文): *History of Buddhism* (佛教史), Jiangsu People's Publishing House, 2006, Page 78.

promote social productive forces and economic development, meanwhile is a major force which would bring about changes of people's thought and action pattern, it also required Buddhism to adapt and throw into. Therefore we could say that the spirit of Buddhism actively getting into the secular society provided a possibility for itself to take part in science and technology actions, if so, we could also admit that the adaptability of Chinese Buddhism had turned such possibility into reality, as well as had gained many important achievements of science and technology.

(3) The Chinese Buddhism possessed fine thinking level

Another excellent point of the Chinese Buddhism was that it had fine thinking level, and because of it attracted many intellectuals, promoted itself to bring forth new ideas and development in practice constantly. Such fine thinking level not only reflected making a careful and detail analysis to everything of universe, embodied outstanding dissection and detailed inspection actions of the mankind psychology, but also displayed at lasting exploration and profound grasp to formal logic and dialectical thought of the mankind thinking law.

This exquisite theory level and dialectical thinking element of the Chinese Buddhism provided a necessary support of thinking method for Buddhists to take part in science and technology actions, still further to recognize and understand natural world. Science needs logic, not only formal logic but also dialectical logic; as well as needs theory, it could not go without theory. The Chinese

Buddhism was not short of either logic or theory, on the contrary it unusually resembled scientific thinking method at some special angle of view. When it held such theory thinking level to get into the secular society, suit the tide of science and technology at that time, made efforts in researching and spreading science and technology knowledge, therefore it was a rather natural thing for the Chinese Buddhism which had got a series of achievements in many fields of science and technology.

II. Main ways of the Chinese Buddhism influence on ancient science and technology

Now let's discuss how the Chinese Buddhism actually carried out its influence on the development of ancient science and technology. According to our research, there were four main channels:

(1) The Buddhist scriptures actually contain a wealth of knowledge of science and technology, the eminent Buddhist monks introduced them into China through translation, therefore enriched contents of science and technology in ancient China.

It has been a common view by researchers of Buddhist philosophy and the history of science and technology, that there are unusual rich knowledge of science and technology in the extant Chinese Buddhist scriptures. From their own disciplines, some researchers had made effort to analyse and list the knowledge of science and technology in the Buddhist scriptures, and had got obvious achievements. Generally speaking, the contents of science and technology knowledge in the Chinese Buddhist scriptures mostly are about astronomy and medical science, also concern mathematics and geography and so on.

Those astronomy materials in Chinese Buddhist scriptures which had been listed carefully and detailedly are in a book named *Gazing into the Western Sky: Source and Course about Astronomy in the Buddhist Scriptures translated into Chinese* (西望梵天：汉译佛经中的天文学源流)[1] written by Niu Weixing (钮卫星). In this book, the writer classified to display astronomy materials in those Buddhist scriptures for five respects. (1) About quantity and measurement; (2) About cosmology; (3) About the galaxy; (4) About the sun and moon; (5) About Planets. These five respects of astronomy materials lie in 97 kinds of Buddhist scriptures as a whole. The work by Niu Weixin (钮卫星) had testified that astronomy materials in the Chinese translated Buddhist scriptures are really very rich.

Still there are another large number of medicine knowledge in the Chinese Buddhist scriptures that also caused academic circles to pay much attention. According to the statistics by Li Liangsong (李良松) in his book *Summary of General Catalogue about Medicine Books in the Buddhist Scriptures* (佛教医籍总目

---

[1] Shanghai Jiaotong University Press, 2004.

提要)①, there are 85 monographs which on medicine, as for the other books involved medicine content even extend more than 370 volumes.

Except the knowledge of astronomy and medicine, the Chinese Buddhist scriptures still included scientific materials of mathematics, geography and so on. No doubt, the eminent Buddhist monks introduced such knowledge into China through translating Buddhist scriptures, their work and effort brought about an active result to promote a further development of science and technology in ancient China.

(2) Though some knowledge of science and technology in ancient Indian and other districts was not actually invented by Buddhism or not only possessed by Buddhism, but they got into China along with the spread of Buddhism.

For instance, in ancient China there was a sort of science and technology works named "Brahman" (婆罗门), such as *Brahman Astronomy*, *Brahman Mathematics*, *Brahman Prescription* and so on. The great part of these works have been lost now, so we cannot conclude that these knowledge of science and technology whether or not belonged to Buddhism itself. But anyway, the sending of these knowledge and materials and getting to China were together with the spread of Buddhism.

Except for India works and knowledge, there still were other west countries' works and materials introduced into China

---

① Lu Jiang (鹭江) Publishing House, 1997.

by the spread of Buddhism. For example, in medicine field, there are more than ten works recorded in *Sui Shu · Classics Volume* (隋书·经籍志). The Song dynasty scholar Zheng Qiao (郑樵) also recorded the above works' names in his book *Complete History · Art and Literature Column* (通志·艺文略) and displayed them as a special kind which called "胡方" ("Non-Han Prescription"). It is clear that such medicine works have reached a large scale and conducted certain influence.

(3) Ancient Chinese Buddhists (including those foreign Buddhists who lived in China and those Buddhists who lived at home) took part in science and technology practice actively at that time, and they had got a series of achievements in science and technology.

No one could be greater than the Tang (唐) Dynasty talent monk Yi Xing (一行) who had got outstanding achievements in astronomy in ancient China. He compiled *Da Yan Almanac* (大衍历) which was one of few "most excellent almanacs" in Chinese history. It did not only use in China, but also passed on into Japan and continued to use for many years. He also created a batch of new astronomy instruments together with Liang Lingzan (梁令瓒), meanwhile had got a series of new results about astronomical phenomena observation and the regularities of celestial body movement on this foundation. The great success achieved by Yi Xing in astronomy, calendar and mathematics, was enough to establish him an important position in Chinese history of science.

The most closed relation was between astronomy and mathematics. In Chinese history those persons who were proficient in astronomical mathematics were always called as "Chou Ren（畴人）". Therefore in Buddhist circles who had special talent at astronomy, also were scholars at mathematics. Among them Zhen Luan（甄鸾）proved himself competent as a true and famous mathematician. He lived in the North and South Dynasties（南北朝）, and believed in Buddhism. He had written two mathematics books which were named *Wu Cao Arithmetic Classic（五曹算经）*and *Arithmetic in Five Classics（五经算术）*, and he also had done explanatory notes to many famous mathematics works. These mathematics works together with Zhen Luan（甄鸾）'s explanations were compiled in *Ten Mathematics Classics（算经十书）*in the Sui（隋）and Tang（唐）Dynasty. They were elected as textbooks for mathematics education in the Imperial College, and necessary teaching materials in imperial examinations, which had a great influence in Chinese mathematics history. Then these mathematics works were brought into the Korea and Japan, and also played an important role in mathematics education in East Asia countries.

Medicine work done by Chinese Buddhists was even more. According to our rough calculation, there were nearly one hundred important Buddhist monks who had taken part in medicine researching and practicing activities, and who left their names and deeds in history. Such was not included about those persons who were in Tibetan Buddhism and Southwestern

Buddhism, still was not included those groups which made medicine work in some special temples such as Shao Lin Temple (少林寺), Bamboo Forest Temple (竹林寺) and so on. If account them as a whole, that must be a big number team.

Except mentioned above, Chinese Buddhist also had taken part in other scientific activities in the fields of geography, agronomy, architecture, technology and so on, meanwhile had got many achievements. No doubt, all of such science and technology practice and excellent achievements made by Chinese Buddhists was a kind of important way to influence on the development of science and technology.

(4) Inspired and affected by Buddhist scientific knowledge, those non-Buddhist scientists had done many created work in a further step, and made much contributions to development of science and technology.

In the respect of astronomy knowledge of ancient India spread with Buddhism which had produced good result to Chinese non-Buddhist astronomers, we can take He Chengtian (何承天) and his *Yuan Jia Almanac* (元嘉历) as an example. He lived in the Northern and Southern Dynasties (南北朝) and did not believe in Buddhism, but he absorbed essence from the ancient Indian astronomy knowledge and put them into *Yuan Jia Almanac* (元嘉历) compiled by himself. In Chinese astronomical history, *Yuan Jia Almanac* (元嘉历) was an important calendar. It was not only published and used at that time, but also displayed much influence on almanac after the Tang (唐) and

Song (宋) Dynasties. According to Niu Weixing (钮卫星)'s research, there were five main reformations in *Yuan Jia Almanac* (元嘉历), and all these reformations kept a close link with ancient Indian astronomy knowledge, and at least we can find two of them which had obviously relevant way of doing.

It was more prominent for Buddhist medicine knowledge which exerted influence on medical experts of non-Buddhists in ancient China. There was a famous medical expert Sun Simiao (孙思邈) who lived in the Tang (唐) Dynasty, though he was a Taoist scholar, but was affected powerfully by Buddhism. In his great medical writing *Qian Jin Major Prescriptions* (千金方), he once clearly quoted the Buddhist scriptures in order to explain medical theory. Besides above-mentioned, according to textual research by Fan Xingzhun (范行准) that in Sun Simiao (孙思邈)'s another work *Qian Jin Assistant Prescriptions* (千金翼方) which had more than twenty prescriptions sourced from Indian recipes, all of these had relations with the spread of Buddhism.[1]

In the Ming (明) Dynasty, Li Shizhen (李时珍) also recorded a large number of medicines from India and Southern Asia in his great book *Compendium of Materia Medica* (本草纲目), and extensively quoted the Buddhist scriptures to make a check. Some of them were given indication by Sanskrit term,

---

[1] Fan Xingzhun (范行准): *Check on Non-Han Prescriptions* (胡方考), *Chinese Medical Magazine*, Published in 1936.

such as "tulip", "datura" and so on. From these instances we can see that prescriptions of ancient India and Southern Asia had slowly mixed together with Chinese traditional medicine system, and the Buddhist medicine brought obvious influence on non-Buddhist circles.

To put it briefly, above four main ways might be summarized for the Chinese Buddhism giving influence to science and technology in ancient China.

III. Some contents in Buddhist doctrine which are beneficial to promote development of science and technology

The first, the "Empty (空)" theory in Buddhist doctrine actually pointed out that "principal and subsidiary causes" is the last origin for everything in universe to emerge. The Buddhist world outlook told us that all appearance of things would always change themselves from birth to death, no one could be existed isolatedly and could have no change forever. Now that it exposed universal contact of the objective world as well as the law of eternal change to a certain degree, these views are very similar to the views of science.

The next, Buddhism considered that all things in the world have inevitable relations between cause and effect. "If this one exists, would cause another one to exist; if this one rises, would cause another one to rise; when this one disappears, another one would follow it to disappear; when this one goes to die, another one would follow it to go to die." Though this idea of causality was mainly used to explain ethical principles such as "Good is rewarded with good, and evil with evil", but it could be in the same way to explain everything in the nature. It was very close to the law of causation for which scientists always make their efforts to seek among natural things. A book named *Things Responsed with each other* (物类相感志) written by the Song Dynasty talent monk Zan Ning (赞宁) was to search after the law of cause and effect between different sorts of things. It put great influence on the writing of scientific works later, such as Li Shizhen (李时珍)'s *Compendium of Materia Medica* (本草纲目) and so on.

The third, Buddhism thought that it was a necessary way for someone who wanted to be a Buddhist should practice "The Five Clarities". These five clarities include "Sound Clarity" (knowledge about language, characters and so on); "Craft Clarity" (knowledge about handicraft, technology, calendar system, calculation and so on); "Medical Clarity" (knowledge about medical skill, medicine making and so on); "Logic Clarity" (knowledge about cause and effect, true and false, argument, and so on); "Inside Clarity" (knowledge about Buddhism theory itself). In above five items, there are at least three items related with science and technology, they are "Craft Clarity", "Medical Clarity" and "Logic Clarity", they covered contents of many fields in science and technology.

Except what we have mentioned above, Buddhism still advocated to use many ways to accumulate merit in its doctrine. These ways include building images of Buddha and towers, planting trees and constructing gardens, giving medicines and curing sickness, erecting bridges and making boats, digging wells and providing toilets and so on. All these things would bring about an active result on development of architecture, medicine, gardening and botany.

In short, the doctrine of Buddhism was not to hinder the development of science and technology completely, the result turned out contrary in many respects that it had promoted development of science and technology. Like summarized by us at the second section, Chinese Buddhism had played an active influence on the development of ancient science and technology through many ways, and had made important contributions in the fields of astronomy, mathematics, medicine and so on. Since it was so, how could we have any reasons to doubt such a historical fact that Chinese Buddhism had put an active and helpful role in the development of ancient science and technology.

The Scientific Elements in Fengshuishu (风水术) in Ancient China[*]

Fengshuishu (风水术) is a long-standing skill which had great influences in Chinese history. Mystical and even superstitious as it seems to be, it still contains some truth of the nature which the ancient Chinese believed, including some elements known as science today. Just as ancient witch doctors created traditional Chinese medicine and ancient alchemists developed chemistry and led to the invention of the explosives, Fengshuishu also had great contribution to the development of ancient Chinese architectural ecology, the accumulation of the knowledge of ancient geography and hydrology, and the invention and dissemination of the compass.

---

[*] 本文是作者与殷睿合作,于 2019 年提交给第 15 届东亚科学史国际会议(韩国全州)的论文,发表于 Philosophy Study (美国) 2019 年第 9 期。

I. The basic theory of Fengshuishu and its five major steps of procedure

The core theory of Fengshuishu is "gathering Qi (气) to attract good luck and fortune". The "Qi" mentioned here refers to broad sense of aura (a kind of generalized air), which includes many aspects, such as Qi of sky, earth, human being, and vitality, wealth, luck, righteousness, and blessing. The so-called "gathering Qi" means to bring together all the "Qi" mentioned above together instead of letting them dissipate.

In the view of Fengshuishu scholars, when we choose a place to build a residence, the most important thing is that it should be able to gather Qi. All the surrounding topography, landform and geographical environment must serve this purpose. Any place where Qi can be gathered together is a place with good Fengshui. Living in such a place means being able to live a long and healthy life, with prosperous population, promotion, wealth and promising prospects.

On the contrary, any place where Qi cannot be gathered is a place where Fengshui is not good. Living in such a place means falling ill or die young without descendants, along with hard future, and unsuccessful career surely. Therefore, the residential Fengshui will directly affect one's future and destiny. The good residential Fengshui will bring more blessings and good fortune while the bad one will have less blessings and endless doom. This idea is the most basic and core theory of Fengshuishu.

Since the Fengshuishu scholars regards "Gathering Qi" as the most important standard for the site selection of residential buildings, then what kind of place meets the requirements of "Gathering Qi"? What kind of topography and geographical environment is a real treasured land of Fengshuishu? In other words, how to determine the best residential site according to Fengshuishu and what should the Fengshuishu scholars really focus on? We'd like to introduce the most commonly used methods of investigation by Fengshuishu scholars of the ancient time, a set of procedure including five major steps. The five major steps are:

(1) Milong (觅龙)—Searching for the dragon (mountain);

The dragon refers to the mountains in Fengshuishu. As the mountains are geographically similar to the dragons in ancient Chinese legends, the Fengshuishu scholars likened the mountains to dragons. Milong is to explore if there is a mountain behind the buildings to lean on, and explore how the range and shape of the mountain is.

(2) Chasha (察砂)—Investigating the Sha (hills or mounds);

Sha refers to hills or mounds in Fengshuishu. According to the requirements of Fengshuishu, besides the dragon, which means a main mountain behind a building to rely on, there must be hills or mounds on both sides of the building to surround it. Chasha is to observe the distribution and trend of these hills or mounds.

(3) Guanshui (观水)—Observing the river;

Guanshui is to watch and inspect whether there are rivers,

lakes, streams, ponds and other sources of flowing water in the vicinity of the building, and to investigate the location, shape and water quality of them. Water plays a very unique and important role in Fengshuishu. Fengshuishu scholars have always believed that "Lucky land can not be waterless", "The best way of Fengshuishu is the encounter with water."

(4) Dingxiang (定向)—Confirming the orientation;

Dingxiang is to confirm building orientation. It means to select the best direction for the building which the gate faces towards. Orientation is a very important thing in the location and layout of buildings. In China, it is preferable for buildings to face towards South or Southeast.

(5) Dianxue (点穴)—Specifying the position

Dianxue is to confirm the specific location of the building. In the view of Fengshuishu scholars, the terrain, like the human body, also has its "acupoints". This "acupoint" is in the intersection of mountain and river, where Yinqi (阴气) and Yangqi (阳气) converge. This place is also the optimal place and the most ideal base point for residential buildings.

These five steps are the most commonly used methods by Fengshuishu scholars to investigate Fengshui and select the building site. Combining these five steps, we can roughly understand what kind of geographic environment is the ideal Fengshui land for Fengshuishu scholars.

Let's look at the picture of "Optimal Residential Site Selection":

负阴抱阳

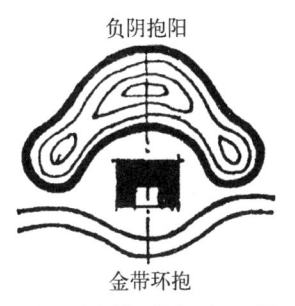

金带环抱

Optimal Residential Site Selection, illustration I

The North side of the illustration is the mountain, which is the so-called "Dragon" in Fengshuishu; the East and West sides are hills, which is the "Sha"; the South side is a curved river known as "golden belt embracing" in Fengshuishu, which is the "Water"; the black rectangle in the middle is the residential building, which is the optimal point of Fengshuishu. The whole residential building is situated back up the North and facing towards the South, with the mountain behind and the river in front, which is the best residential site in Fengshuishu mode.

Let's look at another illustration of the "Optimal Residential Site Selection" below:

山(玄武)

道路(白虎) 河流(青龙)

池 (朱雀)

Optimal Residential Site Selection, illustration II

In the picture, there are also mountains in the North and ponds in the South, rivers in the East and roads in the West side. The residential building in the middle is surrounded by mountains, rivers and roads. This is another Fengshuishu mode of the best residential building site selection.

These two Fengshuishu modes are not only suitable for the site selection of a single residential building, but also for the construction site of a village or even a city.

Let's look at two more pictures:

Optimal Village Site Selection, illustration III

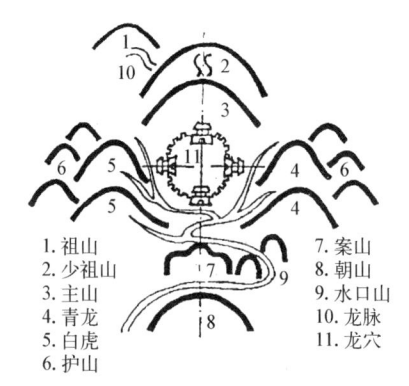

1. 祖山
2. 少祖山
3. 主山
4. 青龙
5. 白虎
6. 护山
7. 案山
8. 朝山
9. 水口山
10. 龙脉
11. 龙穴

Optimal City Site Selection, illustration IV

The picture above shows the site selection of a village and the picture below shows that of a city. The pictures seem a little more complicated than a single residential building, but in fact the requirements of Fengshuishu are the same: with the mountain in the North, the hills in both sides, and the rivers in the South. The building facing towards the South is surrounded by mountains and rivers.

II. The knowledge of architectural site-selection in Fengshuishu

In many aspects, the five major steps of procedure of Fengshuishu (风水术) — Milong (觅龙), Chasha (察砂), Guanshui (观水), Dingxiang (定向), Dianxue (点穴), accord with the geographical environment, meteorological characteristics and other laws of nature in the region of China. Actually, it puts forward the ecological environment requirement and scientific standard of architectural site-selection suitable for Chinese people to live in.

Let's first look at "Milong" — searching for the mountain. The significance of "Milong" in building site selection is that there should be a range of mountains or a standing peak behind the building. As mentioned above, generally residential buildings in China should face towards the South or Southeast. If there are mountains and peaks behind them, it is equivalent to a natural barrier in the Northwest to block the cold air from the Northwest to the Southeast of the mountains, therefore it can minimize and reduce the disasters caused by the cold air from the North. This is undoubtedly more scientific and reasonable.

The second is "Chasha" — investigating the hills. "Sha" refers to the hills on both sides of the building. With mountains behind and hills on both sides, the district here becomes a semi-closed living space opening to the South or Southeast. It not only brings people a sense of security, but also helps to form the local ecological balance of the area.

The third is "Guanshui" — observing the river. Water is an indispensable resource for all living things and a basic condition for human survival. Without water, there would be no flourishing flowers, plants and trees, nor the reproduction of cattle, horses, pigs and sheep. Without water, all human activities, including agricultural production and animal husbandry production, could not be carried out smoothly. At the same time, rivers were the most important transportation resources in ancient times. It is convenient, fast and economical to use boats for water transportation. Therefore, the investigation of water resources is absolutely necessary and important for building site selection.

The fourth is "Dingxiang" — confirming the orientation. For ancient people, defining the orientation of residential buildings as facing towards the South or Southeast is to maximize the use of sunlight and solar energy. It is the best and scientific choice not only for human production activities, but also for human health.

The last one is "Dianxue" — specifying the position. This is the final determination of the base site of buildings, in other words, to find an ideal specific location to build residential buildings in this ecological area. This location can neither be too close to the high slope of the mountain nor too close to the river. If it is too close to the high slope of the mountain, it would be too inconvenient to get water; and if it is too close to the river, the river flooding would collapse buildings and bring disaster to people. Therefore, the choice of the optimal position must conform to the natural laws and scientific principles.

To sum up, the five major steps of procedure in Fengshuishu are actually the five macro standards of Chinese ancients in their site selection of the buildings, which are in line with the natural laws of the geographical environment and meteorological characteristics of this region, and they indeed contain many scientific and reasonable contents. Because of this, the five major steps have become a general principle of the site selection of ancient Chinese building. No matter to build a private house, or a group of villages for a big family, or even a fully-functioned large town, they are all inseparable from the guidance of these five principles and macro standards.

III. The knowledge of geography and hydrology in Fengshuishu

Fengshuishu has another name in ancient times, called "Dili" (地理, the same word as geography in Chinese, which means the principles about the earth). Although "Dili" is not the geography what we are talking about now, it is an indisputable historical fact that Fengshuishu scholars take the terrain, landform and hydrology of the earth as the object of observation and research. In their long-term exploration of landforms, terrains, rivers and other activities, Fengshuishu scholars had accumulated a lot of knowledge of geography and hydrology, and contributed much to the development of geography in ancient China.

For example, Fengshuishu scholars engaged in searching for dragon veins, which exactly means to investigate and explore the location, direction and characteristics of mountains in China. According to the theory of Fengshuishu, the origin of Chinese dragon vein is the Kunlunshan (昆仑山) Mountains in Xinjiang (新疆) and Tibet (西藏). The Southeastern branch of the Kunlunshan Mountains in China is divided into three main branches, which are called North Dragon, Middle Dragon and South Dragon. The North Dragon originates from the Kunlunshan Mountains and goes to the Yinshan (阴山) Mountain and the Helanshan (贺兰山) Mountain, and becomes the Taihangshan (太行山) Mountain after entering Shanxi (山西) Province, and the rest of this vein stretches to the Jieshishan (碣石山) Mountain by the sea; The Middle Dragon originates from the Kunlunshan Mountains to the Minshan (岷山) Mountain, and spreads along the Minjiang (岷江) River, then to the Zhongnanshan (终南山) Mountain, the Songshan (嵩山) Mountain, the Taishan (泰山) Mountain and finally stretches to the sea at the Kunyushan

(昆仑山) Mountain; And the South Dragon originates from the Kunlunshan Mountains to Lijiang (丽江) River and Yungui (云贵) Plateau, then it is divided into three branches, and finally stretches to the sea at the Tianmushan (天目山) Mountain. The main dragon veins and their branches depicted by Fengshuishu scholars roughly reflect the range, terrain and location of the main mountains in China. They are a grasp image of important landforms of China and an initial cognition of geography in ancient China.

Fengshuishu scholars had also accumulated a lot of knowledge in the field of hydrology because they attach great importance to water. There was a legend that Guo Pu (郭璞), a Fengshuishu master in Jin Dynasty, once chose a place next to a big river (only a hundred steps away from the riverbank) as his mother's burial site[①]. Many people thought the tomb was too close to the river and worried that it would become flooded in the future. Guo Pu answered, "You don't have to worry. Although the river is near the grave now, it will be far away from here slowly in the near future and the whole area here will become land."

Just as he expected, it didn't take long time for the area between the grave and the river to grow larger and larger, and the original riverbed area became the shore. Not only was the graveyard not flooded, but Guo Pu also got a lot of land out of nowhere. It is the reason that the graveyard selected by Guo Pu was located on the

---

① The cemetery is called Yinzhai (the residence for the dead) in Fengshuishu, and the requirements of which are consistent with those of residence for living.

convex bank of a winding river (see figure below):

illustration of the winding riverbed

Under the impact of running water, the concave bank of the riverbed was constantly eroded, and the riverbank would be pushed towards a more concave direction. The eroded sediment was carried to the beach of the convex bank by the river, so that the beach of the convex bank moved to a more convex direction. And the distance between the graveyard and the bank will be farther and farther, and the land expanded larger and larger.

The riverbed change theory of the curved river is in accordance with the objective law of water impact and is an important content of modern hydrological theory. Guo Pu's Fengshuishu practice of the burial site selection shows that he understood the truth and grasped the law of hydrology.

IV. From Luopan (罗盘, a kind of Fengshuishu tool) to the invention of compass

The compass is an important scientific invention of ancient China, and its earliest origin comes from Luopan, a directional tool of Fengshuishu scholars. As mentioned earlier, as one of the very important steps of Fengshuishu scholars, Dingxiang, namely confirming the orientation, the best tool to identify and tell the directions is Luopan. It can be said that Fengshuishu scholars had gradually discovered the Earth's magnetic field in their long-term practice of confirming the orientation, and used it as the criterion for identifying directions, thereby making their contribution to the invention and application of the compass.

Illustration of the ancients' investigation for residential site

This is a scene in which the ancient scholars were surveying Fengshui to investigate for residential site. The one in the middle was checking the Luopan placed on the bracket.

According to the existing ancient Fengshuishu classics, as early as the Tang Dynasty (about the 8th century A.D.), Fengshuishu scholars were already adept at using Luopan to identify the North and South. For example, in a famous Fengshuishu classic *Guan*

Shi Di Li Zhi Meng（管氏地理指蒙）of the Tang Dynasty, it is said:"The reason why the needle of the Luopan can point North and South is as if the mother is attached to her children." ①

Bu Yingtian（卜应天）, a Fengshuishu scholar in the late Tang Dynasty, also said in his book *Xue Xin Fu*（雪心赋）,"To distinguish and confirm the direction, we must take the Zi Wu Zhen（子午针）as the standard."② Here "Zi（子）" refers to the North while "Wu（午）" refers to the South, and the Zi Wu Zhen refers to the Luopan.

In the book *Meng Xi Bi Tan*（梦溪笔谈）in the Song Dynasty, Shen Kuo（沈括）recorded the four specific types of compass in detail, and pointed out clearly that the content came from "Fangjia（方家）", and the so-called "Fangjia" is the Fengshuishu scholars at that time. Shen Kuo also said in the book:"Fangjia used the magnet to grind the needle tip in order to make the iron needle point the South. But it is often slightly Eastward, not exactly South."③

This shows that the Fengshuishu scholars at that time had mastered the artificial magnetization technology by grinding iron needles with magnets, and at the same time they had discovered the natural geography phenomenon of "geomagnetic declination".

Illustration of Geomagnetic declination

---

① The original text is:"针之指南北,顾母而恋其子也。"
② The original text is:"立向辨方,的以子午针为正。"
③ The original text is:"方家以磁石磨针锋,则能指南。然常偏东,不全南也。"

As we know, the earth has two poles, the South Pole and the North Pole, which are the base points to indicate direction, and the straight line connecting the two poles of the earth is the meridian. At the same time, the earth is a magnetic field with North and South magnetic poles, and the straight line connecting the North and South magnetic poles is called magnetic meridian. Since the magnetic poles do not coincide with the earth's poles, the magnetic meridian and the earth's meridian form an intersection and get an angle called geomagnetic declination. The geomagnetic declination angle is not exactly the same in different parts of the earth.

It shows that the direction of the magnetic needle is just a little South by East in China. It can be seen from the records in *Meng Xi Bi Tan* that the ancient Fengshuishu scholars did make important contributions to the invention and application of the compass, the invention of artificial magnetization technology and the discovery of geomagnetic declination.

In short, while we criticize the mysticism in Fengshuishu in ancient China, we should also note the elements in line with scientific principles contained therein, and evaluate correctly their status and value in the history of science and technology.

续编三:
书评新语
(《周瀚光文集》书评及有关媒体报道)

本编说明

　　本编收录了有关媒体对"《周瀚光文集》发布会暨科学与哲学思想探源研讨会"的报道,以及各界人士撰写并已在报纸杂志上发表的对《周瀚光文集》一书的书评。这些报道和书评从一个侧面反映了《周瀚光文集》出版后的社会反响和评价。最后一篇则是近期对韩文版《先秦数学与诸子哲学》(周瀚光著、任振镐译)一书的书评,也一并收入本编之中。

《周瀚光文集》发布会暨科学与哲学思想探源研讨会在沪举行[*]

史　华[①]

由上海社会科学院出版社主办的"《周瀚光文集》发布会暨科学与哲学思想探源研讨会",于2017年11月19日下午在上海举行。来自中国科学院自然科学史研究所、复旦大学、上海交通大学、华东师范大学、东华大学、上海师范大学、上海外国语大学、上海市委党校等高校的专家学者,以及来自政府部门、教育机构和相关企业的各界人士共30余人出席了会议。会议还收到了全国各地发来的50余份书面发言材料。

《周瀚光文集》是华东师范大学周瀚光教授自20世纪80年代以来所撰写的学术著作、科普著作、学术论文、讲义教材、报告讲座文稿及其他诗文等所有文章的汇集。全书共158万字,分为四卷五

---

[*] 本文原载于文汇网(2017年11月20日)、凤凰网(2017年11月20日)、华东师范大学网(2017年11月28日)以及上海黄浦报网等网站。

[①] 史华,华东师范大学图书馆馆员。

册。第一卷为《中国科学哲学思想探源》(上下两册),第二卷为《中国数学哲学思想探源》,第三卷为《中国管理哲学思想探源》,第四卷为《科学史与科技古籍研究》。在该书的"前言"中,作者称自己是"一个游走于科技史与哲学史这两个学科之间的两栖人",称这部文集"其实就是我在中国古代哲学与自然科学这两界之间架设的一座桥梁,蕴集了我希冀连接两界、会通两界、乃至超越两界的尝试和努力。"该书的卷首刊有全国数学史学会前理事长、中国科学院自然科学史研究所郭书春研究员撰写的"序一",其中称周瀚光先生是中国科学思想史和数学思想史研究领域的一匹"黑马",近40年来"刻苦专研,笔耕不辍,成果斐然"。另有中国哲学史学会副会长、上海哲学学会副会长、华东师范大学陈卫平教授撰写的"序二",其中提到作者20多年前的著作《先秦数学与诸子哲学》最近被韩国学术界翻译出版,这意味着周瀚光先生"为自己写就了精彩的学术人生"。附录中则收录了哲学界、科学界和科学史界的一些老一辈学者——张岱年、严北溟、冯契和李约瑟(英国)、钱学森、钱临照、席泽宗、胡道静等先生给作者的来信,以及他们中一些先生为作者早期著作所写的序言和评论等,具有很高的史料价值。该书由上海社会科学院出版社于2017年6月出版,由出版社时任社长兼总编缪宏才先生担任责任编辑。

本次会议对《周瀚光文集》的出版及其作者给予了极高的评价。云南省委常委、省委秘书长刘慧晏给会议来信,称作者周瀚光先生是"值得景仰的励志榜样"。上海哲学界元老、复旦大学哲学系原学术委员会主任、今年85岁的潘富恩教授给作者来信,称这部著作是"中国古代科学哲学思想研究课题的里程碑式的重大成果"。国际形而上学学会主席、上海中西哲学与文化比较研究会会长、华东师范大学人文学院院长、终身教授杨国荣称《周瀚光文集》"在中国科学史研究中独树一帜",它"内容丰富,创见时显","对中国科学史和中国哲学史的研究,具有积极的推进作用"。厦门大学哲学系郭金彬教授把这部书誉为"一流的书籍,一流的编辑和出版,一流的学人,一流的研究,一流的成果"。中国科学技术史学会副理事长、中国科学技术大学人文学院副院长胡化凯教授认为,这部《文集》"既有开风气之先的新领域,也有发前人所未发的新见解,为弘扬中国传统思想及文化做出了积极的贡献,令人敬佩"。中国科学技术史学会副理事长、上海交通大学特聘教授关增建认为,要深入研究中国古代的科学技术,不能不综合考虑古代的哲学思想等各种因素,而"皇皇巨著《周瀚光文集》的出版,为我们展示了如何在这样一个交叉领域进行深度挖掘的范例"。华东师范大学刘仲宇教授称"文集是一个哲学史与科技史的完美组合。这种组合,不是外在的硬扭的,而是内在的合一的"。辽宁师范大学王青建教授认为,《周瀚光文集》中的"九大原创性成果在学术界树立起一个个标杆,成为专业研究的典范和后学者的楷模"。上海师范大学吾敬东教授则盛赞此书作者"能想前人所未想,发前人所未发","体现了一位追求真理的学者的崇高理想"。

会议认为,中国历史上不但有丰富的科学思想和深刻的哲学思想,而且有丰富而深刻的科学哲学思想,例如关于科学方法和科学逻辑的思想,"道法自然"的自然哲学思想以及"取象运数"的数理哲学思想等。这些科学思想、哲学思想以及科学哲学思想,都是我们增强民族文化自信的重要资本。广东省社会工作学会副会长、深圳明镜集团董事长严书翔认为,"这套四卷本的《周瀚光文集》无愧为中国优秀传统文化的优秀研究力作,它从中国古代科学哲学思想、中国古代数学哲学思想及中国古代管理哲学思想三大领域给当代国民提供了对中华文化充满自信的新资本,值得向社会各界推介,值得大家认真阅读"。

中国哲学史和科学史之间的"架桥人"
——读《周瀚光文集》*

吾敬东[①]

记得第一次为周瀚光教授的著作写书评还是在1993年,当时周瀚光教授的《中国古代科学方法研究》由华东师范大学出版社于1992年出版,那是一本约10万字的小册子,我曾为之写了一篇书评《〈中国古代科学方法研究〉读后》,发表在《哲学研究》1993年第4期上。如今过去了25年,《周瀚光文集》由上海社会科学院出版社于近期隆重推出,只是这次已是巍巍四卷五册、洋洋150多万字。书装帧精美,已非当年那本小册子可比。我拿到如此精美的书,自然喜不自禁、爱不释手。当然,其中的内容更是我感兴趣的东西,所以很乐意为周瀚光教授的这套新著再写一个书评。不过我不打算局限于书评,有些回顾或许同样有意义。

---

* 本文原载于《中华读书报》2017年11月8日。
① 吾敬东,上海师范大学教授,博士研究生导师。

我与周瀚光教授结识要追溯到20世纪80年代,当时我们都关心中国古代哲学与自然科学的关系问题。周瀚光教授原本是复旦大学哲学系严北溟先生的弟子,那时已到华东师大工作,其所关注的就是上述问题。而我则于1985年入华东师大读研究生,研究方向也是上述这个问题。说到这里,就必须要提到我的博士生导师冯契先生,因为他一向关注自然科学对哲学的影响。冯先生在他的《中国古代哲学的逻辑发展》一书中特别强调指出:"有一种流行的见解:中国哲学家着重讲做人,西方哲学家着重讲求知。由于中国人较多地讲道德实践和修养,而较少讲知识,所以中国哲学中认识论不占重要地位,或者说认识论不发达。"对这样一种见解,冯契先生提问道:"这种说法对不对?值得研究。"毫无疑问,冯契先生上述充满智慧的洞见和发人深思的提问对周瀚光教授和我日后的工作都产生了极其重要的影响。此外还有时任华东师大校长的袁运开先生。袁先生研究物理学史并十分关注中国古代的物理学思想,他对我们的帮助也很大。1987年和1990年,在周瀚光教授的组织下,华东师大召开了两次全国性会议,分别是"中国科学思想史"研讨会和"传统思想与科学技术"研讨会,由此周瀚光教授在中国科学思想史研究领域已崭露头角。20世纪90年代,上海科学史和科学思想史研究十分活跃热闹,在全国也颇有影响,我也正是在那段时间结识到更多的同道,包括李申教授、江晓原教授等。

今天,尽管科学与哲学的关系仍属于"小众"甚至"极小众"的研究问题,但的确也已经有越来越多的学者注意到这一关系或问题的重要性,这自然是跟周瀚光、李申等教授的卓越工作分不开的。而对周瀚光教授而言,从1987年第一次组织全国性科学思想史会议开始,至今更是已有整整30年,这期间究竟付出了多少艰辛或许只有他自己最为清楚。就我所知,他就曾因太过劳累而心肌梗塞并做过心脏搭桥手术。回首往事,令人生出无限感慨!也因此,这次凝聚了周瀚光教授极大心血的这套《文集》出版,真是可喜可贺!这是对他一直以来在中国科学思想史领域坚持不懈努力的最好回报,并且也再一次体现了辛勤耕耘与丰盛收获之间的完美关系!并且我还想说的是,这套《文集》也完美体现了周瀚光教授一贯的行事风格,那就是思维缜密,滴水不漏,可以说事无巨细都拿捏得"恰到好处"!

现在,这套四卷五册的《文集》就摊开在我面前。第一卷:《中国科学哲学思想探源》,共上下两册;第二卷:《中国数学哲学思想探源》;第三卷:《中国管理哲学思想探源》;第四卷:《科学史与科技古籍研究》。通观这些卷册的名称,就不难看出"科学"一词贯穿始终。这也难怪如周瀚光教授在"前言"中所说的,在许多学界朋友的眼中,他是一个科技史工作者,并且他自己也常常以科技史工作者自居。我想,他也一定以科技史工作者而自豪。当然,周瀚光教授又特别指出,这只是他一个方面的"身份",他还有另一个"身份",就是同时也是一个哲学史工作者。为此,周瀚光教授对自己有一个专门的"定位",即称自己是一个游走于科技史与哲学史这两个学科之间的"两栖人",或者更愿意称自己是一个在科技史与哲学史这两个领域之间架设桥梁的"架桥人"。周瀚光教授的这个说明是非常重要的,以我多年来对周瀚光教授工作的了解,我清楚地知道,他绝不是从事纯粹的科学史研究,而是从事历史上科学与哲学关系的研究,或者说是科学与哲学关系史的研究。

当然,这也并不是说周瀚光教授的所有工作在我心目中具有同等的地位。如果要让我选择重点的话,我更愿意推荐他这套《文集》中的第一卷《中国科学哲学思想探源》和第二卷《中国数学哲思想探源》。

《中国科学哲学思想探源》由上下两册组成。其中第一编《中国古代科学方法研究》可以说是周瀚光教授本人的奠基之作,也是这一领域的开山之作。如前所说,早在25年前我已经为其写过书评。其中列举中国古代科学方法三十六则,精准的把握、高度的概括,一览众山小,至今读来仍惊喜有余,我也能回想起当年周瀚光教授的英气逼人。其他让我感兴趣的是第三编《儒家思想与古代科技的发展》、第四编《道家道教与古代科技的发展》、第五编《中国佛教与古代科技的发展》。这不仅是因为在一些问题上周瀚光教授能想前人所未想,发前人所未发,而且还在于对儒、释、道与知识关系的通盘"安排"。

而《中国数学哲学思想探源》则是重点中的重点,包括其中第八编《先秦数学与诸子哲学》、第九编《刘徽评传》、第十编《李冶评传》等都是周瀚光教授的力作。这乃是因为数学史是周瀚光教授的专长,在有关中国科学史、中国科学思想史、中国古代科学与哲学关系的研究中,数学哲学思想也一直是其侧重点。除了《先秦数学与诸子哲学》一书在国内出版二十年后受到韩国学者的青睐而被翻译成韩文出版,突显了其国际性的学术价值之外,我们还可以看到《刘徽评传》中对刘徽科学思想"极限""重验""求理"等六方面的概括、《李冶评传》中对李冶科学思想"数理可知""道技统一""博而后精"等六方面的概括,这些都反映了周瀚光教授对中国古代数学思想及其与哲学关系的透彻把握。就我所知,在中国哲学史界,并无他人做过如此专门的工作。

事实上,如果读者留意的话就会发现,正是在这两卷中,周瀚光教授向我们展示了他与那些名家、大师之间的联系,包括李约瑟、钱学森、冯契、胡道静、席文、张岱年、吴文俊、席泽宗等,这其中的一些名字是如此闪亮！而与这些前辈交往，我想已足以令周瀚光教授倍感珍视和骄傲！

往事如烟，来者有期。周瀚光教授在给自己工作"定位"时专门说道："这部《文集》，其实就是我在中国古代哲学与自然科学这两界之间架设的一座桥梁，蕴集了我希冀连接两界、会通两界、乃至超越两界的尝试和努力。"我想这体现了一位追求真理的学者的崇高理想。事实上，这也是老一辈学者如我的导师冯契先生的理想。而周瀚光教授工作的意义，就是让我们看到了朝着这个理想或目标的一步一步坚实足迹，可谓卓有成效。我相信，通过冯契先生、周瀚光教授等一代代学人薪火相传的不懈努力，一定会有越来越多的学人认识到中国古代哲学与科学或知识的密切关系！而那一天，定将会是中国哲学自身认识与反省取得质的飞跃的日子！让我们期盼这个日子早些到来！

哲学思考与科技史料的完美结合
——《周瀚光文集》读后*

刘仲宇[①]

《周瀚光文集》,四卷五册,皇皇巨篇,但内容很集中,就是围绕着中国古代科学技术及其哲学思考展开。文集是一个哲学史与科技史的完美组合。这种组合,不是外在的硬扭的,而是内在的合一的。呈现出来的是科技史,但背后无疑是哲学史与哲学思考的背景。

一

瀚光自称是"两栖"的,即中国哲学史与中国科技史两个领域,都是他驰骋的开阔地。他在《文集》的"前言"中说:"在许多学者朋友的眼中,我是个科

---

* 本文是刘仲宇先生在"《周瀚光文集》发布会暨科学与哲学思想探源研讨会"上的发言,后摘要发表于"北京晨报网"2017 年 11 月 26 日。
① 刘仲宇,华东师范大学哲学系教授,明道道教文化研究所所长。

技史工作者。确实,我自己也常常以科技史工作者自居"。"然而,这只是我的一个方面的身份而已。我的另一个不太为人所知的身份,则是哲学史工作者"。其实,古代学问包罗万象,本不着意分开,一人而兼哲学家、发明家比比皆是。而科技的发展,又离不开哲学背景,解析它,必须站在时代精神和整个中国哲学、文化发展的制高点上。

但是我在这里要强调的是,科技史与哲学史紧密相关,却是不能与之混一。说它们有联系,是因为科技的发现和发明,总是在一定的哲学或者在一定的思维方式的指引之下的;而反过来,某一时代的科学发现或者技术发明,也会给哲学研究者一个刺激,一个灵感,使他们在哲学的思考上有所领悟,乃至突破。道教炼丹术中提出"颠倒"的概念,明末清初的方以智在《东西均》中就曾借用。

但是,二者在处理的内容上和方法上都有差异。内容上的不同,是明显的。在方法上,科技史的要求是具体地搜集和分析资料,看到某一时代的创造发明的事实,看到它们前后发展进步的链条。做这些,不仅与哲学史一样,需要逻辑思维,而且有时还要用点形象思维,或者象数思维。如果绘出哲学史和科技史的曲线,两者会有交汇,却绝不混同。文集中收录的著作和文章的价值,就是具体地描绘出了涉及到的科技史特别是数学史某些环节的具体蓝图,并且由之透视出它们与整个链条的关系。

我曾看到有人在处理某学科与哲学思想的关系时,没有具体地看待两者的联系和区别,而是笼统地引一些哲学史上一般的词语。这些句子放到任何一个学科,都有点影子,却恰恰离他所讨论的那一学科距离甚远。他不明白哲学、思想方法,与具体科技,如医学、农学、物理、化学、数学,是普遍原理、指导思想与具体事象、操作技能的关系。当然,历史上有过将某一科学知识或技术上升为普遍哲学原理的努力,但是老实说,我所看到的是不成功的多。《易》学中的象数学派,有其价值,但当有人仅仅从数的推演中去推导宇宙的普遍原理时,就显得过于牵强附会。正确处理哲学与科技、哲学史和科技史的关系,在学术研究中是一个必须认真对待、认真解决好的问题。《文集》中的诸多成果,所表现出来的二者的完美统一,对于后人,是一个很好的启示。

我看瀚光处理科技史与哲学史的关系,有两个维度:一是同时代的科技与哲学的关系,这属于史的范畴;另一个是他解析、把握历史发展的方法论,则是属于理论的维度,即他把握学术研究对象的哲学方法。在这两方面,《文集》都有许多运用得很好的范例。

二

《文集》中有一册《科学史与科技古籍研究》,除了一部分是谈科技史的综合研究,多数是从具体的人物和典籍下手,介绍、探究其中的科学思想和技术创造。这些成果,一方面看出作者涉猎面很大,更可以看出,作者的治学方法,经历了由个别到具体,从具体到一般的严谨探索,绝不是对某一问题的泛泛而谈。这种方法,实际是贯穿了全书的,也就是说,瀚光的全部成就,都有这种方法的影子。它是全书原创性的重要依据。

从具体的人与书着手,本来是做学问的基本方法。无论是做哪种学问,若是涉及人,必须对他有全面的了解,而且知人论世,必须尽可能地了解其生活和思想文化背景,谈书也是这样。而且,根本说来,一旦涉足历史,对史实的考订、对发展链条的梳理,都必须从具体的人和书着手。王国维先生说到的两重证据,将文献扩大到考古发现,当代又有人强调田野调查,但都是从具体找出其内在的本质。不过近几十年来的举世大浮躁,使得人们很少能坐下来从此下手。很多年轻人,已经习惯从网上找材料,再引些洋人的理论为框框,分析一番,皇皇大论于是乎出。言语是自洽了,但是其所用资料如何,却未曾经过认真考量,有的根本是以讹传讹。也就是说,整个论著的基础是不稳的甚至根本就是一碰就崩塌的沙雕。

这种情况,人们见之已多,也普遍不满,然而不满的批评一次又一次,改进的速度与炮制此类作品的速度比,仍然显得缓慢。这当然和目前我们所使用的考核、评价标准有关。做哲学史的,光弄些某人某书的注释,便不算成果,至少在计算时要大打折扣,也与晋升职称无关。其实,如果对于历史资料没有具体的深入的了解,必定写不出有价值的历史论著。研究中国哲学史的,有专门的"史料学",一般研究佛、道教的要求,必须读《藏》。这是基本训练。做科技史,恐怕此点更为重要。因为,这是一个新发展起来的学科,基础算不得深厚,没有这种从具体的人、书还有其他资料做第一手研究的功夫,根本寸步难行。我做过一点道教科学史中的科学思想部分,虽然是断续的,但也深知此事之不易。因为《道藏》难读,道教杂而多端,科技史的资料散于其中,狩辑既难,解读不易,即使别人谈到过的,推敲一下,往往需觅另外的路。就此而言,我佩服瀚光所下的具体功夫。

三

瀚光此书,在编辑上颇有特色。他三十多年的研究成果,当然内容非常丰富,形成的文字也很多。《文集》中选择的,都是他个人的自撰,不包括合作的成果。同时有一个明确的主题,围绕着中国科学史,包括数学史,也包括科学哲学。另外还有管理哲学的那一部分,在我的观感中,似乎不及有关科技史的部分那么夺人眼球。三十几年,围绕一个主题,锲而不舍,长期坚持,认定方向,渐成体系,也做出了自己的风格。

科技史研究在资料的解读上,常有很大的困难。这不仅是在狭义的古汉语理解上的障碍,而且所使用的某些符号公式,其表达方式往往与现代有很大差距。瀚光所涉猎甚深的数学史领域就十分明显。进入其中,深入挖掘,可以想见是非常艰苦的工作。他坚持不懈,终于形成系统,有典籍的解读,人物的专传,也有一般理则的分析,基本线索的梳理,合起来就是一个系统,而且是显示着研究者自己风格的系统。

现今的学术界,坚持做一个方面,几十年不舍,而且做出成就的,其实并不多。我们站在学术圈里,似乎碰到的朋友不少,其实,这个圈子很小,而且很难扩大。这里边有社会需求的制约,但也有研究者个人的遭际、个人兴趣的转移等因素。试看看我们的周围,能够这样做的有几人?再看看博士和其他新进,能够找到自己合适的喜欢的岗位的又占多少?所以《文集》的出版,是值得庆幸的。我们也期望着有更多的文集问世,把我们一代人的求索之迹作些展示,为后人的研究多砌几块垫脚石。

厚积薄发　敏求新知
——读《周瀚光文集》有感*

韩玉芬[①]

周瀚光先生的学术研究成果总汇——《周瀚光文集》4卷5册近期由上海社会科学院出版社正式出版发行,总字数达150余万字。承蒙周先生厚爱,2017年9月下旬,此套《文集》面世不多日,本人就收到了周先生惠赠的签名本,装帧精致、印刷精美,拿在手里沉甸甸的。

这部文集内容广博、视野开阔,凝结了周先生多年的心血,是周先生近四十年的思考与写作的结晶。自20世纪70年代末进入学术研究领域以来,在近四十年的学术生涯中,周先生在先秦数学与诸子哲学、中国古代科学方法、中国科学思想史、中国古代数学史、中医逻辑学、中国古代儒释道三家与科学技术发展关系以及中国古代管理哲学思想等

---

* 本文原载于《广西民族大学学报》(自然科学版)2017年第4期。
① 韩玉芬,湖州职业技术学院副教授,中国科学院自然科学史研究所博士研究生。

多个领域里，披荆斩棘，创榛辟莽，成绩令人瞩目。而这部文集就是充分展示周先生学术思想和旨趣的重要成果。

做科学史研究，向有"内史""外史"之别，自然也不免要牵涉不同的研究方法。所谓"内史"，更侧重于把科学史看成科学自身的历史进行研究；而"外史"研究则倾向于把科学史看作整个人类文明史的一个组成部分，深入探索科学、科学家与哲学、宗教、政治与经济等多个方面之间的相互关系与影响。二者的思路和视角有明显的不同，研究方法也不一样，存在着相当的张力，很难调和。在这部4卷5册的文集中，我们看到，周先生一方面对中国古代数学史等专业的科学内史做了比较深入的专门性研究，另一方面，则拓宽视界，尽量把科学史纳入人类文明史的大框架中，尝试会通科学与哲学、管理学等其他学科的不懈努力。

"积铢累寸，行远自迩"；"筚路蓝缕，作始也简"。周先生早年研修中国哲学史，并长期得到严北溟、冯契、胡道静、傅维康等诸位前辈学者的亲炙指点。这样的经历和背景对他的研究路径产生了重要的影响。他从探究先秦数学与诸子哲学关系这样一个全新视角入手，开始了他中国科技史的研究的征程，多年来锲而不舍地对中国古代哲学和科学的关系问题进行探索，并进而对中国古代数学思想史、中国古代数学家先后进行过不同的专题研究。之后，他不断拓展研究领域，开始探究儒、释、道各家的自然观、科学观以及与科学之间的关系，并提出了不少真知灼见。

中国科学思想史的研究是周先生学术生涯的一个重要成果。自20世纪80年代中期开始，他和袁运开先生一起，克服重重困难，组织国内多位从事科技史、哲学史、思想史的专家学者，举办了数次专题的学术研讨会，历时十余年功夫，最终编写完成上中下三卷本、篇幅达150多万字的《中国科学思想史》。这部著作充分吸收了上至20世纪20年代中国学者在科学思想史方面的探索、下迄20世纪90年代中外学者在这个领域的广泛讨论与研究成果,择善而从,尤其是批判性地继承了英国学者李约瑟《中国科学技术史》第二卷《科学思想史》的观点,全面系统地梳理了中国科学思想史纵向发展的历史线索,广泛而深入地探讨了中国历史上的自然观、天人观、科学观、科学方法、科学逻辑、科学理论、技术思想等一系列与科学思想有关的领域,条分缕析、归纳总结,在此基础上揭示了传统思想与中国科学技术的关系,描述了中国科学思想史的发展脉络及线索。全书既博采众长又颇多创见,系统性、理论性、规范性兼顾,受到学术界的广泛好评。虽然其后国内又有新的科学思想史论著推出,该书仍被业内不止一所高校科技史的专业教师用作"科学思想史"课程的教材。惟其如此,张秉伦先生当年对该书"实属中国人自己撰写的第一部《中国科学思想史》鸿篇巨制,也可视为第一部中国科学思想通史"的评价,当非过誉之辞。

除了中国古代科学方法、中国科学思想史、中国古代数学哲学思想等研究内容之外,周先生还先后研究过中医逻辑学和管理哲学。

周先生曾经从逻辑和哲学的角度深入研究过中医。他先后深入分析了《黄帝内经》和《伤寒杂病论》这两部中医典籍中的逻辑思维特点。周先生指出,《黄帝内经》的阴阳学说提供了一个辩证逻辑和形式逻辑相统一而以辩证逻辑为主、演绎和归纳相统一而以演绎为主的逻辑思维模式,并进一步将它们分解为6个具体的模式加以讨论。他认为,作为中医理论的渊薮,对于形式逻辑思维规律和方法的熟练运用,是《伤寒杂病论》这部医学经典对此后中医临床各科的辩证论治具有普遍性的指导意义的主要原因。他还对《伤寒论》在治疗方法上的一个重要逻辑基础——思维确定性原则作了比较深入的分析。周先生还撰文呼吁建立"中医逻辑学"这门交叉学科，从而能够更加系统深入地探讨中医学中的逻辑思维方法问题。特别值得一提的是，以上学术观点的提出以及研究成果的发表，周先生在20世纪80年代中期至90年代就已经完成了。几十年过去了，至今中医问题依然是国内外科学史研究的一个热点课题。

周先生还对中国古代管理哲学思想进行过比较深入的研究。他曾系统梳理和研究了中国古代管理哲学思想的历史；详细解析了《管子》一书中有关管理的哲学思想，并探讨了中国古代管理思想的不少其他问题。周先生首先界定了"管理学"和"管理哲学"的基本概念，进而对中国管理哲学的发展线索和主要特点进行了梳理总结。他总结了《周易》以及儒家、墨家、道家、法家、兵家等各家学术思想乃至《三国演义》和《菜根谭》中的管理原则和谋略，提出了中国管理哲学现代重建的观点，强调站在现代管理的立场，对中国传统的管理哲学进行重新的整合和建设，包括对中国传统管理哲学进行分析、评价、扬弃、选择以及重组和创新。周先生还对《管子》中《牧民》《形势》《权修》和《立政》四篇文章做了解题和注释、翻译及评析。这也是他研究中国古代管理哲学思想的另一个成果。

在这部文集中，我们还能看到多幅周先生在不同时期与不同学生合影的照片，以及周先生的授课讲义书影、讲课提纲、向所在学校提出关于加强科技史学科建设的意见和设想等各种丰富的材料，甚至还有周先生当年为研究生讲授"中国数学史"课程时，为便于学生记诵而编写的学习歌诀。此外，诚如周先生本人在编写说明中所说，本部文集中部分内容就是开设并讲授某一门课程后，基于讲稿基础上撰写而成的成果。自1980年代初期研究生毕业后，周先生即一直在华东师范大学任教，直至退休。因此，一方面，作为国内一流高校的专任教师,周先生得天下英才而教之,兢兢业业、诲人不倦、春风化雨;另一方面,他又是一名专业的学术研究者,多年来在学术领域终日乾乾,孜孜不倦、一丝不苟。正是这样坚持不懈的努力与付出,才有这部前可补往贤之憾,后可铺来者之路的文集呈现在我们面前。

通读整部文集,本人有以下几个方面的直接体会。

1. 行文晓畅,文风朴实

整套文集一共2 000余页,四卷十九编,内容广博,主题多样,且常有跨学科的研究,而且书中大量引用了从先秦到清代的众多古代典籍,但通篇文字晓畅流利,读下来如行云流水,全然不觉得吃力。概言之,整套文集体例规范,文风朴实,深入浅出,可读性极强。这应该已经达到周先生本人对学术著作"文字流畅、可读性强、使绝大多数对此感兴趣的读者能够不太困难地阅读并了解其中观点;能够尽量把深奥复杂的道理和问题用浅显易懂的语言表述出来"的努力与追求。另外,在周先生的文章中,如有引用前人研究成果,均一一注明,包括点校的参考也有说明,且引用非常规范。这一方面表明周先生对前人的研究成果有充分地了解,另一方面也体现了他作为学者实事求是的研究作风。这是周先生为学严谨细致、做事认真负责的最好例证,从中我们看到了一个严肃学者为学为文的态度,实在是给学界做了一个极佳典范。整套文集印刷精美,装帧大方,排印清晰美观,这是我们作为读者阅读起来轻松愉悦的另一个重要原因。

2. 善于总结,有理有据

浏览整部文集,我们会发现,周先生特别善于在文章中总结特点,而且总是有理有据。例如在《中国古代科学方法研究》中,周先生首先在微观上深入到古代典籍中,上自《周易》、下至王夫之,考察了从先秦一直到明清时期的主要科学家、哲学家的思想以及各种科学、哲学著作中体现的具体科学方法,并进而提炼出中国古代科学具有典型性和代表意义的36种科学方法;其次在宏观上概括出上述科学方法所具有的6个主要特点:"勤于观察""善于推类""精于求数""明于求道""重于应用""长于辩证",从而达到说明中国古代科学方法之特色和风貌的效果。随后,周先生还分别对四大中国传统科学学科——天、算、农、医进行了具体分析,总结出了如下中国古代科学方法的基本模式:"实际问题→概念方法→一般原理→实际问题"。诚如冯契先生在为该书所撰的序言里所言:"这样的总结体现了科学与哲学相结合、微观分析与宏观把握相结合以及历史的解释与现实的评述相结合的特点"。又比如在《刘徽评传》一书中,周先生通过深入细致的分析,提出刘徽的科学思想具有6个特点,分别是逻辑思想、极限思想、重验思想、求理思想、创新思想和辩证思想。在行文中,周先生和刘徽《九章算术注》原文中的具体内容结合非常紧密。他在论证过程中注意处处时时结合原文,论据充分、论证有力、持之有理,教人信服。而在《李冶评传》和《杨辉评传》这两部著作中,周先生对这两位宋元时期的数学大家的科学思想也作出了精当的归纳。他认为,李冶的科学思想可总结为以下6个方面:"数理可知""道技统一""博而后精""深求其故""敢于创新""晓然示人";而杨辉则具有"批判继承""探源求理""触类旁通""循序渐进"的科学思想。在详述他们的每一个科学思想的具体特点时,周先生都有结合原文作出合理恰当的论证与阐述。这不但有利于读者接受作者提出的观点,还有助于读者深入理解这些古代杰出数学家深邃的学术思想和卓越科学成就。从行文和引文里,我们还能深切感受到周先生对科学史典籍和时人研究状况的了然与熟悉。早在20世纪90年代中期,周先生曾经为《中国学术名著提要·科技卷》撰写中国古代数学名著提要44篇、综合类名著提要3篇。每篇提要他都详细介绍了该部名著的作者、成书年代、内容大意、学术影响、研究情况及版本流传。他还曾撰写过《数学史话》，主编过《十大科学家》，与人合作编写过《发明的国度：中国科技史》等多种普及类科技史著作。上述工作在某种程度上为周先生的研究奠定了扎实的基础，因而他在文章的引证和论述时能够左右逢源，信手拈来。

3. 不宥成见，敢于创新

在周先生的文章和著作中，我们总能看到闪现新意的思想。他常常不宥成见，在文章和论著中提出他个人的独创性见解，有时候还经常是对大家、名家观点的反驳，令人钦佩。周先生在本套文集前言中论及他担任主编工作的专著《中国科学思想史》时，非常自豪地说，该书中"对中国科学思想史研究的基本理论框架，如中国科学思想史研究的意义和价值、对象和内涵、起源和演变、分期和特点，以及科学思想史与一般科技史和哲学史的区别和联系等理论问题"的研究，完全是他"本人的独创性理解"。李约瑟是享誉国际的中国科技史研究大家，江晓原先生则是国内科技史学界的翘楚。但周先生曾撰文写书，发表他对他们两位的学术观点之不同看法。周先生不同意李约瑟提出的儒家思想和佛教总体上阻碍科学发展的观点，在对儒家思想和佛教与科学关系作出全面深入的分析之后，他先后撰文著书，明确提出了儒家思想和佛教对中国古代科技发展的积极的促进作用。周先生还曾撰文对江晓原判别伪科学的5条标准进行逐条反驳，有理有据，充分体现了一名学者的独立思考和自主判断。

此外，这套文集还保留了很多珍贵的资料，包括大量尚未发表的论文、教材、书评、提纲以及一些讲座报告和发言。尤其值得一提的是诸多国内外前辈学者给周先生的来信。周先生不但在目录前配有清晰的彩色原稿图片，书中正文里还一一将之整理排印成印刷文体。所有这些，都是非常宝贵的史料，可供后学以及研究者了解周先生从事学术研究的这几十年里周遭的学术环境、周先生本人的学术追求以及周先生与前辈学者之间的交流与过从情形。

"东西两际海，巨细难悉究"。周先生此套文集内容广博，涉及面广泛，因此本人虽尽量努力，不过依旧是"团辞试提挈，挂一念万漏"。在连续数日的浏览与阅读中，可谓是"欲休谅不能"。而以上个人浅见，也只能算是在阅读之后"粗叙所经觌"。

2014年夏秋时节，在与周先生多次交流沟通的基础上，本人和周先生一起，共同完成了一篇访谈录，题为《中国科学思想史研究的开拓与创新》。该访谈录随后发表于《广西民族大学学报》（自然科学版）2015年第1期，得到责任编辑和读者的认可与好评。于我本人而言，通过这次与周先生的访谈，相对深入而且比较细致地了解了周先生的学术经历、学术成就以及治学方法，并深受启发与教益。而这段宝贵的经历，也让本人在拜读周先生这一整套洋洋大观的文集时会比一般读者有更深的感触。

细看本套文集每本书目录前诸幅清晰的彩色照片，本人注意到，其中大量照片为最近几年周先生外出访学、做讲座和参加学术活动所摄。看着照片里周先生的翩翩风度和儒雅风采，谁能想到周先生在2003年曾得过一场名为急性广泛性心肌梗死的大病，经历了医生"开膛剖心"（心脏搭桥手术）和"剥皮抽筋"（把腿上的静脉血管取出后移植到心脏里）的抢救后才得以获救。在身体康复后的十余年里，周先生老而弥坚，依旧满怀激情地在学术的园地里驰骋。天道酬勤，思者常新。2015年，他以坚韧的毅力完成了中国佛教与古代科技发展关系研究的重大课题，出版了最新的研究成果——《中国佛教与古代科技的发展》,给这部文集输送了新鲜血液,让整套文集更增添了一份亮丽的光彩。

在为自己这套文集所写的"前言"结尾,周先生用"天高云淡、心情恬然"来描述他完成这套文集编选后的心情。相信这一定是他内心的真实感受。

纸墨寿于金石。相信此套文集必将嘉惠学林、霑溉后世。

祝贺周先生!

祝福周先生生命常青,学术常青!

文化自信的新资本：四卷本《周瀚光文集》评介*

严书翔①

弘扬中国优秀传统文化，增强中华民族文化自信，实现中华民族伟大复兴的中国梦，这是当今时代中华民族最响亮的口号，也是当代中国最具时代感的主旋律和最强音。习近平总书记自2013年以来，在多次会议、多个场合反复提出和阐述过这些问题。然而，中国优秀传统文化包含哪些内容？如何实现和体现中华民族文化自信？如何全面实现中华民族伟大复兴的中国梦？这是值得社会各界广泛关注和深入探讨的时代大课题。

中国优秀传统文化是指蕴藏在浩若烟海的各种古籍和经典之中的精华内容，需要从不同的视角和层面去加以发掘、整理、提炼、总结和传承推广。但自五四运动以来至20世纪70年代，中国大陆优

---

* 本文原载于《儒学天地》2018年第2期。
① 严书翔，深圳市明镜集团董事长，兼任广东省社会工作学会副会长。

秀传统文化的发掘、整理和研究工作基本上被中断。20世纪80年代起,文化热兴起,中国优秀传统文化的发掘、整理和研究工作得到了恢复。但国人研究的着力点和兴趣点似乎主要在哲学、伦理学和其他思想文化的层面,对于管理学,基本被认为中国是没有的;对于科学,也基本上被认为中国传统文化是缺乏科学精神的。在这些偏见的影响下,很少有人对中国传统管理哲学、科学哲学、数学哲学等领域感兴趣。

近日,收到吾师华东师范大学周瀚光先生由上海社会科学院出版社出版的四卷本《周瀚光文集》(以下简称《文集》),非常高兴。当年我在华东师大读本科的时候,先生是教我们中国哲学史的老师。自1987年离开华东师大至今整整30年了,其间没有太多关注先生在研究什么。看到这套150多万字的文集,这才知道,原来吾师这么多年是在研究冷门啊!学问领域虽属冷门,但对中国优秀传统文化的研究总结却贡献独特,对当代中国经济建设和文化建设却大有所用,对中华民族增强文化自信提供了新的资本。通读之后,我以为《文集》具有以下独到而值得肯定并值得大力推广之处。

一、另辟蹊径,视角与贡献独特

对于中国传统文化的研究,长期以来,研究者多是从哲学、伦理学、史学、文学、艺术等思想文化层面及其视角展开,很少有人从科学技术、数学、管理学的视角去探索。少有人碰,就表明这是学术的冷门。由于这个冷遇,使中国传统的科学哲学思想、数学哲学思想和管理哲学思想长期被掩埋在故纸堆中,没有得到及时发扬光大和系统传承。然而,就整个中国优秀传统文化的全貌而言,科学哲学思想、数学哲学思想和管理哲学思想是不可缺失的重要组成部分。缺少这几个重要领域和分支,中国优秀传统文化就是残缺不全的,也是非常可惜和遗憾的。

瀚光先生出于学术使命感和文化责任感,不去凑热闹,不去研究趋之若鹜的热门领域,而是另辟蹊径,从科学哲学思想、数学哲学思想、管理哲学思想这三个方面去研究中国传统文化,其视角是非常独特的。这一点诚如同为吾师的陈卫平先生在《文集》的"序二"中所说,是瀚光先生学术研究的"特异功能",这个"特异功能"具体表现在其研究路径和视角做到了"跨哲学与科学的中国古代哲学和科学关系的研究;跨哲学与管理学的中国古代管理哲学研究;跨哲学与宗教学的道教、佛教与古代科技的研究。"

正是因为这些独特的路径和研究视角,使长期遭受冷遇的中国传统科学哲学思想、数学哲学思想、管理哲学思想从故纸堆中被发掘、整理、提炼和总结出来,以《中国科学哲学思想探源》《中国数学哲学思想探源》《中国管理哲学思想探源》三大卷专著的形式展现在我们面前。这项工程是浩大的,研究工作是艰辛的,成果当然也是非凡和厚重的。

独特的研究视角、独特的理论成果,必然产生并具有独特的贡献。在我看来,《文集》主要有以下几个方面的独特贡献:

一是弥补了中国优秀传统文化研究领域中科学哲学思想、数学哲学思想、管理哲学思想三大方面的学术缺失,为中国优秀传统文化贡献了新的学术内容和成果。

二是给中华民族提供了新的文化自信基础和依据(文化资本)。习近平总书记在 2016 年 7 月 1 日庆祝中国共产党成立 95 周年大会上的讲话中提出:"全党要坚定道路自信、理论自信、制度自信、文化自信。"并进一步阐述说"文化自信,是更基础、更广泛、更深厚的自信。在5 000多年文明发展中孕育的中华优秀传统文化,在党和人民伟大斗争中孕育的革命文化和社会主义先进文化,积淀着中华民族最深层的精神追求,代表着中华民族独特的精神标识。我们要弘扬社会主义核心价值观,弘扬以爱国主义为核心的民族精神和以改革创新为核心的时代精神,不断增强全党全国各族人民的精神力量。"但是,在过往的历史中(特别是晚清以来),由于受西方霸权主义国家一些文人制造的中国科学技术历来落后、中国没有管理理论等种种舆论以及国内少数"民族虚无主义"文人妄自菲薄思想言论的影响,我们的民族在科学技术、企业管理等领域的确是不够自信,也不敢自信的。瀚光先生的研究成果揭示并表明:中华民族自古以来就有发达的科学技术,就有丰富的科学哲学思想和管理哲学思想,我们在这些方面有足够自信的文化资本,我们不应该自卑,而应该挺起脊梁!

三是为当代中国经济建设和文化建设提供了新的养分。科学技术、企业管理、哲学思想、管理智慧等是当代中国经济建设和文化建设的重要内容和组成部分。科学技术的进步、企业管理的规范都需要从本民族的传统文化中寻找智慧,吸取养分。然而,由于前述多方面的原因,导致我们在传统文化研究中对科学哲学思想、管理哲学思想的发掘、整理、提炼和总结方面存在空白和薄弱环节,从而使国人不知道、不了解我们的民族在科学技术、企业管理方面到底有没有优秀的传统和积淀。如果有的话,那又是什么?瀚光先生在这些"荒芜领域中"所做的"开发工作"(冯契语),显然是弥补了这些方面的空白,为我们在科学技术、企业管理方面提供了优秀传统文化的养分。通过这套文集,使我们知道和懂得:中华民族具有丰富的科学技术思想与方法,具有丰富的管理哲学思想与智慧,这些都是我们民族的文化资本,都是我们今天经济建设和文化建设的养分。

二、整体观照,概括与总结全面

瀚光先生对于中国科学哲学思想、中国数学哲学思想和中国管理哲学思想的探索,采取了整体观照式的研究取向。他对中国科学哲学思想、中国数学哲学思想和中国管理哲学思想这三个领域进行了系统的梳理和提炼总结,让我们看到了这三个领域的整体和全貌。兹分述如下:

第一,《文集》对中国科学哲学思想领域进行了全貌式的研究和系统提炼,形成了《中国科学哲学思想探源》(第一卷的上下两册)。在这两大册中,首先是对中国古代科学方法进行研究总结,提炼出了《周易》的"取象运数"、孔子的"举一反三"、墨子的"言有三表"、《管子》的"明于计数"、庄子的"技进于道"、孙膑的"赛马对策"、张衡的"效象度形"、朱熹的"格物致知"、李冶的"推理明数"、秦九韶的"数道统一"、徐光启的"责实求精"、宋应星的"穷究试验"、顾炎武的"参考援证"、王夫之的"乐观其反"等36种古代科学方法。在此基础上,进一步概括和总结了中国古代科学方法的主要特点和基本模式。通过这一专题,把中国古代科学方法进行了全盘扫描,系统提炼和汇集,显得非常的完整和全面。这项研究成果"较为可信地解答了令科学界和哲学界长期困惑的问题:中国古代有那么多的科学发现和科技发明,究竟是用什么样的方法做出来的?"(著者自评语),同时也应该足够反驳"中国传统文化缺乏科学精神"这种谬论了。其次是对中国科学思想史进行了从春秋战国到明清时期长达几千年时间跨度的历史研究,系统梳理了中国古代科学思想的历史发展与脉络,并探讨和回答了若干有争议的问题。再次是对儒家思想、道家道教、中国佛教三大流派与古代科技发展的关系进行了专题研究,客观公正地评述了中国传统文化三大流派对中国古代科技发展的正面贡献和负面影响,特别是提出了与李约瑟针锋相对和截然相反的"儒家思想对中国古代科技发展主要起到了积极的作用和影响""中国佛教对古代科技发展主要起到了积极的作用和影响"两个鲜明的观点,还了儒家和中国佛教一个公道。最后是对中医逻辑与中医哲学进行了专题研究,并提出了建立"中医逻辑学"这门新兴的交叉学科的设想,还拟定了研究纲要。虽然瀚光先生在这个领域没有进行更深入的研究并建立学科体系,但如果有朝一日这门学科得以建立和形成的话,先生应该就是鼻祖了。

第二,《文集》对中国数学哲学思想领域进行了全貌式的研究和系统提炼,形成了《中国数学哲学思想探源》专卷(第二卷)。在本卷中,首先是对先秦数学与诸子哲学的关系进行探究分析,并对《管子》《老子》《周易》《墨经》等书籍和惠施学派、儒家、公孙龙、孙膑等流派和人物的数学及哲学思想进行了整理、分析和评述。还对先秦哲学中的数字"一"进行了专门的考辩研究。其次是对刘徽、李冶、杨辉、秦九韶、徐光启等中国古代数学家的数学思想、科学思想和哲学思想进行了专门的评述,"揭示了他们数学成就背后的思想原因和哲学基础,从而为中国数学史演进提供了一种新的诠释和理解"(著者自评语)。最后是对传统文化与古代数学进行了专门的研究,揭示了中国古代数学与哲学、中国古代数学与传统文化之间的多重关系,同时也还原了中国古代数学在传统文化中的地位和影响。

第三,《文集》对中国管理哲学思想领域进行了全貌式的研究和系统提炼,形成了《中国管理哲学思想探源》专卷(第三卷)。在本卷中,首先是对管理学与管理哲学的关系、东方管理哲学的价值和现代复兴的意义以及中国管理哲学的发展线索和特点等大家普遍关心的问题进行分析,不但充分肯定了中国古代具有丰富多彩、源远流长的管理哲学思想,而且揭示了中国古代管理哲学思想在现代的价值和复兴的意义。这是梳理和提炼总结中国古代管理哲学思想的前提,没有这个前提,就没有研究和总结的意义与必要了。其次是系统梳理了先秦诸子百家和汉代独尊儒术之后中国古代管理哲学思想的历史源流和线索,提炼形成了《周易》"自强应变"的管理风格、儒家"修己安人"的管理理论、墨家"尚同尚贤"的管理原则、道家"无为而治"的管理境界、法家"以法为本"的管理制度、兵家"运筹帷幄"的管理谋略,汉代之后独尊儒术、兼取百家的管理传统,《三国演义》和《菜根谭》的管理思想这一系列中国古代管理思想的智慧精华,建立了一个初具规模的中国古代管理哲学思想体系。最后是分析了中国管理哲学的人性论基础,还提出了中国管理哲学现代重建的思路。

以上三项成果是本套文集的核心内容,代表了大陆学者在中国科学哲学思想、中国数学哲学思想和中国管理哲学思想这三个领域的可贵探索,不失为中国优秀传统文化研究和提炼的经典之作。当然,由于研究范围广、时间跨度大,凭一人之力不可能穷尽三大领域的所有精华,特别是在中国管理哲学思想这个领域,还有很多细节和操作性的问题需要进行深入研究和进一步提炼。虽然如此,但瀚光先生"架桥"和"搭架子"的工作是难能可贵的,有了框架,就好装修了,剩下的问题就需要靠同辈其他学者和后学们的研究来深化和补充了。

最后,还得提一下作为《文集》第四卷的《科学史与科技古籍研究》,我原以为这只是一本文献资料汇编,其实不然。阅读之后才知道,这一卷包括了瀚光先生对中国古代数学史的专门研究,对中国科技史的综合性研究和对中国古代科技学术名著及文献资料的整理、汇编和介绍。这里仅就本卷中的第十八编《中国学术名著提要·科技卷》略说一二。在我看来,中国传统文化研究的一个难点是文献的整理和资料的收集。由于中国传统文化源远流长,加上几千年的历史变迁及考古工作的滞后,总是担心还有很多文献没有被发掘,还有很多思想被埋没在故纸堆中,所以很难完整和准确地知道、掌握、收集和整理出研究所需要的所有文献,总有一种挂一漏万的感觉。在研究领域和方向确定之后,文献的收集和整理就是第一位的,就中国科学哲学思想和科技史的研究来讲,对科技文献的收集和整理是非常重要的。瀚光先生通过多年的古籍研究和爬梳,收集、整理、汇编和系统介绍了几十种中国古代科技文献,这就给同类领域和问题的研究者带来了很多方便,节省了大量文献收集和整理的时间。

三、经世致用,学术与地气兼具

中国自古就有"经世致用"的优秀学术传统,这个传统强调:治学不能为学术而学术,而要务实和接地气。学术如果脱离现实、脱离社会、脱离生活、脱离国家建设和经济发展的需要,就会流于经院之学、空谈之学。瀚光先生的治学风格和学术研究及其成果与活动,是坚持并体现了"经世致用"这个优秀学术传统和治学原则的。具体如下:

一是从学术领域看，其研究领域虽然较为冷门，但却是非常具有实用价值、时代价值和优秀传统文化弘扬与复兴价值的。比如中国古代科学方法和科学哲学思想，这是非常实用和容易接地气的。21世纪是知识经济、全球一体化、信息化和数字化的世纪。在这个时代，国家之间、地区之间的经济、政治、军事乃至社会等领域的竞争主要都是集中在科技水平和研发能力的竞争上，谁掌握和拥有先进的科学技术，谁就是竞争的赢家。所以，21世纪的中国，要实现优秀传统文化的弘扬和民族伟大复兴这个神圣使命与梦想，科学技术的发展和进步是我们实现这一系列战略目标和伟大梦想的基石和支撑。这个基石不牢固，就难以实现中华民族伟大复兴的梦想。而科学技术的发展和进步，除了从西方科学技术中学习利用（洋为中用）之外，从中国古代科学方法和科学思想中吸取养分（古为今用）仍然是十分重要的，中国古代科学方法和科学思想对助推当代中国的科技发展和进步具有极大的指导意义和极强的实用价值。再如中国管理哲学思想，这是几千年来一直推动中华民族治国理政、发展经济、管理社会的智慧。但是，自近代新文化运动起，这个方面的智慧在本国被中断和埋没了几十年。在此期间，却是"墙内开花墙外香"，中国管理哲学思想在日本、韩国、新加坡等东亚各国却得到了追捧、研究和广泛运用。20世纪初，被誉为日本近代工业之父的涩泽荣一(1840—1930)就提出了"论语加算盘"的理论，此后，日本、韩国、新加坡等国企业界都掀起了学习、研究和利用中国管理哲学思想的热潮。以至于很多人把亚洲四小龙的兴起和东亚经济的繁荣归根于中国传统文化的影响，由此引发了东方管理哲学复兴的思潮。反思一下这段历史，足以说明中国管理哲学思想对当代中国经济建设具有极大的实用价值和极强的推动和指导意义。作为本民族的思想和智慧，中国管理哲学思想在我国更接地气,更加容易理解和落地实施。由此来看,瀚光先生研究中国管理哲学思想这个领域并进行了系统的提炼和总结,其经世致用的风格和价值就是不言而喻的了。

二是从学术倡导看,瀚光先生无论是对中国古代科学方法和中国古代科学思想史,还是对中国管理哲学思想的研究,都不是为学术而学术,都非常强调每一项研究的现实意义和实用价值。如对中国古代科学方法的研究,他用专门的章节来阐释中国古代科学方法基本模式的现代意义以及《周易》的科学方法论思想及其现代意义;对中国古代科学思想史的研究,他用专门的章节来阐释中国科学思想史研究的意义和价值;对中国管理哲学思想的研究,他则用更多的章节来阐释《周易》、儒、道、墨、法、兵等各家管理哲学思想的现代意义。更接地气的是,在中国科学方法和科学思想史研究领域,他提出了建立《中医逻辑学》的设想,并拟定了《中医逻辑学》研究纲要;在中国管理哲学思想研究领域,提出了《中国管理哲学的现代重建》,并侧重论述了儒学管理体系的现代重建和《易》学管理体系的现代重建,还专门介绍了美国学者成中英先生以《易》为主、兼取百家的C理论。这些学术倡导都表明,瀚光先生的治学是非常经世致用和接地气的。

三是从学术活动看,瀚光先生绝不是"书呆子""老学究"型的学者,而是极其活跃和务实的"社会学术活动家"。首先,他不是一个纯粹的研究者,他还是一个教师,是边搞教学边研究,将教学与研究有机结合、融为一体,在教学实践中进行研究,在研究的基础上提升教学的学者。其次,他热衷于举办或者参加各种学术活动,并在各种学术活动中提出自己的观点和主张,这些观点和主张多数也收附在文集里,成为文集的重要组成部分,极具参考价值。最后,他经常将研究成果直接运用于实践,指导现实社会的经济建设和社会建设,如给企业家讲授《中国管理哲学与现代企业经营管理》,给房地产开发商讲解《易经》与风水学,给作为城市管理者的地方政府官员和市民讲授居住文化与城市的品牌定位等。这些都反映了瀚光先生学以致用、连接地气、极其务实的学术风格。

综上所述,这套四卷本的《周瀚光文集》无愧于中国优秀传统文化的优秀研究力作,它从中国古代科学哲学思想、中国古代数学哲学思想及中国古代管理哲学思想三大领域给当代国民提供了对中华文化充满自信的新资本,值得向社会各界推介,值得大家认真阅读。

中国科学思想史研究的智慧结晶
——《周瀚光文集》述评

史 华

由上海社会科学院出版社于2017年6月出版的《周瀚光文集》,是华东师范大学周瀚光教授自20世纪80年代以来所有研究成果的总汇集。该《文集》的内容虽然涉及了科学史与哲学史的广泛领域,但其中的核心内容则主要是关于中国科学思想史的研究。可以说,该书凝结了周先生对于传统科学思想的深入思考,是其三十多年潜心钻研中国科学思想史的智慧结晶。正如中国科学院自然科学史研究所郭书春研究员在该书的"序言"中所说,周先生"一直在中国科学思想史和中国数学思想史领域刻苦钻研,笔耕不辍,成果斐然"。

《周瀚光文集》分为4卷5册,共约158万字,其中与中国科学思想史有关的内容约占了全书总

---

* 本文原载于《豫章教育论坛》2018年第3期。
① 史华,华东师范大学图书馆馆员。

篇幅的80%左右。于此可见,研究中国科学思想史确实是周先生一生耗神运思、殚精竭虑的主攻方向所在。周先生的研究涉及了中国科学思想史的诸多领域,概括起来,主要有以下四个方面的内容:

一、关于中国科学思想史研究的基本理论和总体线索

周先生早在20世纪80年代初期就开始了对中国科学思想史的研究,但在当时,不仅国内学术界没有一部这方面的专著,就连这方面的专题论文也少得可怜。什么是"科学思想"?"科学思想"与"科学技术"和"哲学思想"这些概念之间是什么样的逻辑关系?中国科学思想史研究的对象和内涵是什么?它的源头在哪里?其发展又有什么线索和特点?……所有这些基本理论问题,在当时都处于一种云里雾里、朦胧不清的状态。而不搞清这些问题,中国科学思想史研究就只能是盲人摸象,瞎摸一气,各执一词,劳而无功。周先生首先从解决这些基本理论问题着手,先是在20世纪80年代后期发表了《"科学思想"的内涵》[1]《中国科学思想史的对象和涵义》[2]等一系列文章,然后在20世纪90年代初期与袁运开先生一起主编三卷本《中国科学思想史》的时候,率先撰写了全书的"绪论"部分,其中包括5个小节近3万字,详细论述了以下五个问题:(1)中国科学思想史研究的意义和价值;(2)中国科学思想史研究的现状和展望;(3)中国科学思想史研究的对象和内涵;

---

[1] 载《社会科学报》1987年12月17日。
[2] 载《社会科学》1989年第2期。

(4) 中国科学思想史的发展线索和主要特点;(5) 本书撰写的总体构想和若干原则。① 这个"绪论"在经过该书的编委和作者共同讨论通过后,周先生又在此基础上编制了一份三卷本《中国科学思想史》的详细撰写提纲,用以作为该书作者分工撰写的操作纲领,同时给远在英国的李约瑟先生寄了一份并请他提出批评建议。很快,周先生就收到了李约瑟先生热情洋溢的回信,信中把这项工作称为"我们这个时代的最令人兴奋的进展之一"②。该书于2000年出版后,得到了学术界的一致好评,曾获得第13届中国图书奖、第5届安徽省图书一等奖、第6届上海市哲学社会科学优秀著作二等奖等一系列奖项,并且被国内多所高校列为科技史专业研究生的教科书和必读书。中国科技大学老一辈科技史家张秉伦先生在世时曾评论该书说:此书"实属中国人自己撰写的第一部《中国科学思想史》鸿篇巨制,也可视为第一部中国科学思想通史"。他还特别赞赏该书的"绪论"部分,认为"'绪论'部分就中国科学思想史研究中若干共性问题展开了较充分的讨论和论述,颇有新意。尤其是'中国科学思想史研究的对象和内涵''发展线索和主要特点'以及'若干原则'等,可视为第一次对其进行了较详细的界定和探索……,可以肯定其对科学思想史的研究和发展会有重要的借鉴作用"。③

二、关于中国古代科学方法

周先生研究中国古代科学方法的动因,是缘于已故的哲学大

---

① 《周瀚光文集》第1卷,第129—163页。
② 《周瀚光文集》第1卷,第679页。
③ 《周瀚光文集》第1卷,第700—701页。

师冯契先生提出的一个问题:"中国古代有那么多科学发现和创造,是用什么逻辑、什么方法搞出来的?这确是一个令人惊奇、需要我们认真研究的重大问题。"①这个问题激发了他强烈的好奇心和探索欲望,促使他于20世纪90年代初期花了将近两年的时间投身其中。他首先从中国古代的科学家和科学著作以及哲学家和哲学著作中,梳理和提炼出了36则具体的科学方法,然后在分析和概括这些具体科学方法的基础上,进一步归纳出中国古代科学方法的6个主要特点,那就是:(1)勤于观察;(2)善于推类;(3)精于运数;(4)明于求道;(5)重于应用;(6)长于辩证。他又找出了中国古代天文、数学、农学、医学这几大主干学科共同遵循的一般方法论模式,并把它概括为"实际问题→概念方法→一般原理→实际问题"这样一个包含四个步骤的基本模式(即从实际问题出发,提炼出相应的概念方法,再上升到一般原理,最后再运用到解决实际问题中去),并认为这一基本模式主要是科学发现的逻辑而不是科学证明的逻辑,它有助于说明中国古代科学为什么会取得那么多的发现和发明。最后,他把这一基本模式与当代科学家的思维模式(例如爱因斯坦)和当代科学哲学家的科学方法论模式(例如波普尔、库恩、拉卡托斯等)进行比较,认为它们在许多地方是完全相通的,中国古代的科学方法论思想对当代科学的发展也会有启迪和借鉴作用。周先生的这些研究成果最终汇成为《中国古代科学方法研究》一书,由华东师范大学出版社于1992年6月出版。

周先生的这部专著写成以后,立刻得到了哲学界、科学界和科技史界的交口称誉。冯契先生亲自为此书作序,称此书"提出了新

---

① 冯契:《中国古代哲学的逻辑发展》(上册),上海人民出版社1983年版,第44页。

颖的、有价值的见解","在一个荒芜领域中作了开发工作,已取得可喜的成绩"。① 张岱年先生收到这部著作后,在给周先生的回信中将其称为"精彩之作",并鼓励说:"您研究这一课题,做出了重要的成就,我深感敬佩!希望更加前进!"② 钱学森先生收到此书后也回信说:"书我还要仔细读;如有所得,再向您请教","对科技古籍研究,您是我的老师!"③ 席泽宗先生专门写了一封信向周先生讨要这部著作④,他后来在其出版的小册子《中国传统文化里的科学方法》中,把周先生的这部书列为第一本推荐读物。吴文俊先生在为《东方科学文化的复兴》⑤一书所写的"出版贺词"中,则用了大半页的篇幅引用了周先生这部书的研究结论,显示了他对周先生研究成果的高度认同和充分肯定。⑥

三、关于道家、儒家和佛教与中国古代科技发展的关系

早在 20 世纪 80 年代中后期,周先生就开始研究道家道教与古代科技发展的关系。他不仅撰写了一系列有关道家道教的科技史料和科学思想的论文,参与标点整理了《道藏精华》⑦中与科技有关的道教典籍,而且主持召开了国内最早的"道家道教与科学技

---

① 《周瀚光文集》第 1 卷下册,第 677—678 页。
② 《周瀚光文集》第 1 卷下册,第 686 页。
③ 《周瀚光文集》第 1 卷下册,第 681 页。
④ 《周瀚光文集》第 1 卷下册,第 687 页。
⑤ 朱清时、姜岩:《东方科学文化的复兴》,北京科学技术出版社 2004 年出版。
⑥ 周瀚光:《记吴文俊先生的数学方法论思想对我研究中国古代科学方法的启示和影响》,载《数学史通讯》第 33 期。
⑦ 《道藏精华》,胡道静主编,岳麓社 1993 年 12 月出版。

术"专题研讨会。对于《庄子》的科技观、葛洪的炼丹术思想和医药学成就、李淳风的科技观、孙思邈的医学观以及宋代道教对科技发展的贡献,等等,周先生都有非常深入的研究和详细的论述。①

从20世纪90年代开始,周先生又集中研究古代儒家与科技发展的关系,并且提出了一个令当时学术界耳目一新的观点——传统儒家对古代科技发展主要起到了积极的和促进的作用。因为当时学术界受文革遗留的极左思想影响尚没有完全肃清,传统儒家基本上仍处于被全盘否定的状态,再加上英国科学史家李约瑟也明确认为儒家"对于科学的贡献几乎全是消极的",所以周先生的这个观点在一开始并没有被大多数学者所接受。但是周先生没有因为是少数派而放弃自己的观点,他一方面撰文对这一观点进行了详细而周密的论证,另一方面又在国内外的一系列相关学术会议上做了反复的阐述和宣传。从1990年4月在上海举行的"传统思想与科学技术"研讨会,到1996年8月在韩国首尔举行的"第8届国际东亚科学史会议",再到2000年3月在美国肯塔基州举行的"科学与文化"研讨会,周先生都就此主题做了多次的和反复的演讲,其间又经过其他一些学者的进一步研究,目前这一观点已经被国内外越来越多的专家学者所接受和认同,几乎成为学术界的主流观点了。

到了2007年,周先生又开始转向研究中国佛教与古代科技发展的关系。他申请并获批了当年的国家社科基金项目"中国佛教与古代科技的发展",组织了一个学术团队来集中攻克这一课题,并于2013年12月出版了专著《中国佛教与古代科技的发展》②。

---

① 参见《周瀚光文集》第一卷第四编"道家道教与古代科技的发展"。
② 周瀚光主编:《中国佛教与古代科技的发展》,华东师范大学出版社2013年12月版。

这部著作的核心内容,就是在全面梳理中国佛教与古代科技发展关系的基础上,就中国佛教对古代科技发展的作用和影响这一问题,做出一个总体的和客观的评价。该书不同意李约瑟所说的"总起来说佛教的作用是强烈的阻碍作用"的观点,认为佛教虽然有其不利于科技发展的某些因素,但从总体上来说,中国佛教对古代科技的发展主要起到了积极促进的作用和影响。周先生认为,这个观点是建立在大量历史事实的发掘、整理、分析和概括的基础上的,是经得起历史和时间的考验的。该书出版后,立刻得到了科技史界、哲学史界及宗教学界的呼应和赞赏,被誉为"对李约瑟研究定论的一个新突破"。[①]

四、关于中国数学思想史

《周瀚光文集》中约有占全书三分之一强的篇幅(60万字左右)是关于数学史方面的内容,研究中国古代数学思想也是周先生孜孜以求的一个重要方向。周先生不仅对中国古代自先秦至明末的数学思想进行了系统的探索,而且在每一个历史阶段的探索中都提出了他自己的新颖独到的见解。例如在《先秦数学与诸子哲学》一书中,周先生全面地考察了先秦时期儒家、道家、墨家、名家、法家、兵家以及《周易》等诸子百家的数学思想,这是以往数学史研究从来没有做过的工作;在《刘徽评传》一书中,周先生详尽地考察了汉魏时期传统数学的主要代表著作《九章算术》及其刘徽注的数学思想,并对刘徽的逻辑思想、极限思想、重验思想、求理思想等做

[①] 参见《周瀚光文集》第1卷,第725—740页。

了重点的阐发；在其主编的《中国科学思想史》一书中，周先生亲自撰写了"隋唐五代时期的数学思想"这一章节，内容包括"王孝通的数学思想""'算经十书'与唐代数学教育思想""《韩延算书》的实用算术思想"以及"二次内插法的创立和发展"四个方面；在《李冶评传》《杨辉评传》及其他几篇关于秦九韶和宋元数学的论文中，周先生对宋元时期杰出数学家李冶的数理可知和道技统一的思想、秦九韶的数源于道和明道求数的思想、杨辉的触类旁通和循序渐进的思想等，都做了详细的解析和论述；周先生还写了好几篇关于徐光启研究的专题论文，对明代后期徐光启由数达理、会通中西的数学思想做了深入的阐述和高度的评价，并从数学思想的视角对明代以后传统数学何以衰落提出了自己的见解。以上这些研究，基本上覆盖了中国数学思想史发展的主要历史时期以及主要数学家和数学著作。如果把这些内容统统提取出来独立成编的话，应该就是一部相当系统的中国数学思想发展史。当大多数数学史研究者都在致力于发掘中国古代数学史料及其成就的时候，周先生独辟蹊径，孜孜于追索这些史料及其成就中内在的数学思想，这使得他的许多研究成果往往给人耳目一新的感觉。他的这些独创性观点往往一发表就给人以一种崭新的启示，并得到了以后研究者的反复肯定和不断引用。尤其是周先生的《先秦数学与诸子哲学》一书，在国内出版 20 年以后，被与其素昧平生的韩国学者任振镐教授翻译成韩文并在韩国出版，更从一个侧面证明了周先生研究成果的学术价值。

除了以上四个方面的研究成果以外，周先生还有关于中医逻辑学以及指南针发明中的科学思想等其他成果，兹不一一列举。当然，周先生的所有研究结论，都只是他个人的学术观点，能不能得到学术界的认同，尚需要进行更加深入的研究和讨论。但无论如何,《周瀚光文集》的出版,为我们提供了近 40 年来关于中国科学思想史研究的一个缩影,树立了国内学术界研究中国科学思想史的一个重要标杆。正如中国科学技术史学会副理事长、中国科学技术大学胡化凯教授在评论《周瀚光文集》时所说,该书"在中国古代科学思想史、数学史、科学哲学、宗教与科学乃至管理哲学等方面都有建树,既有开风气之先的新领域,也有发前人所未发的新见解,为弘扬中国传统思想及文化做出了积极的贡献"。[①]

---

　　① 胡化凯:《致周瀚光先生》,参见"《周瀚光文集》发布会暨科学与哲学思想探源研讨会会议交流材料"。

中国数学思想史研究的智慧结晶
——《周瀚光文集》述评[*]

史 华[①]

由上海社会科学院出版社于2017年6月出版的《周瀚光文集》，是华东师范大学周瀚光教授自20世纪80年代以来所有研究成果的总汇集。该《文集》的内容虽然涉及了科学史与哲学史的广泛领域，但其中有关中国数学思想史的研究却占据了一个相当大的比重。可以说，该书凝结了周先生对于传统数学思想的深入思考，是其三十多年潜心钻研中国数学思想史的智慧结晶。正如中国科学院自然科学史研究所郭书春研究员在该书的"序言"中所说：周先生"一直在中国科学思想史和中国数学思想史领域刻苦钻研，笔耕不辍，成果斐然"。

《周瀚光文集》分为4卷5册，共约158万字。其中有关中国数学思想史研究的内容主要集中在

---

[*] 本文原载于《数学史通讯》第34期。
[①] 史华，华东师范大学图书馆馆员。

第 2 卷的第八编"先秦数学与诸子哲学"、第九编"刘徽评传"、第十编"李冶评传"、第十一编"杨辉评传"和第十二编"传统文化与古代数学",以及第 4 卷的第十六编"中华文明宝库·数学史话"和第十八编"中国学术名著提要·科技卷"。此外,在第 1 卷第一编"中国古代科学方法研究"中有关于《墨经》、《九章算术》、赵爽、刘徽、李冶、秦九韶、徐光启等数学方法的探讨,第二编"中国科学思想史"中有关于隋唐五代时期数学思想的探讨,第三编"儒家思想与古代科技的发展"中有关于传统儒家与古代数学的探讨,在第 4 卷第十七编"中国科技史综合研究"中有对当代学者所撰中国数学史著作的书评,等等。所有这些内容加起来,当有 60 万字左右,占了整个《文集》总篇幅的三分之一强。可见,关于中国数学思想史的研究,确实是周先生耗神运思、殚精竭虑的重点内容。

在我看来,周先生关于中国数学思想史的研究,不仅内涵丰富,而且思维精湛,其主要特点有以下三项:一为观点之新颖,二为研究之系统,三为基础之扎实。兹分述之:

一、观点之新颖

周先生在 20 世纪 80 年代初期开始研究中国数学思想史的时候,这个领域还只有少数几篇研究论文。因此,他的工作基本上都是白手起家,而其观点自然也都是新颖独到。他首先从中国数学发轫之初的先秦时期做起,一家一家地考察了儒家、道家、墨家、名家、法家、兵家以及《周易》等诸子百家对于数学的态度和看法(数学观),厘清了各家学说中与数学相关的内容(数学史料),并揭示了各家学派运用数学概念和范畴构建哲学体系的特点(数学哲学思想),对先秦时期的数学思想做了细致入微的阐发和高屋建瓴的概括。他每做完一家学派的研究就发表一篇独创性的论文,一共花了将近10年的时间,终于完成了《先秦数学与诸子哲学》这部全然新颖独创的专著,并由上海古籍出版社于1994年正式出版。真正有价值的创新成果是经得起时间和历史考验的。20多年以后,《先秦数学与诸子哲学》一书被与周先生素昧平生的韩国学者任振镐教授翻译成韩文并在韩国出版,从一个侧面证明了该书的学术价值。

当大多数数学史研究者都在致力于发掘中国古代数学史料及其成就的时候,周先生独辟蹊径,孜孜于追索这些史料及其成就中内在的数学思想,这使得他的许多研究成果往往给人耳目一新的感觉。例如他研究刘徽,揭示了刘徽的逻辑思想、极限思想、重验思想、求理思想、创新思想、辩证思想;他研究李冶,揭示了李冶的数理可知的思想、道技统一的思想、博而后精的思想、深求其故的思想、敢于创新的思想、晓然示人的思想;他研究秦九韶,揭示了秦九韶的数源于道的思想、数进于道的思想、明道求数的思想、由数知道的思想;他研究杨辉,揭示了杨辉的批判继承的思想、探源求理的思想、触类旁通的思想、循序渐进的思想;等等。他的这些独创性观点往往一发表就给人以一种崭新的启示,并得到了以后研究者的反复肯定和不断引用。

二、研究之系统

周先生对于中国古代数学思想的研究,不是东一榔头西一棒子的零敲碎打,而是有着他周密的考虑和系统的安排。他虽然注重从小处着手,往往具体地对某一位数学家或某一部数学著作做详细而深入的研究；却又时时不忘从大处着眼，把每一位数学家和数学著作的思想融汇到整个中国数学思想史发展洪流的大系统之中。综观整套《周瀚光文集》，周先生实际上已经建立了一个上起先秦、下至明末的中国数学思想史的完整体系。我们可以看到：在《先秦数学与诸子哲学》一书中，周先生全面地考察了先秦时期儒、道、墨、名、法、兵以及《周易》等诸子百家的数学思想；在《刘徽评传》一书中，周先生详尽地考察了汉魏时期传统数学的主要代表《九章算术》及其刘徽注的数学思想，并对刘徽的数学思想做了重点的阐发；在其主编的《中国科学思想史》一书中，周先生亲自撰写了"隋唐五代时期的数学思想"这一章节，内容包括"王孝通的数学思想""'算经十书'与唐代数学教育思想""《韩延算书》的实用算术思想"以及"二次内插法的创立和发展"四个方面；在《李冶评传》《杨辉评传》及其他几篇关于秦九韶和宋元数学的论文中，周先生对宋元时期杰出数学家李冶、秦九韶、杨辉等的数学思想做了详细的解析和论述；周先生还写了好几篇关于徐光启研究的专题论文，对明代后期徐光启由数达理、会通中西的数学思想做了深入的阐述和高度的评价，并从数学思想的视角对明代以后传统数学何以衰落提出了自己的见解。显然，以上这些研究已经基本上覆盖了中国数学思想史发展的主要历史时期以及主要数学家和数学著作。如果把这些内容统统提取出来独立成编的话，应该就是一部相当系统的中国数学思想发展史了。

三、基础之扎实

周先生对于中国古代数学思想的深入研究和丰硕成果，是建立在他对中国古代数学史料的了如指掌和对中国古代数学发展的全面把握的扎实基础之上的。在《文集》第4卷第十八编"中国学术名著提要·科技卷"中,周先生对中国古代从汉代到清末的44种数学名著撰写了提要,每篇提要都详细介绍了该部名著的作者、成书年代、内容大意、学术影响、研究情况及版本流传等六个方面的内容。要知道在周先生做这项工作的20世纪90年代初期,中国古代数学典籍的系统整理工作尚未开始,尤其是明清以后的数学典籍,大多还散落在各地的图书馆而无人问津。周先生把这些数学典籍一部一部地捧出来阅读,然后在反复阅读原著和其他参考资料的基础上,才写出了这44篇数学名著的详细提要。可以说,在当今的数学史研究者中,能对这44种中国古代数学的代表著作全部都通读一遍的已然是为数不多了,而要对这每一部著作都写出上述六个方面的详细内容,又岂是通读一两遍就能够轻易写成的?于此可见周先生在整理和研究中国古代数学史料方面的扎实功夫之一斑。

不仅如此,周先生还在全面占有和梳理中国古代数学史料的基础上,撰写并出版了中国数学史的通史类著作——《中华文明宝库·数学史话》(见《文集》第4卷第十六编),这表明他能够对中国古代数学的发展状况和规律有一个整体的观照和宏观的把握。也正是有了这样一个扎实的基础,才使得他在研究古代数学家和数学著作的时候,能够游刃有余地从中发掘其内在的数学思想,找出其中或者独特、或者一贯的思想脉络,并给予它们在整个数学发展史上的应有地位和历史评价。周先生关于中国数学思想史研究的丰硕成果绝不是凭空取得的,万丈高楼自有它坚实而可靠的基础,而这个基础就在于对数学史料的全面掌控和对数学历史的整体把握。

要而言之,《周瀚光文集》中60余万字的中国数学思想史研究成果,足以奠定周瀚光先生作为一位数学史家和数学思想史家的历史地位。《文集》出版后,不仅得到了数学史界和科技史界的广泛好评,而且还得到了哲学史界以及社会各界的广泛好评。2017年11月,上海社会科学院出版社专门举办了一个"《周瀚光文集》发布会暨科学与哲学思想探源研讨会",全国数学史学会前理事长郭书春先生、现任理事长纪志刚先生、副理事长兼秘书长徐泽林先生等科技史界及社会各界的众多专家学者出席了会议并做了精彩发言,对《周瀚光文集》给予了高度的评价和赞赏。会议还收到来自全国各地的50多位专家学者对《文集》的评语和贺词。中国科技史学会副理事长、中国科技大学胡化凯教授在"贺词"中说,《周瀚光文集》中"既有开风气之先的新领域,也有发前人所未发的新见解,为弘扬中国传统思想及文化做出了积极的贡献,令人敬佩"。全国数学史学会前副理事长、辽宁师范大学王青建教授在"感言"中说,《文集》中的"九大原创性成果在学术界树立起一个个标杆,成为专业研究的典范和后学者的楷模"。厦门大学哲学系教授、科技哲学学科带头人郭金彬先生,则把这套《文集》称为"一流的书籍,一流的编辑和出版,一流的学人,一流的研究,一流的成果"。

经典历久而弥新
——周瀚光《先秦数学与诸子哲学》(韩文版)读后[*]

吴东铭[①]

周瀚光先生是享誉学界的科学思想史研究专家,其研究领域涵盖中国传统科学、诸子哲学及佛教和道教等诸多方面。最近,其早年专著《先秦数学与诸子哲学》[②]由韩国草堂大学任振镐教授译为韩文,经由韩国知识人出版社于2016年11月在韩国出版发行。一部学术专著,经历了二十余年的洗礼而在中韩两国接续刊行、相映成辉,足以体现其中的真知灼见经得起时间流变的考验,历久而弥新。笔者不揣浅陋,赘言学习心得数语,以冀引起学界的关注与批评。

《先秦数学与诸子哲学》全书共有绪论及正文十章。绪论开宗明义,申明本书关注的焦点,"旨在探讨中国古代数学与哲学之间的联系,探讨我国先

---
[*] 本文原载于《广西民族大学学报》(自然科学版)2020年第3期。
[①] 吴东铭,南开大学历史学博士研究生。
[②] 上海古籍出版社1994年版。

秦时期数学发展与诸子哲学之间的联系,……并从中揭示出诸子哲学思想和数学思想在人类认识史和科学思想史上的地位和价值"。第一章为"先秦数学发展概况及其认识论意义",作者梳理了中国古代从数学起源开始一直到春秋战国时期数学发展的主要轨迹,指出这一时期数学的产生和发展具有提高人们抽象思维能力、启示从已知到未知的认识手段、推动逻辑思维发展和加强辩证思维锻炼这四个方面的认识论意义。第二章为"《管子》的重数思想",认为《管子》把"计数"列为其七条基本政治哲学大法("七法")之一,这是明确地把数学视为其法治理论的重要组成部分。《管子》的"法"具有广义和狭义的两重意义,而狭义的"法"概念以后成了中国数学史上的一个重要数学术语。第三章为"《老子》的数理哲学",指出《老子》在数理哲学上的贡献主要有以下两个方面:一是创造了一个"道生一,一生二,二生三,三生万物"的宇宙演化数理模式,二是讨论了有无、多少、长短、轻重、高下、前后、损益、曲直、正奇、大细、有余不足等十几对既对立又统一的数学范畴。第四章为"《周易》'倚数'——'极数'——'逆数'的数理观",认为这是一个以"倚数"(凭借数学方法去认识世界)为其本,以"极数"(穷极数的变化规律)为其用,以"逆数"(运用数术去预卜未来)为其目的的数理思想体系。以数出理,以理言数,数理相映,理数交融,是《周易》这部古书的一个重要特点。第五章为"惠施学派数学背理的哲学基础",对惠施学派所讨论的"大一"(无穷大)和"小一"(无穷小)这两个概念中蕴含的极限思想萌芽以及"一尺之棰,日取其半,万世不竭"这一命题中体现的无限分割思想,进行了数学的和哲学的分析。作者认为惠施学派对于数学发展和认识规律都有重要贡献,不能一概斥之为诡辩而全盘否定。第六章为"公孙龙的'二无一'

论",认为公孙龙借助于"二"和"一"这两个简单的数字概念,表达了对于事物整体与部分之间关系的深刻认识,与西方柏拉图的观点不谋而合。第七章为"孙膑的对策论萌芽和军事辩证法",认为孙膑帮助齐国大将田忌赛马取胜的故事,可以说是历史上对策论思想萌芽的最早运用,同时也是其军事辩证法思想的具体运用。第八章为"《墨经》的数学与逻辑",作者首先厘清了《墨经》中的十大类数学知识,进而指出这些数学成果的取得,得益于其所创立的形式逻辑思想体系。与此同时,《墨经》还运用一些数学概念来阐述其辩证思想,在一定程度上继承和发展了《老子》的数学辩证法。第九章为"先秦儒家与古代数学",作者分析了孔子、孟子和荀子这三位先秦大儒的数学观,并指出他们所提出的一些思想方法例如"举一反三""以一知万""苟求其故""善学尽理"等,对后世数学的研究和发展具有积极的和促进的作用。第十章即最后一章为"先秦哲学之'一'考",作者以先秦数学的元问题——数字概念"一"为切入点,认为"它虽然发端于纯粹的数字概念,但经两千年前的老子把它引入哲学领域之后,便在哲学思维这块土壤里生根、发芽、蔓延、滋长起来,并在宇宙观、认识论、方法论和社会历史观等各个方面,开出了多彩的思想之花"。

  以上便是《先秦数学与诸子哲学》一书的内容概要,其中许多精彩之处难以在这篇短文中一一介绍。我读了此书之后,深为我国先秦时期诸子百家哲学思想和数学思想的博大精深所叹服,也深为周瀚光先生独辟蹊径、把古代数学思想和哲学思想结合起来进行研究的独特视角所折服。陈寅恪先生有言:"一时代之学术,必有其新材料与新问题。取用此材料,以研求问题,则为此时代学术之新潮流。"①周瀚光先生此书,正是用"新材料"研求"新问题",并以此引领了一个数学史和哲学史交叉研究的"新潮流"。正如当代著名数学史家、中国科学院自然科学史研究所郭书春研究员在20多年前为该书写的序言中所说:"《先秦数学与诸子哲学》提出了数学史和哲学史研究的一个新课题。就我从事数学史工作的体会而言,深感此项课题之重要。"②郭先生还称周瀚光先生所做的这项前人未曾做过的工作具有"开辟草莱之功"③,诚哉斯言!

有感于中国古代诸子思想的博大精深和周瀚光先生独特的研究视角,韩国学者任振镐教授早在20世纪90年代初于南京师范大学攻读博士学位的时候,就对此书情有独钟,不仅将其收入囊中,而且利用学余时间把它翻译成为韩文。任教授原来与周瀚光先生并不相识,但他学成归国并在草堂大学校任职之后,积极联系周先生取得授权,同时对此书的韩文翻译稿进一步加工整理,又补充了大量的文字说明和插图,终于于2016年11月由知识人出版社成功出版。韩文版《先秦数学与诸子哲学》忠于原著,内容完整,印制考究,装帧大气,出版后深受中韩两国读者的欢迎和喜爱。

按照现代学科属性划分,数学属于自然科学,哲学则属于哲学社会科学,而自然科学和哲学社会科学是两个各自相对独立的学科领域。周瀚光先生的研究,无疑是在两大科学领域之间架起了一道沟通的桥梁。而此书的韩文版在韩国出版,则是在

---

① 陈寅恪:《〈敦煌劫余录〉序》,载陈垣编:《敦煌劫余录》,中央研究院历史语言研究所1931年版。
② 郭书春:《〈先秦数学与诸子哲学〉序》,收入《周瀚光文集》第二卷,第485—487页,上海社会科学院出版社2017年版。
③ 同上。

中韩两国学界之间架起了一道沟通的桥梁。笔者愿意借用周瀚光先生在此书韩文版序言中的一段话作为本文的结束："愿诸子学说能够成为联系中韩两国人民的思维纽带，愿先秦诸子开启的智慧之光能够在今天得到更加广泛的传播和弘扬。"

续编四:
师友新勉

("《周瀚光文集》发布会暨科学与哲学思想探源研讨会"交流材料)

本编说明

本编收录了各界朋友给"《周瀚光文集》发布会暨科学与哲学思想探源研讨会"发来的书面交流材料。这些朋友中既有德高望重的学术前辈、身居要职的领导干部,也有本书作者五十多年前的老同学、四十多年前的老同事、三十多年来一起携手努力的科研同仁以及曾经的学生等。其中每篇文章或书信中附注的作者简介,均按当时情况不做改动。

值得景仰的励志榜样

刘慧晏[①]

瀚光兄是我敬重的学长。在我的诸多朋友中，他是唯一一位初中毕业、在上海建筑公司做泥瓦工若干年、恢复高考后直接以同等学力考取研究生的。他曾经跟我说，即使做泥瓦工，仍每天坚持学习，因为笃信健康的社会需要知识。瀚光兄是我景仰的励志榜样，三十多年来，在许多场合，跟许多年轻人，我都讲过他的故事。

前些天，忽然接到快递一件，打开后，皇皇四卷五册《周瀚光文集》呈现眼前，由衷欢喜。当晚，结束一天政务，即展卷拜读。随着阅读继续，一幕幕美好的记忆场景油然浮现脑海。林林总总的记忆，激发思想发酵，促进感情升华，浓缩为几点感受。

一、瀚光兄尊师。我是 1984 年到上海读研究生的。那时，上海滩聚集着一批哲学社会科学界的

---

① 刘慧晏，中共云南省委常委，省委秘书长，省直机关工委书记。华东师范大学自然辩证法暨自然科学史研究所 1987 届毕业研究生。

著名学者。因为学问做得好,又谦虚尊师,瀚光兄熟悉的老一代著名学者真是不少。其中许多位,如胡道静先生、冯契先生、潘雨廷先生等,我也慢慢熟悉起来。几位先生对他的好评,我是亲耳听到的。严北溟先生是瀚光兄的研究生导师,是瀚光兄把我介绍给严老的,而且我的硕士论文答辩就是严老主持的。每当谈到瀚光兄,严老对学生那副赞许的表情宛如眼前。

二、瀚光兄好友。大约与他的成长经历有关吧,虽然是谦谦学者,但瀚光兄情商十分高,甚至不乏侠气。如此气质,瀚光兄在国内外自然有一大批好朋友。即以我的老家青岛而言,他的朋友就不少。每逢假期,他喜欢云游四方。游之所至,必有好友,这确实是令人艳羡的人生之福。这种性格特点,反映在学术上,就是不拘一隅,涉猎广泛。有时我想,假如瀚光兄在党政岗位上工作,一定会是一位受人尊敬的好领导。

三、瀚光兄爱学生。作为朋友,在上海读书时,有几次传统佳节,瀚光兄热情邀我到家里做客。每次,他都把自己任班主任班次里家在外地的同学喊到自己家一同过节。嫂夫人理解支持丈夫,不辞辛劳,忙里忙外,对每一位学生都细心照顾。我目睹之,钦敬之!

四、瀚光兄爱家。从家庭角度说,瀚光兄实在是有福之人,有贤惠的夫人,有聪明伶俐的女儿。学术研究上取得这么大的成绩,如果没有温暖的家庭作为后盾,估计很难做到。看看收在第四卷中他们一家温馨的相片,相信每一位都会深受感动。

五、瀚光兄钟情山水。仁者乐山,智者乐水。瀚光兄既仁且智,钟情山水便是很自然的事情。好交友与钟情山水是相辅相成的。当年我在青岛工作,在我的印象中,青岛的名胜佳境几乎都留下了他的足迹。从文集所选的相片,也可看出瀚光兄国内外游历之广。钟情山水者,往往性情旷达。瀚光兄襟怀旷达,与其国学学养有关,更与其乐山乐水有关。

久疏学问,对于瀚光兄的大著,我只有学习的份儿,何敢妄赞一辞。圣贤有言:"颂其诗,读其书,不知其人可乎?"由此而言,上述五点感受,大约有助于更好地读懂《周瀚光文集》吧?

潘富恩[①]关于《周瀚光文集》的来信

瀚光同志：

承蒙惠赠大著《周瀚光文集》，甚感谢，亦不胜钦佩。该著作可谓当今中国古代科学哲学思想研究课题的里程碑式的重大成果，您为此作了勇敢的、锲而不舍的、艰辛的开发工作，富有历史意义和现实的价值，获得学界的一致好评。已故的老一辈哲学史专家冯契、严北溟、张岱年都曾给予鼓励和指导。

您的学术成就是与治学观结合一起的。您也深切体悟到"治学的道理实际上也即是做人的道理"。同样，我记得1956年秋赴北大进修中国哲学史，上门拜见张岱年老师，他对我说："学中国哲学史，有一条是头等重要的，这就是首先要学会做人。"岱年先生是我的恩师，他教导我的"治学为人"的道理，我一直铭记在心。

[①] 潘富恩，1933年出生，浙江温州人，是上海哲学界元老级的人物（今年已85岁）。曾担任复旦大学哲学系教授，系学术委员会主任，中国哲学史教研室主任，博士研究生导师。

瀚光同志，您的学术成就，也是您为人的学术道德、气节的体现。您致力于祖国传统思想与科学技术的研究，那种自强不息、认真踏实、一丝不苟的务实求真的精神，独辟蹊径，成为中国科学哲学思想探源的杰出的开拓者。您承传老一辈学者在学术研究上综合创新的精神，谦虚、勤奋的美德，对同行同辈的学者，保持互为师友的密切关系。胡道静先生说你"是一位热心肠的、卓越的学术组织者"。1987年10月举行的全国性的"中国科学思想史研讨会"和1988年在上海的"中国科学思想研究会"①，这两次会您出力最多，但从不自傲。总之，您的治学和为人是一致的，颇有君子之风。

恕不赘言，祝您健康。

潘富恩
于2017年10月20日

---

① 第二次会议当为1990年在上海举行的全国"传统思想与科学技术研讨会"，此处作者记忆有误。——周注

贺《周瀚光文集》出版

杨国荣[①]

科学与哲学的互渗互动,源远而流长。然而,在学术领域,治哲学史者,往往悬置科学史;治科学史者,又每每疏离哲学史,这种进路不免限定了对科学史与哲学史的深入理解。与以上的学术分途不同,周瀚光教授自从事学术研究始,便致力于两者的沟通:其科学史研究,渗入了哲学的视域,其哲学史的考察,以科学史为背景,由此形成了有哲学的科学史研究,从而在中国科学史研究中独树一帜。收入《周瀚光文集》的文著,从不同方面体现了以上特点,其中既有对中国古代科学方法的系统考察,也有对中国科学史的完整梳理,既有个案的研究,也有宏观的概览,既有对李约瑟等不同观点的理论回应,也有对佛教与科学关系的独到分析,内容丰富,创见时显。它的出版,相信将对中国科学史和中国哲学史的研究,具有积极的推进作用。

[①] 杨国荣,教育部长江学者,华东师范大学人文学院院长,终身教授,国际形而上学学会主席,中华孔子学会副会长,上海中西哲学与文化比较研究会会长。

郭金彬[①]关于《周瀚光文集》的来信

瀚光兄：

　　您好！

　　《文集》收到，心情激动。对您，我十分敬仰，我敬仰您的才华，敬仰您的精神，敬仰您的毅力。这个文集出得十分好，它不但严肃、认真、值得骄傲地整理了您的学术生涯，而且给世人奉献了许多十分珍贵的材料。这是中国文化史宝藏中一枚璀璨的珍珠。

　　案上摆着《周瀚光文集》，我看到了一流的书籍，一流的编辑和出版，一流的学人，一流的研究，一流的成果。江山代有人才出，各领风骚上百年。

　　谨致

敬礼！

学弟　郭金彬

2017 年 9 月 25 日

于厦门大学海韵北区

---

① 郭金彬，男，1947 年出生，福建莆田人。厦门大学人文学院哲学系教授，科技哲学专业学术带头人，博士研究生导师。

致周瀚光先生

胡化凯[①]

瀚光兄：

大著我已收到。

皇皇四卷，一百五十余万字，可谓巨著。兄多年致力于中国古代学术研究，在中国古代科学思想史、数学史、科学哲学、宗教与科学乃至管理哲学等方面都有建树，既有开风气之先的新领域，也有发前人所未发的新见解，为弘扬中国传统思想及文化做出了积极的贡献，令人敬佩。

中国古代科学思想史涉及的领域非常广泛，许多有价值的东西尚未引起学界的重视，需要研究的内容很多。兄的工作，在这方面起到了引领和示范作用，实在可喜可贺。

我近期忙于《中华大典·物理学分典》编纂项目的结题工作，未及细读大著。相信认真学习之

[①] 胡化凯，1954年出生，中国科学技术大学人文学院副院长，教授，科技史专业博士生导师。兼任中国科学技术史学会副理事长。

后，定有很多收获，十分感谢！

　　顺颂秋祺！

化凯

2017 年 10 月 10 日

又及：

　　我的一只耳朵听力不好，医生建议我不要用手机，所以我一直不用手机。有时候不得已，就用我爱人的手机传递一下信息。因此联系不够及时，请兄见谅。

《周瀚光文集》出版感言

石云里[1]

读到《周瀚光文集》,第一感觉是被其广博所震撼。周先生是学哲学出身,但却把哲学的根扎到了中国传统科学思想和管理思想的土壤之中,系统探讨了其中的哲学思想,另外竟然还对中国古代数学等领域的典籍有系统的研究。所以,周先生的学术视野不仅有哲学式的广阔,也不缺乏史学式的深厚。文集所包含的,既有已经发表的单篇论文,也有成章具节的著作内容,组合起来后也都浑然成体,反映了周先生思想原本就具有的一种系统性。此文集的出版是对周先生一生学术思想的总结,也会成为中国科学哲学思想史领域的必备书目。

---

[1] 石云里,中国科学技术大学教授,博士生导师,科技史与科技考古系主任。

诚挚学友,广博师表
——《周瀚光文集》发布会感言
王青建[1]

我与周瀚光兄相识于1986年在山东蓬莱举行的"首届全国青年科技史学术讨论会"。一转眼30多年过去,当时的青年都过了退休年龄。但相机留下了青春靓照,成为永久的怀念与回忆。

此后,从1987年北京纪念秦九韶会议到2015年广州数学史年会,我们十余次在数学史和科学史的会议上相见。共同的专业志向与乐此不疲的业余爱好使我们结下深厚的友谊。

瀚光兄年长我5岁,入行从事研究也比我早,在学术上的成就更使我仰视。但他谦虚平实,和蔼亲切,对我这等后学一见如故,关爱有加。特别是在学术交流上坦诚真挚,倾心指教。20世纪90年代,他经常将他的新作寄赠与我,如《传统思想与科学技术》《中国科学思想史论》《先秦数学与诸子哲

---

[1] 王青建,辽宁师范大学教授,原全国数学史学会副理事长。

学》《刘徽评传》等,对我的研究和教学有很大帮助。但当时我并无著作还赠,心中有愧。可瀚光兄毫不介意,依然及时寄赠大作。如《中国科学思想史(上、中、下)》《六朝科技》等。后来我也努力出了几本书回赠,这与瀚光兄的鞭策、激励和帮助有一定关系。

瀚光兄的哲学和逻辑学功底深厚,常能一针见血地指出问题要害。1991 年在北京"《九章算术》及刘徽学术思想国际研讨会"上,我的论文涉及对中国宋朝科学家沈括《梦溪笔谈》一段话的理解。瀚光兄从逻辑上帮助我进行了全面分析,指出不同的断句从理解上会有不同的含义,需要借助上下文进一步说明。这对我有很大启发,继而修改论文,使结论更有说服力。

我们之间友谊的加深得益于共同的中国象棋爱好,可以说达到一定的痴迷程度。每次开会相聚,"杀上一盘"几乎是必备节目。参会途中为能同车下棋刻意调整路线,会场相见为能及时对弈专门购买棋具,为求安静环境对局特定香茗雅座等情境仍历历在目。2005 年 7 月北京"第 22 届国际科学史大会"期间,我们一起乘车来回 3 个多小时,专程拜访棋友、自然科学史研究所的何绍庚先生。会议结束后我们还专门留出一天时间进行"手谈"。2008 年 8 月瀚光兄带学生访学大连,我们在宾馆挑灯夜战。2010 年 7 月我回老家山东青岛探亲,专程到瀚光兄在青岛的府上拜访,交流棋艺。2015 年 10 月,在广州中山大学"第九届全国数学史学术年会暨第六届数学史与数学教育会议"期间,我观摩了瀚光兄与朱一文先生的棋盘鏖战,令我大饱眼福。因我第二天有会议发言,半夜提前离去,据说他们的激战持续到凌晨三点。瀚光兄的象棋水平比我高很多,我从他那里学到不少"招数",特别是沉稳、精确的计算能力,运筹帷幄的大局观等。文如其人,棋品也如人品。瀚光兄在做学问和下棋方面都堪称我的老师。

此次《周瀚光文集》的出版全面反映了瀚光兄的学术造诣,令人叹为观止。其广博与深入同样使人大开眼界。特别是他的九大原创性成果在学术界树立起一个个标杆,成为专业研究的典范和后学者的楷模。不仅如此,文集还包含了瀚光兄的治学理念和交往之道,亦有诗词感怀与纪行见闻,体现了他的为人处事,一定程度上展示了他的人生画卷,这些对读者都有教益。当下学界浮躁之风时有抬头,甘坐冷凳安心学问者常遇艰难。瀚光兄《文集》的面世恰似饱含正能量的清风,发人深省,激人奋进。这是中国古代哲学和自然科学之间的桥梁,也是学术征途当代与未来之间的路基。

衷心祝愿瀚光兄健康快乐,永葆青春!

中国科技史的辛勤耕耘者周瀚光
——读《周瀚光文集》之感

聂馥玲[1]

与周瀚光先生第一次有充分的交流机会,是在2015年7月在巴黎举办的第14届东亚科学史会议上。会议组织了游塞纳河的活动,在游船上很多在会议上无暇多言的朋友、学者,三五成群地聚在一起聊天,周先生也正是在这种情况下与我们聚在了一起。当时给我印象最深的是先生的笑容,透着洒脱与非凡气度。第二次是先生来内蒙古师范大学做《中国佛教与古代科技的发展》的学术报告,报告结束之后与先生及学院的郭世荣教授等在呼和浩特市的特色餐馆"麦香村"共进晚餐,席间与先生有更多的交流。之后的联系大多是在手机上,今年9月末同样是在手机上,收到先生微信,让我"赐评数语",此事着实让我吃惊不小,当时正值家里有事也未及细言,半个多月后一切回归常态又想起此事,

---

[1] 聂馥玲,内蒙古师范大学科学技术史研究院教授。

开始认真读先生的文集。读过部分文章之后更觉先生这"赐评数语"的任务不是一件易事。而且一般而言写书评多是德高望重的名家、大家，我自忖完全不够格，何况先生是前辈，我是晚辈。再看看之前给先生写过序言、书评之人更是前辈的前辈、著名学者，作为晚辈更是不敢妄言。不过，捧着先生这2 000余页、150多万字沉甸甸的文集，选择部分与本人专业背景更直接的文字阅读之后，发现有欲罢不能的阅读享受。所以恭敬不如从命，就以晚辈——一个学生的身份谈一些读书的感受吧。

先生自称是科学史界与哲学史界的"两栖人"。确实，先生是中国哲学史与中国科技史的架桥人。先生在两门学科之间圈地，并不断耕耘，结出丰硕果实。如《先秦数学与诸子哲学》，不仅探讨了诸子百家对数学的看法，而且揭示了诸子百家运用数学概念建构哲学思想体系的独特风格，对哲学史与数学史的研究都有重大启发。不过在我看来先生着力最多、突破最大的落脚之处却是科学史，如先生在中国古代科学方法，中国科学思想史，道教、儒家对中国古代科技的影响，中国佛教对中国古代科技的影响等方面做出的突破性进展，无一不是在如何看待中国古代科学方面有独到之处，在科学史方面做出了新的不同以往的解读。如先生揭示了中国古代哲学对科技发展的方法论意义，揭示出中国古代科学方法的主要特点：勤于观察、善于推类、精于运数、明于求道、重于应用、长于辩证，这些对理解中国古代科学与西方科学的不同进路有重要启发意义；又如提出并论证儒家思想对中国古代科技具有积极的促进作用，就是对李约瑟关于儒家思想与中国古代科技发展之间关系的新的解读与重构。这些都为理解中国古代科学技术的发展走向及其特征提供了新见解。从这个意义上讲，先生在科学史上的贡献，以及对中国科技史研究的启发是不言而喻的。也正因如此，先生的著作应当是科学史专业、尤其是中国科技史方向的极好的必读书目。

先生在学术上的贡献已经得到著名学者很到位的评述，在此毋庸多言。我想说的是先生对于中国科技史研究与发展的一些设想或计划，现在看来非常具有前瞻性，也为后学提供了很好的研究文本或研究课题。如"华东师范大学建立科技古籍研究机构"（1990），"《生活科学古籍今译丛书》编译设想"（1992），"关于筹建'中国古代科技成就展览馆'的初步设想"（2000）等。尤其是"关于开展'建筑与风水'研究项目的初步设想"（2002，联合部分高校、研究机构、学术团体及相关企业，共同编制的一份研究设想，后因先生心脏病突发而未实施），旨在挖掘风水在中国传统建筑选址和建筑布局艺术等方面的合理因素和科学内容，而且提出了很具体的研究内容。在关注科学的文化多元性这样一个科学史研究的大背景下，挖掘非西方的、地方性的对科学技术的认知方式、理解方式已经成为国际科学史关注的重要内容。先生在2002年就有此研究设想与研究计划，不能不说先生具有很强的学术敏感性。另外，如"关于加强我校科技史学科建设的若干意见和设想"（2002）一文中，从国际上学术界对科学史学科的重视，以及我国在科学史学建设方面的迅速发展为出发点，对华东师范大学科学史学科建设的历史与现状进行了深入分析，并提出若干可行性的建议。可以看出先生对科学史学科发展的责任感与拳拳之心。

先生除了在专业方面的辛勤耕耘，在科学史研究、科学史学科建设与发展倾注的心血之外，还撰写多部科普著作如《十大科学家》《中国科技史：发明的国度》《中国历史上的科技创新一百例》等，并进行科普讲座，将自己的专业科学史研究成果向大众传播，这在传播中国历史上的科技人物及其贡献的同时也对公众在认识科技史、了解科技史方面起到了重要作用。

　　先生的学术贡献不仅横跨科学与哲学，其工作也在学术研究、科学普及等不同层面遍地开花。先生精彩的学术生涯让人敬仰，也为后辈学者树立了榜样。

《周瀚光文集》一瞥

邹大海[1]

9月19日周瀚光先生给我发来手机短信,告知他的文集已由上海社会科学院出版社正式出版,拟送一套给我,已委托出版社快递到我供职的研究所。不久,我便收到了一套五册、包装精美的精装本《周瀚光文集》。

周先生的专业出身是哲学,大著很好地体现了广博的特点。该文集五册分为四卷,讨论四个大的主题:《中国科学哲学思想探源(上、下)》《中国数学哲学思想探源》《中国管理哲学思想探源》《科学史与科技古籍研究》。每一个都是宏大的主题,很多人一辈子也未必能在其中一个主题上有系统的研究,而周先生的大作却对于每个主题都有着丰富的内容和系统的探讨。

比如《中国科学哲学思想探源》第一编"中国古

---

[1] 邹大海,中国科学院自然科学史研究所研究员,博士生导师,学位评定委员会副主任,《自然科学史研究》副主编,中国数学会理事,全国数学史学会常务理事,湖北省社会科学院科技史研究中心主任,河北省祖冲之研究会副理事长。

代科学方法研究"对中国古代的科学方法,既有对各种方法具体而实在的分论("三十六则"),又有在分论基础上对科学方法的特点和模式进行的概括,已经相当全面而系统;第二编"中国科学思想史"是周先生与袁运开先生共同主编的《中国科学思想史》一书中由周先生本人撰写的部分,该书对中国古代的科学思想进行了全面系统的讨论,即使选出的这些章节也有相当的系统性。第三、四、五编分别是关于中国古代最主要的思想流派儒、道、释三家与中国古代科技发展的专论,第六编是关于中医逻辑与中医哲学的专论,第七编是周先生论述中国科学哲学思想的散见文章。这五编与前面两编互相补充,相得益彰。

中国古代科学思想的研究涉及科技知识和哲学思想两个层面,是很难研究的领域。由于范围太大,研究者往往难以兼顾。不少讨论中国古代科学思想的论著,由于作者对中国古代科技史本身了解不多,容易做泛泛之论。周先生不仅对中国古代哲学史料和哲学思想的发展非常熟悉,而且在科学史的具体内容方面也具有丰富的知识和深入的理解。比如他专门写过《刘徽评传》《数学史话》以及张衡、张仲景的传记,搜集和整理过佛经中的科技史料,为《中国学术名著提要·科技卷》撰写了44种算书和3种综合性名著的提要,等等。正是由于周先生素养全面,所以他关于中国古代科学思想的论著,既有宏观建构,也有翔实的内容。

中国古代科技史论著容易写得可读性不强,经常会有对文史和科技两类读者两头不讨好的情况。周先生的文章却深入浅出,能把专业上的观点娓娓道来。比如说《墨经》"察类明故",说《九章算术》"由问而术",说赵爽"形数统一",用语简明而寓意深刻,等等。周先生的文章,语言流畅,文字清新,读来轻松愉快,非常难得。

周先生是我的前辈,当我还在学术上学步的时候,他已经是有名的学者了。蒙先生高看,让我写几句,真是不胜荣幸。由于我目前碰巧有紧迫的任务,一时不能腾出很多时间,也由于周先生的论著体大思精,我学力不逮,无力做全面的评说,在此仅草草缀成几小段文字,以表对先生的景仰之情。

搭建沟通科技史与哲学史的桥梁
——祝贺《周瀚光文集》出版

张增一[①]

第一次见周瀚光先生是在1987年10月于华东师范大学召开首届全国科学思想史学术讨论会期间,当时周先生全面负责会议组织工作,我有幸作为自然辩证法暨自然科学史研究所的一名研究生参与了一些会务工作。周老师给我的印象是风度翩翩,衣着时尚,学识渊博,做事有条不紊。

2001年初,当时我在北京大学科学与社会研究中心攻读科学技术哲学专业博士学位,在任定成教授的办公桌上首次看到袁运开、周瀚光主编的三卷本《中国科学思想史》。我在华东师大读研究生期间,袁运开先生虽高居校长之位,仍在百忙中给我们那一届研究生讲授《中国古代物理学史》;周瀚光先生是政教系(后分离出哲学系)有名的青年才俊,也是老相识。因此,看到他们主编的《中国科学

[①] 张增一,中国科学院大学人文学院教授,学院党总支书记兼副院长。

思想史》,倍感亲切和敬佩,并斗胆为该书写了一篇书评《挑战艰难的宏大叙事》,将这部《中国科学思想史》与萨顿的《科学史导论》和李约瑟的《中国科学技术史》相提并论。文中写道:"该书的时间跨度从原始社会到清代,内容涵盖中国'自然科学'的各个学科领域,总篇幅达 2 000 多页、150 多万字。其篇幅之大、涉及面之广,在中国科技史领域极为少见。尽管该书撰写时的各种条件已远远好于萨顿和李约瑟当年艰苦创业时期,但是,作者力求使篇幅如此巨大的著作'基本上能够经得起历史检验'仍需要很大的魄力与胆识。宏伟叙事之难,想必读者在研读本书过程中不难体会。"

最近读到的这部四卷五册的《周瀚光文集》使我进一步认识到,周先生在《中国科学思想史》中的著述只是他学术成就的冰山一角。周老师以中国古代哲学为核心开展了多个跨学科领域的研究:哲学与科学、哲学与管理学以及哲学与宗教学,而中国古代哲学与科学的关系研究则是他学术研究的重心,其成果占据了《文集》的三卷四册。

前辈学者郭书春先生在"序言"中写到,20 世纪 80 年代虽然科技史界认识到中国古代科学思想史这一议题的重要性,但由于科技史领域的学者缺乏哲学史和思想史的学术背景,很难开展实质性的中国科学思想史研究。哲学界前辈冯契先生在《中国古代哲学的逻辑发展》一书中阐述了中国古代科学对于哲学史研究的重要性,非常重视"中国古代哲学与自然科学"的关系这一交叉研究领域,并且慧眼识才把兼具中国哲学史和科技史学术背景和志趣的周瀚光先生引进华东师大,开拓了中国古代哲学与科学的关系研究这一新的跨学科领域。

近 40 年来,瀚光老师严谨治学,笔耕不辍,"游走于科技史与哲学史之间",洋洋洒洒的《文集》四卷五册,记载了他治学的心路历程。他对中国科学思想史和方法论研究的贡献得到了钱学森、张岱年、李约瑟、钱临照、严北溟和冯契等科学界、科技史界和哲学界学术前辈的称赞,而他更愿意谦逊地称自己为"在科技史与哲学史这两个领域之间搭建桥梁的'架桥人'"。

祝贺《周瀚光文集》出版

孔国平[1]

近日收到周瀚光先生寄赠的定价600元的大作——四卷五册《周瀚光文集》，十分高兴。这是他一生学术研究的总结，在此表示衷心祝贺！

我在1985年的数学史年会上与周先生相识，交谈甚欢，一见如故。我觉得他和我一样进行纯学术研究而无功利之心，很快成为好友，经常切磋学术，交流著作。他赠送的《中国科学思想史》成为本人所著《中国数学思想史》的重要参考书。1990年代，匡亚明先生主编《中国思想家评传》丛书，周先生约我合写几位古代数学家的评传，我欣然从命。1994年在南京大学出版社出版《刘徽评传》，实为刘徽、李冶、秦九韶、杨辉、朱世杰合传，我写了秦九韶、朱世杰二传。出书后受到读者欢迎，2011年再版。

周先生不仅学术水平高，文笔也好。他曾送我

---

[1] 孔国平，数学史博士，原科学出版社编审。

参会论文《科学思想与文学创作的绝妙结合》,对秦九韶《〈数书九章〉序》的翻译及评论相当精彩。我与徐品方合著《中世纪数学泰斗秦九韶》中对原序的今译便参考了该文。愿借此机会向周先生说声谢谢!

周先生比我年轻 3 岁,但研究范围比我广泛。我只研究科学史,而他除了科学史外,对哲学史和宗教史都有深入研究。他对佛教史的真知灼见使我受益匪浅。我从小敬佛,初读李约瑟认为佛教阻碍科学发展的观点,颇感疑惑。虽然我十分尊敬科学史大家李约瑟,但对此观点不敢苟同。周先生说中国佛教对古代科技的发展起了积极作用和影响,是持之有据的,我完全赞同。

自李俨、钱宝琮开创中国的数学史学科以来,至我辈已历三代。周先生似为第三代中首位自出文集的,开了个好头。有条件的数学史家应向周先生学习,进入老年后总结一下学术成果,出文集公诸同好,以便读者查阅及引用。希望在不久的将来看到其他同辈的文集。

非常之人,做非常之事

陈士强[①]

周瀚光先生是一位从1980年代初就从事中国古代科学思想史的研究而成绩卓著的知名学者。他以卷帙浩繁、艰涩难懂的原始文献为基础,初以古代数学为切入点,继而扩展至其他学科和领域,如医学、农学、化学、地理学、博物学、管理学,乃至儒、佛、道三家的有关学说等。他以自己的才智和毅力,攻克了一个个难关,披荆斩棘,构画了中国古代科学思想发展的基本脉络;各个时期的重大成就与前后沿革;主要代表人物及其思想,等等。他的著作,在很多方面发前人之所未发,道前人之所未道,有根有据,蔚为一家之言。

现今出版的《周瀚光文集》四卷五册,为周瀚光先生三十多年学术研究成果的萃编。其中,第一卷(二册)为"中国科学哲学思想探源",主要论述中国古代科学方法的特点和模式;中国科学思想史研究

---

① 陈士强,复旦大学出版社编审。

的基本理论问题；儒佛道三家与古代科技的关系；中医学的逻辑思维方法等。第二卷为"中国数学哲学思想探源"，主要论述先秦数学与诸子哲学的关系；古代著名数学家刘徽、李冶、杨辉等人的科学思想等。第三卷为"中国管理哲学思想探源"，主要论述古代有代表性的管理哲学思想以及相关的管理原理、制度和方法等。第四卷为"科学史与科技古籍研究"，主要论述中国数学的发展简史和其他科技史问题，并对《周髀算经》等四十多种科技类古籍，提举纲要。

中国古代科学思想涉及的学科，门类众多。其书所用的专门术语，也与近代以来流行的学科术语大不相同。周瀚光先生不畏艰难，潜心专研，以通俗流畅的语言，讲述中国古代文明的成就及其历史地位，为传承和弘扬祖国文化，做了一件大事。借用与我交往甚深的南怀瑾先生的一句话来说，此乃"非常之人，做非常之事"也。

研究中国科技史的一个可行路径

关增建[1]

我们现在倡导文化自信,对任何一个民族来说,要做到文化自信,其前提是对置身其中的文化有较为深刻的了解。要达到这一点,历史维度的研究必不可少。

要从历史维度研究中国文化,不能不重视科学技术史的研究,这是不言而喻的。传统史学研究对此着力不够,需要我们下气力补上这一环节。

要研究中国科技史,特别是中国古代科学技术史,首当其冲的一个问题是:中国古代有没有科学?中国古代有着辉煌的技术发明,这是大家所公认的,但到底有没有科学,就成了一个有争议的问题。随之而来的问题是,如果没有科学,何来科学史?没有科学史,我们能够研究的,也就只有中国古代技术史了。

中国古代有没有科学,是一个争论已久的问

---

[1] 关增建,上海交通大学科学史与科学文化研究院特聘教授。

题。在此问题上,论者云集,各种观点异彩纷呈,各类见解层出不穷,一锤定音之论迄今未见。导致这种局面的原因,很大程度上是争论者各说各话——大家对科学这一概念的理解各有不同。到现在,大家基本能够取得共识的观点是:中国古代有没有科学,这是一个如何定义科学的问题。当然,在如何定义科学的问题上,永远是众说纷纭的。

但是,从历史的维度来看,无论如何,中国古人对自然有过自己独特的探讨,获得了丰富的成果。这些有的迄今仍在应用,如中医;有的则完全被西方科学所取代,如物理学。无论哪种情况,从历史的维度,客观认识古人对自然的探索及其取得的成果,都是必要的。数典忘祖的情况,在科技史领域不应该发生。

要研究科技史,不能把科学与技术、科学与哲学割裂开来。有一种观点认为,在古代社会,科学与技术是分离的,其发展是各自独立的,因此科学史与技术史的研究可以各行其道。这种观点并不全面,即使在古代,很多情况下科学与技术的发展,也是相互影响的。例如,浑仪的制作与使用,是典型的技术问题,但这一问题本身,是受制于古人对宇宙结构的认识的,后者显然是古代科学的范畴。观测的结果,也会影响到宇宙理论本身,例如浑天说取代盖天说,很大程度上就是观测技术进步的结果。这则是技术反过来影响科学的例证。

同样,古代科学思想的产生,不能不深受哲学思想的影响,并对相应哲学思想的发展产生其应有的反作用。中国古代宇宙起源演化学说的诞生和演变,就深受元气学说等哲学理论的影响,就是一个典型例证。

由此,要深入研究中国古代的科学技术,不能不综合考虑古代的哲学、科学与技术等各种因素,考察它们各自的发展路径及彼此间的相互作用。当然,要沿此进路展开研究,并不容易,因为它要求研究者在几个领域都有较高造诣,熟知各领域进展,具有把握交叉课题并在交叉领域进行开拓的能力。令人欣喜的是,周瀚光教授皇皇巨著《周瀚光文集》的出版,为我们展示了如何在这样一个交叉领域进行深度挖掘的范例。

  周瀚光教授从事哲学思想史、科学思想史研究,对中国科技史也多有涉猎。他在这个领域起步早,就笔者印象所及,早在30年前,他就组织并主持了全国性的科学思想史学术会议。1988年,他和袁运开教授(第一主编)联合主编的《中国科学思想史》,由安徽科学技术出版社出版,这在全国范围内是相当早的。该书获第十届全国优秀科技图书三等奖、第十三届中国图书奖。英国科学史家李约瑟盛赞该书的写作"是我们这个时代的最令人兴奋的进展之一"。周瀚光教授不但在科学思想史领域起步早,而且笔耕不辍,成果丰硕,四卷五册的《周瀚光文集》向我们充分展示了这一点。该书的出版,不但使读者能够更好地了解周瀚光教授的学术发展脉络,了解其学术成就,而且也为我们的上述判断给出了一个具有说服力的例证:探讨中国科学技术史,综合考虑哲学、科学思想和技术发展,考察其彼此间的相互作用,是一个使研究获得深化的可行的路径。

贺《周瀚光文集》出版

邬国义[1]

收到瀚光教授新近出版的《文集》四卷,精装五大册,合计150余万字,洋洋洒洒,雅致而充实,厚重而辉光。这既是对其三十多年学术生涯的一番总结,也是对其科研、教学成果的回眸与结集。实在是一件可喜可贺之事!

我与瀚光相识于青年时代。"文革"结束以后,我们这一代人方得考入大学读书,已属幸事。瀚光研究生毕业以后,至华东师大执教,又相遇于丽娃河畔。我搞的是历史,瀚光研习的是哲学。虽说是不同的专业,业有专攻,但都从事于自己喜欢的专业,以授业传道、培养英才为乐。瀚光研究的领域,尤为不易。其重点在探讨中国古代哲学与中国科技史、科学思想与方法之间的关联,包括儒道释三家与古代科学关系、科学史与科技古籍、中国管理哲学等诸方面的研究。这对于我们这些原先仅初

---

[1] 邬国义,华东师范大学终身教授,博士生导师。

中毕业,在科学知识储备上"先天不足"的一代,确实是一项艰巨而繁难的任务。瀚光兄独辟蹊径,在此歧峻的道路上知难而进,求真明理,迭出新意,可想见其付出的辛劳与努力!至于其取得的众多成果,自有四卷雄文俱在,嘉惠学林,并已获得众多名家的充分首肯,故不俟我等赘言。"桃李不言,下自成蹊",瀚光能取得如此傲人的业绩,确实值得自我欣慰,同仁庆贺!特献数语,以志为贺,并恭祝其道法自然,继续潇洒人生!

不忘初心,向前辈致敬

——《周瀚光文集》读后

李似珍[①]

标题是抄来的现成句子,觉得用在读周瀚光教授的书的心情很合适。这里的初心,是指他坚守了原初的志愿,坚守了几十年,不改初衷,不管是健康还是得了重病,都不离不弃。即使在我们这一辈被认为是坚韧者身上也是难能可贵的。向前辈致敬,是指他始终记着冯契先生、袁运开校长等前辈的教导、嘱咐,继承着他们的事业,做到了竭尽全力。作为他的学生与同行者,我就自己熟悉的情况谈点自己的感想。

一、在哲学与科学交汇处的引领

诚如周教授在书中回忆自己治学过程中所说

[①] 李似珍,华东师范大学哲学系教授,中国宗教学会理事,上海科技史学会理事。

的那样,他是在20世纪80年代初就读复旦大学研究生时,定位于"中国古代哲学与自然科学关系"这个研究方向的,到1983年毕业来到我们华东师范大学政教系中国哲学史教研室任教时,受冯契先生委托,建立了"中国古代哲学与自然科学"硕士专业研究方向,担任辅导教师的职任。1984年9月,我作为这一专业方向的第一届在职研究生,师从周老师学习相关的课程。记得那时周老师为我们请来了袁运开、胡道静、傅维康、潘雨廷等一流的各学科专家,为我们讲授相关的课程,使我们学到了太多的东西。特别是由周老师带着坐公交车横穿半个城市到虹口区胡道静先生家里听课,坚持了整整一个学期,使我们听到了李约瑟的事迹及他的思想,并了解了有关这方面的论争,也懂得了做学问的艰难与人生的不易。

当时在胡道静先生的指导下,我们几个研究生由周瀚光老师牵头,编写了一份《中国科技史古籍阅读书目》,呈导师冯契先生看,得到了他的首肯。后来此书目发表在《中国科技史料》杂志上。这是我第一次参与有关专业方面的文章发表,从中获得了对中国科学思想史探讨的浓烈兴趣。

周老师带领我们参加筹备由中国科学院自然科学史研究所、华东师大哲学系、自然辩证法暨自然科学史研究所以及西北大学中国思想文化研究所4个单位联合发起,由华东师范大学哲学系主办的"全国首届中国科学思想史研讨会"。会议从1987年10月21日开至24日,参加会议的专家学者有50多人。记得当时与会的既有如杜石然、罗见今等科技史研究方面的专家,也有如萧汉明、李申等中国哲学史界的学者,上海市科技史学会的胡道静会长等人也参加了此会。

冯契先生在会议上作了主题发言,他开首第一句话即是:"研究中国科学思想史,现在已经是一件很迫切的事情了,而且各方面的同志都很有兴趣。"(《中国古代科学与哲学有三个交叉点》,载《冯契文集》第九卷,第485页)他接下来把这方面的兴趣由来归之于李约瑟的影响,说"这样一种形势的出现,可以说是大家多年来共同努力的结果。……尤其是英国李约瑟博士所做的工作"。(同上)他的这些思想得到了与会者的认同与支持。此后的数十年来,对此方面探讨"有兴趣"的队伍日益扩大。参与者始终体现"各方面"团队结合的特色,来自科技与人文各学科的人员都坚持在这一领域中的探索,使之呈现成果斐然之局面。

粗略估计一下,其中的成果至少有:中国科学院自然科学史研究所主编的《中国科学技术史》丛书28卷,由科学出版社出版。在上海,由袁运开、周瀚光主编的《中国科学思想史》(三卷本),出版后获得了第13届中国图书奖。由各学科专家主持编写专门学科史,则更是不胜枚举。从我身处的上海市学术界来看,上海市科技史学会连续数届将"科学与文化"作为年会主题,一些刊物约请科技史界专家学者开设关于"科学与人文"主题的专栏。上海交大建有科学哲学与科技史系,将这方面的研究正式纳入高校教学范围;而在我们系,诸如"中国古代哲学与自然科学""科学与文化""科学与宗教"等课程,也已进入了本科生、研究生的课程体系。其他涉足这一领域的,还扩展到文化史、宗教学史、社会学史等方方面面。这些学术动向均表明来自"各方面"领域的探讨者,在以思想史为切入口的科技史探讨方面"兴趣"依然浓厚,并由此形成了一股不小的学术思潮。

这次我在学校组写的《文脉——华东师范大学学科建设回眸》有关中国哲学史学科建设部分中也把这一历史过程写了进去。文中说:"'中国古代哲学与自然科学的关系',是冯契在中国哲学史研究中长期关注的另一个学术领域,从人类认识的角度来看,自然科学也是哲学发展的重要内容。冯契认为,要发掘古代杰出的科学家、思想家善于'究天人之际,通古今之变'的深邃智慧,将这一富于生命力的优秀传统揭示出来,使之与现代哲学、科学相结合,这对于我国的学术进步、科技发展,都会起到极大的作用。据此,在1984年夏季硕士研究生招生时,设置了'中国古代哲学与自然科学'方向,由冯契、袁运开、丁祯彦组成导师小组。他们尝试通过带领学生探究的过程,来开拓这一领域的研究。这个专业方向一连招了3届研究生,请了胡道静、傅维康、潘雨廷等在自然科学理论方面卓有成就的知名学者来授课,取得一定的成绩。"(参见《文脉——华东师范大学学科建设回眸》,华东师范大学出版社2017年2月版,第176页)

另外,周老师还将我们引入上海市科技史学会、上海市医史学会等研究社团,使我们得到与科技史各学科专家学者交流探讨学术的机会,使我们在这方面的学术认识得到长足的发展。以后我的博士论文《中国古代心身观述评》(江西人民出版社2001年版)及后来撰写的《养性延命——道教养生观与人类健康》(上海辞书出版社2008年版)、《静心之教与养生之道》(台湾东大书局2008年版)等书问世,承担的一些科研项目及讲授的一些本科、研究生课程,都与这方面的多年学习、熏陶有关。

周教授曾在《文集》序言中说到,他在整理《文集》的过程中,眼前不时会浮现出一个个人影,那就是他在学术道路上的指引者、帮助者、鼓励者和鞭策者。而周老师在指导我们的行动中,体现的则是一种对前辈学术探索的转述、感悟,同时还有在研究学问与做人方面的身体力行,使我们体会到他对学术前辈的理解与敬重,也使得这些前辈的思想与精神通过他的言行举止而得到传承。

二、在科学方法论研究方面的着力拓展

1987年10月"全国首届中国科学思想史研讨会"在会上讨论了中国科学思想史研究的一些基本问题,如:中国科学思想史研究的意义、目的和方法,中国科学思想史研究的对象、内涵和范畴,以及科学思想史与科技史、哲学史、思想史的关系等,同时还交流了国内外关于中国科学思想史及中西科学思想比较研究的动态和进展,使我们对开拓这一领域有了初步的认识。

冯契先生早在20世纪60年代,就曾对中国古代哲学与自然科学的关系有过思考,他当时聚集了文、理各科的教师举办学习班,探讨有关这方面的材料。到20世纪80年代,他在其著作《中国古代哲学的逻辑发展》"绪论"中,针对爱因斯坦对中国古代缺乏演绎几何体系和实验归纳方法的评论,指出"这是一个外国的伟大科学家提出来的问题。中国古代有那么多科学发现和创造,是用什么逻辑、什么方法搞出来的?这确是一个令人惊奇、需要我们认真研究的重大问题"。(《中国古代哲学的逻辑发展》上册,第44页,上海人民出版社1983年版)另外也对"李约瑟难题"给予了回应。

他在此基础上,通过对历史的回顾考察来回答上述问题。就在《中国古代哲学的逻辑发展》这本书中,他总结了《黄帝内经》、《周易》、贾思勰《齐民要术》、《九章算术》、沈括《梦溪笔谈》等书中的科学技术思想,并提出以科学方法作为探讨科学思想智慧切入点的观点。这些思想为周瀚光教授所接受,并作为他探讨这方面问题的出发点。

在袁运开与他主编的《中国科学思想史》三卷中，周老师提出了他的想法：中国古代科学有着几个重要学科共同遵循的一般方法论模式，那就是"实际问题→概念方法→一般原理→实际问题"。这一基本模式主要是科学发现的逻辑而不是科学证明的逻辑，它有助于说明中国古代科学为什么会取得那么多的发现和发明，而且对当代科学的发展也有启迪和借鉴作用。另外，他还在《中国古代科学方法研究》《中国佛教与古代科技的发展》等书中，将他在这方面的探讨融入了文字之中。

这些观点在他说来举重若轻，其实涉及的是目前学术界仍然争论激烈的问题。直至今日，关于中国古代有无科学的争论仍在继续，特别是在近几年，由于我们接触西方文化的进一步深入，有关科学思想方面观点引入也在增加，以西方的学科概念界定角度来审视中国古代科学技术，所能得出的结论依旧不容乐观。这成为我们中国学者从事相关问题探讨时一个绕不过去的问题，也与我们今后如何创新科学技术息息相关。面对这样的问题，周教授学习了冯契等老一辈的办法，采取的是在中国传统思想原著里找材料，用第一手资料说话的办法应对，这种实事求是的问题探讨精神，值得我们学习与仿效。

三、新思路的启迪

周教授的《文集》出版，给我们的启示是多方面的，也为我们如何从事这方面的探索起到了榜样作用。

冯契先生曾提炼出中国古代哲学和科学的三个主要交接点，它们分别为：(1) 科学方法。(2) 自然观宇宙论。(3) 科学的价值观。(《中国古代科学与哲学有三个交叉点》,载《冯契文集》第九卷,第485页)周教授主要涉及的是第一点,至于第二、三点方面的内容,他其实也有谈到,但还有许多可供展开的方面。

在西方文化中,将各种学科打通、作出相互关联的思考,是他们从事研究中的惯用方式方法。比如罗素在其《西方哲学史》中说:"它(哲学)和神学一样,包含着人类对于那些迄今仍为确切的知识所不能肯定的事物的思考;但是它又像科学一样是诉之于人类的理性而不是诉之于权威的,不管是传统的权威还是启示的权威。"(商务印书馆1967年版)他认为西方的神学探讨的是关于灵魂的问题,关于天国的问题,经验不可能对这些问题给出一个确切的答案,所以在这一点上接近于哲学。科学虽然以经验为基础,但在它发展到一定的阶段,需要借助对一些超经验问题的思考,才能获得突破。所以罗素在同篇中谈到:"思辨的心灵所最感到兴趣的一切问题,几乎都是科学所不能回答的问题,而神学家们的信心百倍的答案,也已不再像它们在过去的世纪里那么令人信服了。"(同上)而这些就需要由宗教学、哲学与科学家们共同来探讨得出结论。

英国科学史家W.C.丹皮尔(Sir William Cecil Dampier)直接为他所写的科学史专著加上个副标题,为《科学史——及其哲学和宗教的关系》。在其"序言"中他说明道,这是因为科学"可以说是对于表达自然现象各种概念之间的关系的理性研究",而不被理解为仅仅是专指西方近代兴起的"实证"性研究方法,或误以为只有"正确的",才是"科学的"。(李珩译,商务印书馆1975年版)西方人认为爱因斯坦相对论的发现,在很大程度上就是出于哲学思考,在对"以太风"的怀疑基础上建立起来的哲学假设。

这对于我们从事哲学、人文学科探讨的成员来说,原本就是有启发的,那就是学科的交叉与贯通。原本我们在从事学术探讨时,有许多的文理分割与知识方面的局限,现在像周瀚光教授那样将学科界限打通,视野拓宽,并走出国门,被世界思想文化界学者所接受的学者越来越多,他们一定会为中国的学术研究引领新的风气,为我们进一步融入国际学术平台开辟道路。

热烈祝贺《周瀚光文集》出版

方笑一[①]

首先,热烈祝贺周瀚光教授的文集出版!周老师是我的学术前辈和同事,长期从事古代科技史、科技思想史和管理哲学的研究,并拥有卓越的学术组织能力。我曾经参与周老师主持的科研项目"中国佛教与古代科技的发展",在项目推进过程中,周老师组织多所高校不同专业的学者,对课题研究作了认真规划、细密安排,给每位参与者留下深刻印象。祝周老师人健笔健,为学界奉献更多佳作。

[①] 方笑一,华东师范大学古籍研究所副研究员,思勉人文高等研究院副院长。

在《周瀚光文集》发布会上的发言

杨小明[1]

各位专家、各位来宾：

大家好！十分荣幸，站在这里，怀着激动、惶恐的心情，见证着一个重要而光辉的时刻。

我与周瀚光老师，有着长久而多重的缘分。1986年9月，我考入华东师范大学自然辩证法暨自然科学史研究所，主攻中国科技史专业。彼时，周先生已是华东师范大学哲学史和科技史的老师了。周先生虽然没有给我授过课，但他博学多才的大名以及年轻潇洒的身影早已是我和同学们不时谈论的主题。20世纪90年代初，我在中国科技大学师从钱临照、张秉伦两先生攻读中国科学史博士学位时，选题为《清代浙东学派与科学》，当时即已惊艳于周先生早在20世纪80年代中期就对清代浙东学派创始人黄宗羲的科学思想和科学成就进行过开拓全面的发掘，从而成为我研究的先导和基

---

[1] 杨小明，东华大学教授，博士生导师，上海市科学技术史学会副理事长。

础。1995年秋的一天,我和戴吾三、桂质亮前往钱临照先生家听取教诲,钱先生即欲阐明不同意李约瑟关于儒家与中国科技发展关系的论断。多年后,方知周先生早在20世纪80年代初即已就这一主题进行了系统先行的探索。今天,读《周瀚光文集》,见到钱先生1991年5月17日复周先生信,有"数年之后我国自写的中国科学思想史将与李著并美问世,为我科学史界增光"语,不禁心念一动,对周先生的崇敬佩服之情油然而生。2008年,拙著《中国科技十二讲》草成,是周先生不以后学为浅陋,欣然书写书评,予拙著以好评,至今思之,犹觉感动,同时常常自忖愧不敢当。2014年,周先生大作《中国佛教与古代科技的发展》首发,我也有幸见证了那个历史的一刻。

以上是我激动的缘由,而令我惶恐的是,无德无能似我之辈,怎能点评周先生的大作以及神思高创呢?所以,在此我仅汇报一下我学习研读周先生大作的三点感想,不只挂一漏万,甚至粗浅讹误,请各位专家、来宾不吝批评拍砖!

第一,2014年,读了周先生大作《中国佛教与古代科技的发展》,我写过一篇读后感,以为要理解周先生的治学思想和方法,或许更应该从我国近现代思想史、科技史和宗教史等学科领域的文化学术演进的恢弘历程去看,方能透彻,方能清晰。今天,我更强烈地坚信我当时的理解和判断是正确的!

放眼近百年的中国科技史研究,从晚清民国经新中国成立后至文革前,再到改革开放至今,大致走过了从史料爬梳(What,有什么?是什么?)经线索整理(How,是怎样的?)再到理论研究、思想提炼、原因解析、规律把握(Why,为什么是?)的演进历程,这与近代科学革命从哥白尼经开普勒、伽利略到牛顿的历程非常相似。作为幸运儿、综合者、收获者同时也是创造者的个人学术生涯与时代的脉搏共起伏。周先生就是这样的一位幸运儿。李约瑟不可谓不伟大,但他正处在从 How 到 Why 即从中国科学史研究的第二到第三阶段过渡的时代,或者说仅是探究 Why 的初级阶段,于是他才会提出儒家"对于科学的贡献几乎全是消极的",佛教则更是"强烈的阻碍作用"这样在今天看来明显有问题至少很值得商榷的论断。相较之下,周先生是幸运的,因为他正好处在中国科技史研究走向综合和收获的时代。当然,没有周先生的自觉和敏锐,时代的机遇也不会垂青于他。众所周知,周先生自学术生涯伊始,就开始了中国哲学史与中国科技史的会通,这就是中国科学思想史,也恰好应和了中国科技史走向第三阶段即寻求 Why 的新时代。按周先生自己的话说,他是中国哲学史和中国科技史两大学科之间的架桥人。但正是这种选择和耕耘,也使他幸运地成为在某些方面纠正甚至超越李约瑟的收获者、创新者!所以,当时我以《时代和创造相结合的思想结晶》一文来概括周先生的学术特色和成就。

第二,与第一点相通贯,周先生尤为重视学术史的整理和总结。我们知道,黄宗羲之所以取得如此大的学术和思想成就,与其对学术史的总结不可分,不然哪里会有《明儒学案》特别是《宋元学案》如此的皇皇巨著呢?对此,周先生早有灵犀,在 20 世纪 80 年代中期便大声疾呼,并写下《黄宗羲的科学思想不容忽视》《黄宗羲科学思想论略》等论文。

杨振宁先生在总结他本人治学的经验时说,"大学问要从根上来"!即盯着现象、想着根源,从原始问题做起,从近距离的细致工作开始,通过中距离的了解,再到远距离的审视和升华,才能得到大的对规律的认识。所以,杨振宁做学问的一个大的特点就是极其重视对学科史、学术史的历史的关注,而不是盲目地跟着当时的潮流走。我认为,周先生成就的取得,也是循着这样一条学术研究的方法路径。对此,我在周先生《中国佛教与古代科技的发展》一书的读后感中说得明白,周先生在整个学科史、个人学术史上的逻辑是极清晰的,不仅是中国科技史学科史走向大综合的时代要求,而且是周先生个人学术史逻辑发展的心路结晶。理论观点必须且应该是"后验"而非"先验"的,这正是周先生治学经验最好的自我诠释。所以,周先生不仅是时代和创造的结合,更是学术研究中知行合一的典范。

第三,周先生融哲学史、科技史研究于有机的一体,陈卫平先生在《周瀚光文集》的序中说得俏皮,讲周先生的"特异功能"是"善于做跨学科研究"。而正是这种跨学科的"善于",成就了周先生的学术特色、思想风格,也成就了其跨时代的学术地位!

然而按一般的理解,"跨学科者",每一门学科都不大精,于是只好在边际之间与跨学科里寻求存在、突显优势。但我认为,这多半是望文生义式的误解。有一篇文章,以《一生徘徊在物理学和数学的十字路口》来评述杨振宁创造的方法启示。人们常说,比起数学家,杨振宁更懂物理;比起物理学家,杨振宁更擅长数学。事实上,杨振宁先生不仅在物理学上而且在数学上的造诣都极高、都极专业!周先生亦如此,他谦逊地自称旨在做哲学史和科技史之间的学科"架桥人",但其哲学史和科技史的造诣均极高、极专业。不然,于哲学史而言,周先生何以能成为复旦哲学的研究生正宗,又何以能入得了冯契先生的法眼从而收入麾下?于科技史而言,比起正宗科班如我等科技史人而言丝毫不弱,甚至还超出许多!大家只消一览其《数学史话》即可窥其一斑。我想,如果没有坚实专业的哲学史和科技史的学养和造诣,而是仅仅试图在二者的边际来讨巧或博彩,是绝不可能有周先生成就之冰山一角的。

试看周先生对黄宗羲学术特色的评价:

他比哲学家更懂得科学,比科学家更懂得哲学,因此能从科学研究和哲学研究两个方面同时走向科学思想的殿堂。特别是他与一切宗教迷信毫不妥协的科学精神,更使其他诸位大师望其项背而莫及。当徐霞客在佛像前叩头问忏,徐光启皈依天主教,方以智遁入空门的时候,黄宗羲独立不惧,精一自信,向一切宗教迷信摆开了堂堂正正的战场。

这是1986年10月周先生评述黄宗羲的一段话,31年后的今天回过头来看,恰好可以作为周先生思想特色、学术成就最生动的写照!也是周先生不盲从、不迷信甚至敢于大胆质疑李约瑟等权威的精神源泉。

最后,草成藏头小诗一首,恭祝《周瀚光文集》首发仪式:

瀚天沧海展鲲鹏,
光焰八方是尔雄。
文韵悠扬通今古,
集作厚重贯西东。
科哲义理原不二,
史论儒佛本正宗。
标异有据惊四座,
尺狭寸阔自神工!
——藏首字联:瀚光文集,科史标尺!

中国科学思想史研究历程的一个缩影

王幼军[①]

在金秋时节收到周瀚光先生馈赠的大作《周瀚光文集》,甚感荣幸!这套汇聚了周先生三十多年教学与学术研究成果的皇皇巨著令我眼界大开,受益匪浅!这部题材广泛的文集显示出了周先生的广博学识和深邃思想,他对古今中外的数学、科学、哲学、历史以及社会文化等思想的融会贯通铸就了这套文集的主要特色。该文集令我印象深刻的另一突出特点是其图文并茂,其中收录了周先生与众多中外著名科学史家、哲学家、学者的合影照片和书信评论等,这些皆是弥足珍贵的历史资料,在拜读此书的过程中,那些温馨的图片和诚挚的语言总令我感慨不已!在我看来,周先生的这套文集不仅是他几十年研究成果的汇集总结,而且也是我国三十多年来的科学思想史研究发展历程的一个缩影,其学术价值由此可见一斑!

[①] 王幼军,上海师范大学哲学与法政学院教授。

《周瀚光文集》出版贺言

张荣明[①]

《周瀚光文集》四卷于今年夏季出版问世，本人忝为老友，承蒙瀚光兄寄赠一套，披览拜读之下，亦有感慨生焉：

古来豪杰之士，天资颖异，踔厉发扬，皆不愿因循守旧，在前人治学的樊篱内奄奄然讨生活，而是独辟蹊径，勇猛精进，每每开创出一片富有个人色彩的学术新天地。

瀚光教授当年治学之初，即目光独特，选取中国古代哲学与自然科学关系这个领域为终身研究目标，三十多年来，勤奋耕耘，锲而不舍，先后出版《先秦数学与诸子哲学》《中国科学思想史》《中国佛教与古代科技的发展》等十多部极富创见的学术著作，可以说已成为我国科技史研究领域的东南重镇。

自20世纪80年代改革开放以来，市场经济变

---

① 张荣明，上海理工大学中国传统文化研究所所长，教授。

化剧烈,致富欲望高歌猛进,为近百年来所仅见,对于一贯以清贫自守的学界冲击,有目可睹。瀚光教授不忘初心,坚守学术阵地,结出累累硕果,为推动中国学术的进步,做出自己可贵贡献,终于不负此生,无愧时代,令人赞赏敬佩不已。值此"《周瀚光文集》发布会暨科学与哲学思想探源研讨会"召开之际,谨缀数语,以表一个老友的祝贺之忱。

从《文集》看哲学和科学大师对《中国古代科学方法研究》一书的赞赏

贺圣迪[①]

二十五年前,当我第一次读完周瀚光先生的《中国古代科学方法研究》一书时,顿觉眼前一亮,得益匪浅。今因《周瀚光文集》出版,再读一过,深感是书价值不仅未随时光流逝而减损,反而与时俱进更其耐读。尤其是从《文集》中展现的历史资料来看,竟有两位已故的哲学大师和三位已故的科学院院士对该书表示了极大的赞赏,由此更突显了瀚光先生这部著作的可贵价值。

据瀚光先生自己说,他写作这部书的动因,本来就是缘自已故的上海哲学大师冯契先生提出的一个问题:"中国古代有那么多科学发现和创造,是用什么逻辑、什么方法搞出来的?这确是一个令人惊奇、需要我们认真研究的重大问题。"[②]这个问题

[①] 贺圣迪,上海大学文学院副教授。
[②] 冯契:《中国古代哲学的逻辑发展》(上册),上海人民出版社1983年版,第44页。

激发了他"强烈的好奇心和探索欲望",促使他花了将近两年的时间投身其中。他首先从中国古代的科学家和科学著作以及哲学家和哲学著作中,梳理和提炼出了36则具体的科学方法。上起于《周易》,下迄于王夫之,瀚光先生一个一个地把它们从浩繁的史料中钩沉出来。然后在分析和概括这些具体科学方法的基础上,进一步归纳出中国古代科学方法的6个主要特点,那就是:(1)勤于观察,(2)善于推类,(3)精于运数,(4)明于求道,(5)重于应用,(6)长于辩证;并认为这些方法论上的特点在一定程度上影响和决定了中国古代科技发展本身的特点和风格。他又找出了中国古代天文、数学、农学、医学这几大主干学科共同遵循的一般方法论模式,并把它概括为"实际问题→概念方法→一般原理→实际问题"这样一个包含四个步骤的基本模式(即从实际问题出发,提炼出相应的概念方法,再上升到一般原理,最后再运用到解决实际问题中去),并认为这一基本模式主要是科学发现的逻辑而不是科学证明的逻辑,它有助于说明中国古代科学为什么会取得那么多的发现和发明。最后,他把这一基本模式与当代科学家的思维模式(例如爱因斯坦)和当代科学哲学家的科学方法论模式(例如波普尔、库恩、拉卡托斯等)进行比较,认为它们在许多地方是完全相通的,中国古代的科学方法论思想对当代科学的发展也会有启迪和借鉴作用。

瀚光先生的这些探索和论述首先得到了哲学大师冯契先生的肯定和赞许。他亲自为周先生的这部《中国古代科学方法研究》写了篇序言,认为"本书从科学与哲学相结合、微观分析与宏观把握相结合、历史的解释与现实的评述相结合来探讨中国古代科学方法这一重要课题,提出了新颖的、有价值的见解"。"在一个荒芜领域中作了开发工作,已取得可喜的成绩"。[1] 其赞赏之意溢于言表。

此书于1992年6月由华东师范大学出版社出版后,瀚光先生即把它寄赠给了北京的哲学大师张岱年先生,因为他从20世纪80年代初期读研究生时起,就一直与张先生保持着经常的通信联系,一直虚心地向老一辈哲学家诚恳请益。张岱年先生收到瀚光的这部新著后,写了一封热情洋溢的回信,信中说:"瀚光同志:前曾收到惠赠的《中国古代科学方法研究》大作,十分感谢!精彩之作,甚佩甚佩!……中国古代哲学与自然科学的关系,确是一个重要的研究课题。您研究这一课题,做出了重要的成就,我深感敬佩!希望更加前进!"[2]张先生把这部书称为"精彩之作",当然是对年轻学者的一种热情鼓励,但同时也确实体现了老一辈哲学大师对瀚光先生工作的认可和肯定。

瀚光先生在1990年时曾主持召开了一个全国性的规模较大的"传统思想与科学技术研讨会",在那个会议的筹备过程中,他与时任中国科协主席的钱学森院士建立了通信联系。因此,当他的《中国古代科学方法研究》一书出版以后,就很自然地给钱学森先生也寄赠了一册。没想到很快就收到了钱先生的回信,并且在信中对此书及其作者大加赞赏。原信如下:

周瀚光教授:

  3月30日信及尊作《中国古代科学方法研究》,论文集《中国科学思想史论》均收到,十分感谢!但您自称"后学",这

---

[1] 《周瀚光文集》第一卷下册,第677—678页。
[2] 同上,第686页。

使我不敢当,对科技古籍研究,您是我的老师!

  书我还要仔细读;如有所得,再向您请教。

  此致

敬礼!

钱学森
1993年4月7日

  钱学森先生的这封信,一方面体现了老一辈科学家虚怀若谷、博大宽阔的胸襟,另一方面也显示了钱先生对周先生这部著作的高看和赞赏。毕竟不是任何著作和文章都能入得了钱先生这样一位大家的"法眼"的。钱先生把瀚光称为"我的老师",表示"书我还要仔细读","如有所得再向您请教",固然反映了他谦逊礼下的君子之风,但与此同时,也说明瀚光的这部著作必有让这位科学大家心仪和动容的内容。

  在中国科学院院士当中,席泽宗先生是唯一的一位以科学史为专业的院士,而他与瀚光先生也一直保持着学术上的友谊和联系。席先生曾在1993年11月的时候,专门给瀚光先生写了一封信,向瀚光先生讨要《中国古代科学方法研究》这部书[1],当然,瀚光先生很快就把书给席先生寄了过去。后来,席先生应邀在各地高校做"中国传统文化里的科学方法"的学术讲演,讲演中的许多内容都参考了瀚光先生的这部书。席先生是一位遵守学术规范的正直的学者,他的那个讲演后来由上海科技教育出版社出版,书后列出的推荐读物中,第一本就是瀚光的《中国古代科学方法研究》。[2]

---

 [1] 参见《周瀚光文集》第一卷下册,第687页。
 [2] 参见周瀚光:《记吴文俊先生的数学方法论思想对我研究中国古代科学方法的启示和影响》,载《数学史通讯》第33期。

在瀚光先生于2004年去北京参加学术会议的时候,席泽宗先生又告诉了瀚光一个令他高兴的消息,即吴文俊先生在他最近写的一篇文章里,大段地引述了瀚光在《中国古代科学方法研究》一书中的研究结论。这对瀚光先生来说当然是一个重要的信息,因为吴文俊先生是国内外著名的数学家,中国科学院的资深院士,曾获得过国家最高的科技一等奖。瀚光先生请席先生帮助他找到并复印了吴文俊先生的那篇文章,原来是吴先生为朱清时和姜岩合著的《东方科学文化的复兴》一书所写的出版贺词。吴先生在文章里这么说:

> 下面不妨作为朱姜一书的补充:一位周瀚光先生(我并不认识),在2001年第33期《科学新闻周刊》中登载了一篇文章,题为《中国古代科学方法及其现代意义》。文章指出,中国的传统数学方法有一个简明图式,即:实际问题→概念方法→一般原理→实际问题。文章又指出,不仅是中国的传统数学,而且中国传统的天文、农业、医学,都有着一个共同遵循的一般方法论模式,即:实际问题→概念方法→一般原理→实际问题。
>
> 这一模式循环往复,但不是简单的循环过程,而呈现一种螺旋式的不断向上和波浪形的不断向前的趋势。中国古代的科学技术就在这样一种方法论模式的循环往复中走向了它的高峰。
>
> 不仅如此,文章还指出:"当代科学家的科学研究方法论模式在一定程度上与中国科学的方法论模式是完全可以相通的。"结论是:"中国古代科学从实际问题出发并以解决实际问题见长的方法论模式与当代科学哲学家(例如爱因斯坦)以解

决问题为理论核心的方法论模式可谓不谋而合。"①

吴文俊先生对瀚光先生关于中国古代科学方法研究文章的大段引述,显示了吴先生对周先生研究结论的高度认同和充分肯定。据瀚光先生自己回忆说,他在十年前思考中国古代科学方法论一般模式的时候,曾受到吴文俊先生关于数学方法论思想的启示和影响;现在反过来,他在吴先生启示基础上进一步推广发展的研究结论,又得到了思想启发者——中国顶尖科学家吴文俊先生的认同和肯定,这对于瀚光来说,无疑是一种巨大的激励和鼓舞。

以上所述,即是我读了《周瀚光文集》以及瀚光先生最近所写而尚未被收入《文集》的文章"记吴文俊先生的数学方法论思想对我研究中国古代科学方法的启示和影响"以后,所看到的两位已故哲学大师和三位已故科学院院士对《中国古代科学方法研究》一书的肯定和赞赏。瀚光先生的这部著作,从目前的学术界来看影响尚不是很大,但我相信,随着历史的发展和研究的深入,《中国古代科学方法研究》这部著作一定会得到学术界越来越广泛的重视,其学术价值一定会得到越来越多学术界同仁的认识和赞赏。

---

① 参见周瀚光:《记吴文俊先生的数学方法论思想对我研究中国古代科学方法的启示和影响》,载《数学史通讯》第33期。

诗一首：贺瀚光兄《文集》问世

贺圣迪[①]

周君从游冯公时[②],
已自所攻有主旨。
史苑纵横见情性,
学圃啸论显才识。
儒佛重估疑约瑟[③],
方法深研动院士[④]。
今日一帜树华师,
他年弟子繁花枝。

---

① 贺圣迪,上海大学文学院副教授。
② 冯公,即冯契,时为上海哲学学会会长,华东师范大学教授。
③ 瀚光兄著文肯定儒家和佛教对中国古代科技发展的积极影响,提出了与英国科学史家李约瑟不同的观点。
④ 瀚光兄所著《中国古代科学方法研究》一书,不仅得到了哲学家冯契和张岱年的肯定和赞赏,而且还得到了钱学森、席泽宗和吴文俊三位科学院院士的肯定和赞赏。

祝贺《周瀚光文集》出版

邵祖新[①]

各位朋友、各位来宾：

今天，我们聚集在这里，祝贺《周瀚光文集》的出版。这本文集是周瀚光先生一生智慧和心血的凝结，也是他几十年来春华秋实、辛勤耕耘的心路历程的见证。

20世纪80年代初，我和瀚光兄一起在复旦大学哲学系中国哲学史专业读研，师从严北溟教授。毕业后，也经常保持着联系，我曾参与过不少在他主持下召开的学术会议并撰写了一些著述。在长达近40年的交往中，我深知他是一个谦虚谨慎、正直友善、勤奋好学、多才多艺和天资聪颖的人。

在读研期间，瀚光兄的才华便已崭露头角，发表过不少令人耳目一新的论文，受到学界前辈和各位同行的重视和赞扬。

任何人的治学之路，都必然要经历像清末民初

---

① 邵祖新，上海市委党校副教授。

学者王国维在《人间词话》中借用文学语言描述过的"三重境界说",这在瀚光兄身上体现得似乎特别明显。首先是"立志","昨夜西风凋碧树,独上高楼,望尽天涯路"。瀚光兄站得高,望得远,早早便懂得了"取法于上,仅得为中;取法于中,故为其下"的道理。我至今仍清楚记得,一次我们在交谈中,他对我说,对于中国哲学史的研究,尤其是先秦部分,前人已深耕细作,如果依然按照寻章摘句的老方法走下去,很难取得成就,更别说超越了。于是乎,他颇有前瞻性地确立起一条属于自己的带有开创性的治学路径,那就是从数学史、科学思想史和哲学史的结合中独辟蹊径,探幽发微,钩深致远,进行跨学科研究的方法论。

其次是向着自己所确立的目标不断地努力前行,砥砺奋进,"衣带渐宽终不悔,为伊消得人憔悴"。从读研开始,瀚光兄便一直在虚怀若谷孜孜不倦地学习,除了完成学业,虚心地向指导教师和其他各位教师以及国内外不少知名的学界前辈讨教之外,他还经常到外单位去进修,以扩大自己的知识面和提升自己的学术水平。在他到华东师大担任教师后,除了完成繁重的教学任务和一些琐碎的行政事务,多次不辞辛劳地筹备、规划和主持召集学术会议和学术活动,始终同国内外不少著名学者保持着良好的联系,或当面沟通或书信往来,谦虚地向他们学习之外,在剩余的时间里,瀚光兄全然心无旁骛,深深埋头于自己的学术研究之中。

最后是收获,"众里寻她千百度,蓦然回首,那人却在灯火阑珊处"。天道酬勤,一分耕耘,一分收获。任何人都不可能随随便便地取得成功,任何成功的背后都是艰辛的付出。美国的科学家和发明家爱迪生有一句名言:"天才是百分之一的灵感,百分之九十九的汗水。"灵感很重要,努力也很重要。光有灵感,不去努力,一切都是空谈;而没有灵感,只知下死功夫,往往收效甚微,甚至陷入南辕北辙的僵局。"问渠哪得清如许,为有源头活水来"。毫无疑问,今天摆在我们面前的这 2 000 多页、150 多万字的《周瀚光文集》,是瀚光兄的灵感和汗水的结晶。

翻阅《周瀚光文集》,我们会发现书中涉及的研究课题量大面广,其架构大抵是沿着以下三条主线而展开的:其一是中国哲学史领域中的古代科学方法论,包括儒道佛三大流派,它们对中国古代科技究竟是起到了阻碍还是推动发展的作用;其二是中国古代哲学与数学之间密不可分的关系,详尽说明研究中国古代哲学不能忽视对数学史的研究,不然就像是缺着一条腿在走路;其三是中国古代哲学思想在今天是否依然对现代管理学还有启迪和利用的价值,认为经过我们的发掘,完全可以使老树长出新芽,焕发青春。此外,《文集》中还收入了瀚光兄写的一些诗和散文,不失可圈可点之处。

总而言之,《文集》提出的许多观点是相当新颖的,且言之成理,持之有故,能自成一家之说。《文集》的一个总的特色正像瀚光兄在其前言中所说,"我出版和发表的有关科技史研究的著作和论文,大部分都是探讨中国历史上哲学与科学的联系,探讨中国古代的科学哲学思想;除了中国古代科学哲学思想这一块以外,我还有一些中国古代管理哲学思想方面的研究成果。""我其实是一个游走于科技史与哲学史这两个学科之间的两栖人。或者,我更愿意把自己称作是在科技史和哲学史这两个领域之间搭建桥梁的架桥人。""这部《文集》,其实就是我在中国古代哲学与自然科学之间架设的一座桥梁,蕴集了我希冀连接两界、会通两界、乃至超越两界的尝试和努力。"

《周瀚光文集》的出版,是瀚光兄对其一生学术研究成果的一个编排和总结。实际上早在《文集》出版前,许多学界前辈和同仁就已陆陆续续对他研究成果的学术价值发表过不少具体的评价。例如,张岱年先生在写给他的一封信中称:"您精研中国古代科学史,卓有成就,可佩可佩!"席泽宗先生称在读了他的《传统思想与科学技术》后"受益不浅"。严北溟先生亦称赞这本论文集"内容宏广、剖析细致、观点新颖、创见迭出,不仅为哲学史研究开辟了一个新的视角,而且对中国传统科学思想的源流、特质和功能也颇多启发"。胡道静先生在看了《刘徽的思想与墨学的兴衰》一文后,认为"这是一篇非常有启发意义的中国哲学史论文,同时也应当说是一篇涉及中国古代科学史的重要论文"。"在中哲史上取得了突破性的成果"。钱学森先生收到周瀚光寄给他的《中国古代科学方法研究》和《中国科学思想史论》两本书后,在表示感谢之余,甚至说:"对科技古籍研究,您是我的老师!"李约瑟先生、钱临照先生曾就《中国科学思想史》一书的编撰和研讨会的召开发来贺信,此书出版后获得了中国图书奖、安徽图书一等奖、上海哲学社会科学优秀著作二等奖等多个奖项。成中英先生在《超越时空的管理智慧之光——中国管理哲学的现代应用》一书的序中写道,经周瀚光教授对多篇论文进行选择,由他们两人联名主编的这本书,"颇有特色""极具价值"。

此外,值得一提的是,瀚光兄的《先秦数学与诸子哲学》一书,已被译成韩文出版,可见其影响力。他本人曾接受过《现代领导》杂志社、《广西民族大学学报》的采访,也曾应中央电视台之邀就中国科技史的发展状况发表过感言,有不少精彩的观点。

当然,不能说瀚光兄的研究工作和学术成果已经达到毫无瑕疵、完美无缺的地步。冯契先生在为《中国古代科学方法研究》一书所作的序中,在肯定了作者的成就后,就指出该书难免有不够成熟之处,所作的概括有的未必精当,还可以进行琢磨和讨论。

吾敬东先生在该书的读后感中,则具体指出这些不足之处是:对科学方法的理解有些过于宽泛化的趋势,完全用短小简练的原文来概括一个人或一本著作中的科学方法,难免不够精当和全面,某些分析也显得比较薄弱。

李志超先生在《中国科学思想史》出版后,在为该书撰写的《中国文化史研究的一件大事》一文中谈到,"本书名为思想史,但相当多的章节是具体的科技史"。"书大了,欲求其详,多引史实资料是当然的,不为不当。然而,在技术史方面有些史实多而思想分析不足之感"。

陈卫平先生也指出,《中国科学思想史》对解答"李约瑟难题"有了重大的进展,但并非已经言尽了"李约瑟难题"的解答,对近代科学为何没有在中国产生的问题,相对来说关注还是较少。如此等等。这些意见都是非常中肯的。

文化是一个民族的血脉,是一个国家综合实力中软实力的表现。我们正走在实现中国梦的路上,优秀文化传统的继承和发扬光大,需要有更多的学者和文化工作者一起共同努力,不断地进行理论创新,与时俱进,结合时代特色赋予其新的内容。这是我们增强文化自信的必由之路,是历史使命感的召唤,是建设文化大国和强国的重要步骤,也是跻身世界先进行列不可或缺的战略任务。

最后,让我们再次对《周瀚光文集》的出版表示热烈的祝贺!

邵祖新[①]关于《周瀚光文集》的来信

老周：

　　大著收到，拜读再三。兄才华横溢，令人难以望其项背。全属原创，辛勤耕耘几十载，终获硕果累累。几篇诗文亦很动人，婉约而又不失豪放。两次打你手机被告知关机，因此写下此短文。贺新著问世兼祝国庆愉快！

邵祖新
2017 年 9 月 30 日

[①] 邵祖新，上海市委党校副教授。

室友忆事二三则

夏声川[1]

一、初识瀚光

粉碎"四人帮"及改革开放之后,我国在1977年恢复了高考,1978年又开始招收研究生。当时社会革新风气初开,国家急需修复人才断层,对报考研究生的资格门槛设置较低,不仅大学毕业、大学在读可以报考,社会上具有同等学历的青年,不管未婚已婚都可以报考。瀚光和我都是1980级复旦大学的研究生。那年复旦大学研究生招生数量不多,一共只招了五十来名,我所在的经济系三人,瀚光他们哲学系二人,被一起安排在邯郸路校区东头的一栋宿舍203房间,我们由此有缘成为室友。

---

[1] 夏声川,上海交通大学社会科学系副主任,马克思主义学院副教授,上海南洋国际股份有限公司总经济师,董事会秘书。

初见瀚光时的印象是,中等个头,圆脸戴眼镜,头发梳得溜光,脸上总是笑嘻嘻的,一看就是容易跟人交往的那种。他也愿意为大家做点事,如整理寝室环境等,还有当时为了学好英语口语,每个研究生寝室发一个挺大的老式转盘录音机,都是他跑前跑后到研究生院去领回来的。通过交谈得知,他是66届初中生,那年三十岁,在上海建工系统工作,以同等学历的资格考取严北溟教授的中国哲学史专业研究生。得知他的经历后,我暗暗称奇,心想,我虽然也是没有上过大学直接考的研究生,但毕竟完整读过高中,他一个初中生直接上研究生,太厉害了。另外,我们也都曾考取过当地社会科学院实习研究员(相当于助教职务),经权衡都放弃了,相似的经历也使我们有了更多的共同语言。

二、醉心中国科学技术史

记得在1980年秋季的一天,瀚光从图书馆借到一套英国人李约瑟的《中国科学技术史》拿到寝室里看,显得有些兴奋,便跟我聊起中国的科学技术历史,说我们中国自己没有人能够这么系统地研究过中国科学技术史,反倒是一个英国人做到了,对李约瑟的赞赏溢于言表。说实在话,我对中国古代的科学技术发展了解很肤浅,只知道四大发明、张衡的地动仪、勾股定理、杨辉三角形和祖冲之的圆周率等。在我的意识中,聪明的古代中国人有许多实践的经验,但没有能够上升到系统的科学理论体系,自然也没有科学技术史的概念,有的话也是一些难以连接的片段。听了他的解释,我也翻了一下李约瑟的书,看到关于明朝水师用的火铳,还有一些类似现代火箭炮的火器,并且配有画图,真心感到李约瑟热爱中国,为中国古代的文明彰显做出了很大的贡献。现在知道，从那时候开始，瀚光就把对中国科学技术史的研究作为自己一生的主攻方向之一，不仅弥补了这方面学术研究的空白，也为提升中华民族的自信自豪感提供了依据，不得不说他的眼光有独到之处。从中国哲学史到中国科学技术史的跨越应该说也是有难度的，譬如，他只是初中 66 届，原本的数学基础并不好，要研究好中国科学技术史他付出了艰辛的努力。

三、细微之处见性格

在复旦读书期间，我们的学业负担都很重，特别像我们这种没有读过大学的人，更觉得基础有所欠缺，所以当时大家都很用功，努力学外语，努力去学习一些新的知识，感觉很忙。但是瀚光不是那种硬坐板凳的呆板的学生，而是一个热爱生活、爱好多样化的人，他不仅喜欢交朋友，也喜欢玩、喜欢吃。我们住一个寝室的时候，经常抽空找人下象棋，打乒乓球，并一起去学桥牌，他后来还学了围棋，我们曾一起到当时的卢湾体育馆去看聂卫平等的围棋快棋赛。瀚光的象棋水平和乒乓球水平与我也算是旗鼓相当、不相上下，所以我们经常在一起打比赛特别有劲，当然他的胜率要稍微高一些。但有一段时间，不知怎么搞的，他老是输棋输球，就有点沮丧地说："哎呀老夏，我棋也下不过你、球也打不过你了。"这不仅显现了他的可爱之处，更显现了他内心性格中的一种不愿意服输的倔强。在人生的打拼旅途中，这种不服输的倔强精神往往会支撑人们最终走向成功，我想瀚光的成功应该不是偶然的。

我为老同学感到骄傲和光荣

——在《周瀚光文集》发布会上的发言

陈福康[1]

大概两年前吧——我现在记性严重衰退,在华东师大的一次学术会上遇见瀚光兄,会后吃饭还同桌邻座,谈笑风生。只见他一副眼镜,西装领带,头发乌黑锃亮,梳得一丝不苟,风度翩翩,神采奕奕,与鄙人正好形成鲜明对照,我不得不自惭形秽。不料他却悄悄对我说,其实他身体并不好,几年前因心脏病差一点就"报销"了,送医院急救后先装支架再搭桥,一共搭了五个桥呢。这实在让我吃一大惊,也深深歉感于平时与他交往之疏阔,好像真有点"相忘于江湖"了。但他老兄豁达开朗笑对人生的态度令我十分敬佩,而更令我钦服不已的是,他告诉我正在整理自己的几百万字的著作,准备出一文集,以给自己做一个总结,也给前辈和后学作一

---

[1] 陈福康,上海外国语大学文学研究院研究员,福州外语外贸学院郑振铎研究所所长。兼任中国鲁迅研究会理事、中国茅盾研究会理事等。

个交代。

现在，五大册的《周瀚光文集》就摆在我们的面前。我由衷地为瀚光兄感到骄傲和光荣！

书中有关哲学史和科学史的所有内容，都是我非常感兴趣的，我得好好学习；同时，我也必须老实地说，书中有的深奥内容是我不懂的。关于瀚光兄这部文集的学术价值，关于哲学史和科学史的种种话题，我有自知之明，在今天到会的很多专家面前，我是没有资格说什么的。那么，我只好就瀚光兄其人来讲几句吧。

瀚光兄是我引以为傲的老同学。从相识之久来说，已经超过半个世纪了！这大概今天在座的人里，不大会有超过我的了吧？我俩中学是同学，大学也是同学。不过，中学不是同班，大学不是同系。我们同在敬业中学读初中时，他就在我隔壁教室，有几门课是同一个老师教的。我在复旦大学中文系读研究生时，瀚光兄是比我晚一届的复旦哲学系研究生，同住一栋宿舍楼。因此，我对他还是比较了解的。又因为我们走过的求学治学道路基本相似，所以我对他在学术上取得如此成绩之不易，也许就比别人能更多地有一点体会。

想当年，在"文革"开始后我们就都不读书了。随后我去农场种地，几年后回城当工人；瀚光则一直当建筑工人。"文革"后期，我们俩又都被"借调"参加所谓"法家著作"的注释工作。对于这一段经历，后来我与瀚光兄讨论过，我们有共识。对当时动荡年代荒学已久的我们来说，那毕竟是一次奇特的也很难得的读书（而且是古书）机会。而且，我们还因此得以认识了不少大学老师和出版社编辑。我们当时都认真地如饥似渴地看书，这对我们后来正式走上学术研究道路，肯定也是有影响的。

"文革"一结束，我就报名参加了高考，并被复旦大学录取。瀚光好像没有参加高考,什么原因我不大清楚,只知道唐山大地震后他去那里参加了艰苦卓绝的抗震救灾和重建工作,但他回来后就直接考上了复旦大学哲学系研究生。我们当时虽同住一栋楼,但由于专业不同,平时交往也并不算多,属于"君子之交淡如水"的状况。他的导师严北溟先生是很有名的,这个出自《庄子》的名字早就令我如雷贯耳,但我却不认识。复旦哲学系老主任胡曲园及其夫人陈圭如教授我倒很熟,因为胡老也参加过"法家著作"注释工作。胡老本人也曾想让我去读哲学系的。瀚光毕业后去华东师大工作,所跟随的著名教授冯契老师我倒也是熟的,还去过他家里,因为冯老师当年也参加过"法家著作"注释工作。瀚光兄一辈子最感激的帮助提携过他的前辈,冯契老师以外,胡道静老师也是我非常熟的长者。道静先生也对我有恩,也为我写的书写过学术评语和序言。

　　瀚光这辈子(当然,说"这辈子"也许不妥,因为瀚光这辈子还没走完,我希望他健康长寿,继续作出更多的成绩)能取得如此不凡的成绩,除了因为得到过很多前辈的指导提携外,当然更因为他本人的发愤努力。本来,我和他都只读了初中,基础知识很贫乏。他的父母都是小学教师,虽然家庭条件比我好(先父母几乎都没读过书),也是非常普通的。但普通百姓有普通百姓的善良本质。普通百姓都老老实实做人,勤勤恳恳工作。瀚光在他父母逝世后写的关于双亲的文章我读了,深有同感。瀚光与我都做过工人,我们都对那一段经历无法忘怀,对当年受到的教育、教训和锻炼、磨难感到还是大有收获和受益的。我们都愿意永远保持工人农民的朴实作风。瀚光因为经过严格的哲学思维和科学实证的专业训练,后来甚至又因病经历过生死"体验",所以他的精神境界就更倜傥超俗,其能取得如此骄人的学术成就也就理所当然了。

　　我以有这样的老同学而由衷地感到骄傲和光荣!

读《周瀚光文集》的一点启示

李科达[①]

我只是一个普通的读者,对周教授研究的学术领域没有研究,只是有点兴趣。读了周教授的《文集》后,有一些感受。总的说:《文集》一是填补了有关领域的学术空白,像《中国佛教与古代科技的发展》等著作;二是另辟蹊径,发展、深化了有关学术的研究,例如对李约瑟一些观点的质疑和讨论,简直振聋发聩,别开生面。此外还有很多发现,专家学者在《序言》中都已经做了精辟的说明,实在不容我这门外汉置喙。

我只就一个普通读者,说一点读了《文集》后的感受和启发。

第一,《文集》中有三卷都题名"某某思想探源",这就是说,周教授探索、研究的不仅仅是各种学科本身,而且还包括了其背后的思想和思想方式,并且要探索它们的渊源。从"思想"探索溯流而

[①] 李科达,原上海市委统战部调研员。

上,主要"源"于有文字记载的中国元典,即我们常说的"六经"和春秋战国时期的诸子百家。

顺便说一句,这个元典集中产生的时期(公元前 500 年前后)也被雅斯贝斯称之为"轴心时代",即差不多同时在中国、西方和印度等地区出现的人类文化突破现象。再拉长一点说,人类、人类文明的发展并非是平稳的均速的,也存在突破现象。人类在 100 万年、10 万年,特别是 5 万年几个节点(那时人类已经散布在世界各地),也出现了几乎相近的文明。

而往后看,在"轴心时代"的人类思维活动和方式已经相当成熟以来,也可以说存在这种突破现象。在元典时代以后相当长一段历史时段里,如中世纪的欧洲,文明发展类似停滞(倒是中国却在不断发展)。但是在 20 世纪初前后,现代文明(以科技为主)就集中爆发了,最鲜明的就是爱因斯坦的"相对论",它对人类思维的认识论、思维方式方面都起到了一个颠覆性的革命作用。

总之,元典前和元典后人类如何"思想",确实是一个有趣的课题,周教授的"思想探源"虽然集中在"元典"阶段,但是放大了说,实际研究的就是这个问题。"思想探源"的源,从时间角度看,是起源,是"什么时候"。源也是本质,可以看成"是什么"。

话说回来,人类思维活动当然远早于元典所体现出来的思维形式和内容。应该说,元典是文字史上人类思维活动相当成熟的结晶。当然许多观点还带有直观性质,但是中国元典最大的特点是具有百科全书式的性质。近现代科学理性分类的各个学科都可以溯源到元典。

如《尚书》主要是记载尧舜禹三代和夏商周的历史和政治之书,但是其中"禹贡"也是极其重要的地理书;《周易》说起来是算卦的筮书,但也如周教授论说的是数学思想重要源头之一;而"渐"

卦、"归妹"等卦，简直就是古代社会生活史（社会学）的画图；著名的公孙龙子"白马非马"说，虽然被人诟病为诡辩，但却包含重要的逻辑学则是不争的事实；庄子的"濠上观鱼"既是逻辑学，也涉及心理学；至于《墨子》的"一尺之棰，日取其半，万世不竭"，虽然缺乏结构层次的观念，但是物质无限可分的思想与量子物理学确实有思想上的传递关系……

当然，仅仅从中华元典及文化典籍中追溯、辑出近现代各个学科的源头材料，这在互联网时代已经变得比较容易和简单了，越来越强大的搜索引擎功能是过去皓首穷经时代根本无法比拟的。重要的是要像周教授那样从源头的各种事实叙述的背后，更深入地发现其思想方法及演变，以及与近现代各个学科思想方法和理论框架的渊源关系。

因此，周教授现在研究的理论思路和成果，也对其他学科的研究提供了一种研究方法和理论框架。

第二，毋庸讳言，当今诸如数学哲学、科学哲学、管理学等学科主要的学术概念、思想方法和理论框架基本上是建立在近现代西方学术思想和理论框架上的，所以与中国同样的学科建设也有碰撞与交融。因此，在这种情况下，进一步建构包括理论概念表述、合乎中国文化特点的各个学科的思想理论及理论框架（例如周教授文集中研究的数学思想、科学哲学、管理学思想），就是一个非常值得深思的问题。我想，这应该是真正的"理论自信"的题中应有之义。

近现代，特别是改革开放以来，中西文化碰撞与交融从来没有像今天这样激烈和深入。周教授《文集》中论及的"李约瑟之问"，应该说也是碰撞与交融的产物。实践证明，这样的碰撞与交融必然要继续下去，这也是社会历史发展的重要动力和规律之一。

那么，中西文化为什么会既发生碰撞又能实现交融？这种现象背后的思维或者思辨的根源是什么？在读了周教授的《文集》后我受到启发，并由此生发出一些不成熟的想法，觉得有几点值得深思：

一是中西文化的思辨方式或者思维方式有同构性。自古及今人类生存环境是不同的，文明发展程度也是不同的，但是生存活动，乃至生存方式（生活方式、生产方式）却有很大的相同性。采集自然果实、火的应用、石器制造和使用、渔猎、种植等等生存方式都有相当大的相同性；而人类思维的物质基础——大脑的发展过程也有极大的相同性。从存在决定意识的观点看，我觉得人类思维方式应该有同构性。例如人类早期的原始艺术的洞穴壁画、岩画。如今考古发现，公元前 4000 年前后，在非洲利比亚、欧洲法国、中国的贺兰山、祁连山都出现了大量岩画，甚至岩画的内容和表现方式都差不多。还有陶器也如此。再如周教授说到的数学哲学，早期数学中巴比伦锲形数字是 1、11、111；埃及的草纸 1、11、111 的写法也差不多；中国 1、2、3 的传统表述有两种，现在见到的横式是一、二、三；而竖式的表述也是 1、11、111。在地理距离极其遥远、文化交流极其困难情况下，人类居然能够创造如此惊人相似的文明，人类思维的同构性应该是一个极其重要的内在根源。顺便说一句，现在随着文明发展的进步，人类的生存环境和条件都出现了一种趋同的现象，因此，思维方式的同构性会越来越明显。

二是思辨方式的差异性。其根源首先是自然地理气候条件的不同。这种地理气候的不同，会影响人类的生存、生活和生产方式，影响人类的文明成果及语言表达。其次是随之而形成的文化传统的不同，这也是毋庸置疑的。这种差异性导致中西文化中思辨方式的差异，例如中国古代文论几乎没有专门的长篇大论，而与孔子差不多时代的西方亚里士多德已经有了成体系的理论著作《诗学》。另外,中国古代传统文化中的各种学术概念与西方文化中的理论概念也存在着很大的差异,也就是说互相很难有确切的对应概念。即以中国古代文论中成体系的《文心雕龙》而言,应该说这在体例上是最接近西方系统表达思辨方式的,但是其中概念就很难对应。我看到周教授的《文集》中也注意到了这个现象,并且做了有益的阐述。实际上,我觉得这也是周教授探索建构具有中国特点理论方法和理论框架的一种有意识的尝试和成果。

总之,在中西文化碰撞和交融的今天,周教授的《文集》提供了如何建构有中国理论特点的应用范式,这是非常有意义的。

读《周瀚光文集》有感

钱水江[①]

收到瀚光兄赠予我的他的个人文集（四卷五册）后，不由得感慨万分。

我们都是老三届初中毕业生，1968年进了上海市第八建筑工程公司当工人。他比我高一年级，是66届初中生，上海市敬业中学（区重点中学）毕业生。当时我们被分配在同一个工程队，我当木工，他当混凝土工。没想到这一晃就过去了半个世纪！

在和他同事的十多年间，瀚光兄就以知识面广、文采犀利赢得大家的好评。在20世纪70年代，他就和当时的几位团干部组织了"青年学哲学小组"，组织青年们学习马克思的辩证唯物主义，搞清什么是唯心主义、形而上学。那时大家学习兴趣很高，为了搞清一个问题，有时争得面红耳赤，什么法家、儒家之争……瀚光兄在学习中很会思考问

[①] 钱水江，1950年出生，龙元建设集团股份有限公司常务副总裁。

题,他总有一些独特的见解折服大家。可见他那时就对中国古代哲学产生了浓厚的兴趣。

由于瀚光兄的刻苦专研、奋力拼搏,他竟以一个初中生一下子考入上海复旦大学哲学系攻读研究生,这对我们当时整个建工系统都是一个震惊。正如为他《文集》作序的陈卫平先生所言,瀚光兄是有其"特异功能",自学成才。

瀚光兄对中国科学哲学的探源,是从古到今,系统全面的。其涉及面之广、挖掘之深、分析之精、治学之严谨,使他成为了一位大师级的哲学家。

瀚光兄的《文集》是他一生潜心研究的结晶,他的研究成果得到了那么多老前辈的肯定。特别是在科技界,英国现代生物化学家、科学技术史专家李约瑟,世界著名科学家、空气动力学家钱学森等在给他的信中,充满了对他的赞誉。在哲学界,张岱年、冯契二位著名哲学大师对他的学术成果也给予了充分的肯定。可见他对中国科学思想史和中国哲学史研究的开拓和创新。他主编的著作《中国科学思想史》被誉为是国内外学术界所见到的最系统、最完整的力作,如今已成为许多高校研究生的必读书籍或参考书籍。

在学术探讨的过程中,他敢于对李约瑟这样的大师对佛教总体否定的结论提出不同观点。他在全面、深入、系统地研究中国佛教与古代科技发展关系的基础上,做出了一个总体的客观评价。

他以独创性的见解,解答了许多科学界和哲学界长期困惑的问题。他相继发表的一些研究成果和观点,已经被越来越多的学者所接受或已成为学术界的主流观点。

瀚光兄的为人之道也是我们学习的榜样,他是滴水之恩、涌泉相报。在他从事学术研究的过程中,得到了许多恩师的指导,他一直铭记在心。我们常说他是贵人相助、慧眼识珠、自身拼搏,成就一生。对过去老单位的一些建筑工人老师傅,他也一直没有忘记,对他们孩子的求学、工作的调动、生活的困难,他都鼎力相助,直到现在。他的生活观在"有意无意之间",这对当下那些拜金主义、浮躁之风而言,真是显得天上人间,给人一种仙风道骨的感觉。

瀚光兄的研究成果涉及面很广,对我们当下施工企业的管理、改革创新来说,也有许多可以借鉴和学习的地方,特别是对我们分析问题和判断事物,提供了许多可供提高的方法。瀚光兄把我们老祖宗的一些先进科学哲学思想挖掘出来,我们要继承和发扬,要认真学习和消化。这对指导我们日常工作会有有益的帮助,并会让我们保持更加清醒的头脑。

瀚光兄的《文集》要细细拜读,有许多深奥的地方尚需请教。

瀚光兄对中国科学哲学思想的研究是有巨大贡献的,我们诸多兄弟为有这样一位大师级的哲学家感到无比的自豪和骄傲!

探索历史科技浩瀚之海 超越时空管理智慧之光

朱世青[1]

欣闻老友周瀚光先生所著《周瀚光文集》出版,有幸获赠一套,拜读之余,甚为惊叹!深为周瀚光先生刻苦钻研的精神和博大精深的知识所折服。他在学术的高端领域挥洒自如,在科技的广袤太空任意翱翔,在如今物欲横流的社会中闪烁出异样的光芒。

《周瀚光文集》学术研究纵贯历史五千年,横跨佛道儒三界,从中国古代哲学研究到古今管理哲学和中国科学史,涉及多个领域,洋洋洒洒150多万字。我辈愚钝,无法一一领会,只能选读一二。

文中,周先生说"治学的道理也即是做人的道理"。他研究中国古代哲学和古代科技,从中汲取精华,剔除糟粕,批判地继承、发展并研究出了一套有着自己独特思想印迹的古代哲学和古代科技理

---

[1] 朱世青,浙江东海建筑工程有限公司副总经理。

论体系。他秉承了传统儒家终日乾乾、自强不息的精神,认真踏实、一丝不苟的作风,而又不墨守成规,迂腐教条;他也有传统道家拥抱大自然的胸怀,笑看人生、豁达乐观的情操,却又不故弄玄虚,把思想弄得神秘莫测;他有着佛家为求真理而甘受苦难、愿历万劫的勇气,却不似佛教那样把整个世界都看成痛苦的深渊。深入的研究,犀利的剖析,驾轻就熟地将常人认为神秘的难以捉摸的古代哲学、古代科技,以浅显易懂的方式表述出来,发扬光大了中国传统文化。同时,从文中也可看出周先生平时为人的写照。多年来,他自强不息,孜孜以求,奋力攀登学术领域高峰的精神,正是沿袭了中国历代学者和科学家探索真理、研究自然的治学精神。

周先生文集中研究涉猎范围极广,从古代哲学、伏羲神农、周易八卦、诸子百家,直至各个领域的古代科技成果和发展轨迹,总结、归纳了中国古代科技在天文学、数学、农学、医学等领域的发展,指出了儒道释诸家对古代科技做出的成就和贡献。他又系统概括并阐述了中国科技史发展的三个重要阶段,即:先秦——萌芽到奠基,秦汉至宋元——成熟走向高峰,明清——总结和引进并与西方结合。所有这些内容,既有学术研究的深度,又有科学普及的广度,值得我们认真阅读。

周先生的文集里有专著有论文,有散文有诗歌,也有讲义、提纲,还有一些未完成的研究课题,既是学术书,也是教科书和科普书籍。他把深奥的哲学理论如叙事般深入浅出地缓缓而解,令读者阅之醍醐灌顶,豁然开朗。然真正深奥之处,非我辈所能悟之,仍需周先生诲人不倦地予以指教。

铸就中华文化新辉煌
——读《周瀚光文集》有感
何重建[1]

中国传统文化历来有"显学"和"隐学"（玄学）之分。"显""隐"之区分据说是源于孟子、韩非子，韩非子著有《显学》。《显学》称："世之显学，儒墨也。儒之所至，孔丘也；墨之所至，墨翟也。"现指盛行于世且影响较大的学术派别。"隐学"（玄学）据说最早出现于《老子》："玄之又玄，众妙之门"，即是研究幽深玄远问题的学说。大概源于东汉三国，昌盛于魏晋，主要代表是《老子》《庄子》和《周易》。

应该说，老庄周易的思想，是中国哲学脉络中很重要的一块，被视为中国古代社会各种知识的基础。但一般认为，"玄学"的学术成果往往不能够直接运用于世。由于经历过特定的历史时代，当今社

---

[1] 何重建，1947年生，曾任中国建筑业产业报《建筑时报》副总编辑。台湾著名五行文化研究者梁湘润先生在大陆的首位入室弟子。著作有《中华绝学两岸缘——梁湘润大师（台湾）评传》（香港星易图书有限公司2014年版）、《黄历的前世今生》（上海古籍出版社2017年版）等。

会更多的学者会追捧儒释孔孟等"显学",却认为"玄学"属封建迷信。尤其是对"玄学"领域的一些技术运用,如"阴阳""五行""八卦""风水"等更视为洪水猛兽,避之唯恐不及。

《周瀚光文集》(以下简称《文集》)中,固然有着许多有关"显学"的文章,但我更注意的是《文集》中也出现了大量有关"玄学"的研究文章,如:

"周易的取象运数";

"周易的思维与中国古代的科学方法";

"周易的科学方法论思想及其现代意义";

"黄帝内经的阴阳相错、五行生胜";

"庄子科技观辨析";

"剖析中国古代的风水术";

"试论风水术在中国科技发展史上的积极意义";

"关于开展建筑风水研究项目的初步设想";

"中国传统天人观与科学思想的发展"等等。

甚至还用整整一编的篇幅,即第四编"道家道教与古代科技的发展",来介绍不为常人所知的老庄道家。这在"体制内"的学者中十分罕见。

显学和隐学(玄学),是中国体统文化不可分割、又各有使命的两个部分。周瀚光教授直面"隐学"(玄学)的积极态度,究根寻源的科学精神,研究扬弃的辩证思维,令人敬仰。可以说,如果没有老一代学者潘雨廷、刘衍文,新生代周瀚光、江晓原等一批教授学者的"接力"研究,不断有新的研究成果推出,中国"传统文化"恐将在"体制内"失去"半壁江山"。

从《文集》中得知,周教授曾作为潘雨廷教授的副手,开展了一系列有关道教和周易研究的学术活动，并于1989年成功举行了首届"周易与科学"学术会议，至今这项活动已经举行了八届，他们的研究成果，在学术界有着相当的影响。2016年《潘雨廷著作集》出版，2017年《周瀚光文集》出版，标志着研究道教、周易的老一代学者的"接力棒"，已经传到新生代学者的手中，也显示出《文集》背后的巨大张力。

我与周瀚光教授相识于2001年冬天。当时，上海市有关方面每年都会组织破除迷信、崇尚科学的"科技周"，举办一些讲座。一个偶然的机会，我参加了由周教授主讲的"中国古代风水术中的迷信和科学"的报告，当时以《建筑时报》副总编辑的身份参加听讲。由于个人在建筑领域工作了近三十年，平素对阴阳五行、天干地支、风水八卦也有爱好和研究，因此对周教授的演讲有"同步""共振"的感觉。会后相互交换了名片，就此与周教授结缘。后来得知，周教授的太太，居然是我原来的工作单位——上海七建的同事，而且是比较熟悉的同事！

2002年，上海的房地产业处于蓄势待发时期，上海市政协有关领导决定举办一个"风水研讨会"，我参与了会议的前期筹办工作。研讨会于当年11月15日在陕西北路128号上海市民主党派大厦6楼会议厅举行。研讨会的发起人，是原上海市政协副主席石祝三先生，研讨会的主持人是上海市华夏文化经济促进会常务副会长蒋澄澜。蒋先生是原上海市政协常委、副秘书长。

研讨会上，天津大学建筑学院博士生导师王其亨教授作了"风水和中国传统建筑，中国知名古建筑风水揭秘"的报告；周瀚光教授作了"论风水术的精华与糟粕"的演讲，我的演讲题目是："用经济的眼光看风水，选择住房和室内装饰基本规则及运用"。

这应该是改革开放以来，上海市举办的一次比较早、规格相对高的风水研讨会。能够与周、王两位教授同台演讲，我感到十分荣幸。上海 30 多家房地产开发企业的老总，以及上海建筑设计界，包括同济大学的数十位设计师、教授共 200 多人参与研讨。令我十分感动的是，中国建筑大师、上海现代建筑设计集团资深总建筑师，白发苍苍的蔡镇钰教授也坐在台下。每个人的演讲时间约为两个半小时，然后有 15 分钟的听众提问时间。从与会者的会场反应、会上的提问可以看出，建筑工程的设计者们、工程的实施者们对"风水"这个问题是十分有兴趣的。尽管当时在对待中国传统文化，尤其是"风水"的问题上，还未完全摆脱"极左"思想的桎梏，但"风水"的基本思想、原理已经被市场和人们的生活所接受，并在实际中得到运用。

《文集》有关《周易》的几篇文章中，周教授旗帜鲜明地提出："把《周易》与现代自然科学联系起来研究"，"还了它历史和公正的面貌"，"即不仅仅看到其历史上的价值，而且要看到其在当前的价值，用它来为当前的科学发展和文明发展服务"。

习主席在十九大报告中指出要"不断铸就中华文化新辉煌"，"让中华文化展示永久魅力和时代风采"。周教授的这个观点，显然是符合习主席对中华文化价值的判断和运用前景的判断的。

周教授不仅作为学者提出自己的观点，实际上他早已经在"隐学"（玄学）的"风水"领域进行拓荒播种了。《文集》中，有一篇"关于开展建筑与风水研究项目的初步设想"，该文的"脚注"中说，"本文系作者于 2002 年时，联合了部分高校、研究机构、学术团体及相关企业，共同编制的一份研究设想。后因作者于 2003 年初心脏病突发而未及实施",真是十分可惜。所幸周教授安然度过了这个人生"大坎",又神采奕奕地回到学术领域,于今年出版了《文集》皇皇巨著,并赠送于我。

作为十多年的老朋友,"隐学"(玄学)领域不同战壕的战友,衷心祝愿周瀚光教授保重身体,在道教和周易研究、风水研究领域,取得新的突破,并把这个"接力棒"传到年轻一代学者手中。

感恩周瀚光教授

陈文佳[1]

春华秋实,秋天的果实美不胜收。今年秋色乍现,出版社给我寄来了恩师周瀚光教授的巨著《周瀚光文集》。捧起巨著,感慨万千。因为我们当周教授学生的都知晓,周教授前几年大病一场,难以想象在这么短的时间,周教授不期而然,给我们送上了这份珍馐美馔的精神大餐,令人肃然起敬。因本人才疏学浅,不敢对周教授的巨著妄加评论,只是需要潜心好好研读。但见物生情,顿然浮想联翩,抚今追昔,饮水思源,对周教授的教育之恩有感而发。

光阴荏苒,转瞬大学毕业已近三十个春秋。1984年我们一大批"文革"后特殊历史时期的莘莘学子,渴望学习,渴求能上大学。由于考生多,高校又少,其高考竞争激烈程度远远超过现在考985高校。全班134名同学从众多历届毕业生中经过成

---

[1] 陈文佳,上海市政府侨务办公室副主任,兼任上海侨界知识分子联谊会会长。

人高考脱颖而出，我们喜极而泣地考上了华东师范大学夜大学政教与行政管理班。国家为了让更多的因"文革"十年失去高考机会的学子们能上大学，我们这个班竟然有134名同学，真是特殊历史时期的特殊群体和特殊现象。同学们都是来自各行各业，白天工作晚上就读。同学之间的年龄差异论辈相称。全班出现了夫妻同桌、同事同班、兄弟同窗等奇特的现象。由谁来担当我们这个特殊"巨型班"的班主任，学校也是煞费苦心，最后委派了周教授来"压阵"。果不其然，由于周教授博学多才，见多识广，学术精深，又为人虚怀若谷，平易近人，幽默风趣，雅人深致，特别是周教授对我们这个特殊"巨型班"情到深处，倾注心血，关爱有加，所以很快就赢得了全班同学高度尊重，师生间的感情也如同手足。周教授像火烛，情系学生，情倾讲坛，默默发光，无怨无悔，不愧为一位优秀的园丁。环顾今天全班各位学子，像遍地怒放的鲜花，哪一朵上没有周教授的心血，哪一朵上没有周教授的笑影。周教授为人师表，堪称楷模，班上有不少同学年龄都与周教授同辈，但都对周教授佩服尊重有加。因为周教授对我们这批特殊历史时期的特殊学生给予了更为特殊的关爱，做到了叶圣陶先生所说的："教师就是捧着一颗心来，不带一根草去的人"。

我既荣幸又"不幸"地被推荐为这个特殊"巨型班"的班长。荣幸的是担任班长可以有更多机会零距离向周教授请教学习，有"近水楼台"之优；"不幸"的是这么多同学的大家庭，年龄、性格、职业迥异，深感压力责任重大，生怕难以胜任。但周教授对我确实给予特别教诲，使我信心充盈，较好地履职了大学五年班长生涯。周教授在我心目中是亦师亦兄，真是：天涯海角有尽处，只有师恩无穷期。

漫漫岁月飞梭流逝，今天我们大学毕业已近三十年，我亦步入耳顺和花甲之年。但周教授的声音,总在我耳畔响起;周教授的身影,常在我脑海浮现;周教授的教诲,常驻我心里。我将永远铭记:教诲如春水,师恩似海深。

春种秋收,硕果累累。今年在我眼里,满目秋景硕果分外绚烂。因为我收到了恩师学术精湛沉甸甸的巨著,也感叹讲台催人老,粉笔染白头。周教授毕竟已近古稀之年了,衷心祝愿周教授继续呈现我们同学心目中那样的风流倜傥。当然更感慨周教授的银丝就是生命价值的尺子,《周瀚光文集》这部巨著的出版,则是对周教授最高的评价。

值此《周瀚光文集》隆重出版之际,欣然命笔,以表祝贺。

读《周瀚光文集》的一点感想

陆蕾梦[①]

周瀚光老师是我大学就读时的班主任,他学识渊博,气质儒雅。尤其是他极强的哲思逻辑和幽默生动的讲课风格给我留下了深刻的印象。每次听他授课都会被深深吸引,生怕错过每一个精彩。

他用他的睿智、才华为我们打开了一扇用哲学思想科学地去认识世界的心灵窗户,与我们一起分享许多他独到的思想见解,真如他的名字:瀚海入经纶,光彩映哲思。

作为班主任,他非常关爱学生,平时经常与学生亲切交流沟通,谈笑风生,大家都很尊敬他喜欢他。尽管已毕业30多年了,但只要是有他新的课新的讲座,我们都会赶去聆听。他也会关注我们的微信,常常来留评指教。

---

① 陆蕾梦,原上海市委组织部正处级巡视员,现为上海市党建研究会《党建通讯》执行主编。

为了学术,他从未停歇过前进的脚步,今朝硕果累累,便是他奋斗不懈的见证。

恭贺充满智慧、魅力和才情的周瀚光老师!

学有所成　颇多建树

朱全弟[①]

周瀚光老师学有所成颇多建树,这句话,由我这个他的学生说出来大不恭敬。但是,回忆在夜大学时代,我们都亲切地叫他周老师,他一点没有架子,平易近人且非常随和。及至今日,我收到他快递过来的厚厚五本《周瀚光文集》时,正好我们一帮人在上海报业集团11楼打球,有位老记者先睹为快,翻了翻,大呼一声:乖乖!你这个老师厉害了。

确实厉害!用"数学"来解中国哲学,或许我说的不科学,但周老师文集里的《中国数学哲学思想探源》应该是开创性的研究。我的现在依然非常健康的101岁的武术老师凌汉兴先生就告诉过我,当年他到圆明讲堂去听忘年交的薛学潜老先生讲易学,薛老用高等数学解析易经,在座许多人包括他自己听得云里雾里。最近,微信里有小学生利用统

---

① 朱全弟,1956年出生,《新民晚报》资深记者,中国作家协会会员,上海社科院新闻研究所客座研究员,上海凌氏心意沙龙理事长。

计法研究好像是李白的诗吧,连写诗的诗人自己都不知道的事,他通过计算机统计出诗人在诗中反复使用的词汇,以此来探究诗人的当时情怀。我对数学一窍不通,因此没有考上全日制大学却有幸考上了华东师大夜大学,粗粗浏览了我的老师周瀚光教授的雄文五本,心里不禁窃喜:余复得良师矣。

现在,我们有许多东西需要重新审视,尽管不懂,但是用数学的方法可"解"许多历史之谜。比如说,我立志写出中国传统文化中的武术和中医两方面的东西,周老师的文集一定会给我许多教益和启发,更为有幸的是,作为学生,我登门求教他也不会拒绝的。

读周教授《中国科学哲学思想探源》有感

史钦耀[①]

当我一拿到四卷五册沉甸甸的书时,脑海里立即浮现出周老师那儒雅学者的风度和那总是带着灿烂的笑脸。翻开前言,一段文字顿时跃入眼帘:"有些观点虽然以后有了改变或发展,但这里也不做改动"……从这寥寥数语言辞中,一个严谨治学而又尊重历史、实事求是的学者形象腾跃而出。

弹钢琴,写生,听英文节目是我每天的必修课,然而当我浏览一下书中内容,那些引人入胜的、富有哲理的思想让我欲罢不能而改之。仰观天象,俯察地理……仿佛我已置身其间。这古代科学方法三十六则,在周老师高屋建瓴、潜心研究、无一遗漏的娓娓道来中而明理,知故。作者将此三十六则科学方法比较明显和突出的特点又概括为六个方面,即:勤于观察,善于推类,精于运算,明于求道,重

[①] 史钦耀,华东师范大学本科毕业,法学学士。耀申企业(美国)有限公司董事长(现已退休)。

于应用,长于辩证。那些举一反三、庖丁解牛、技进于道、察类明故等一个个古代辉煌的思想在作者的条分缕析、归纳总结中清晰地呈现在读者面前。中国两千多年的科技成果及诸子百家的思想如此全面地集于一身,让我们受益匪浅,不仅知其然更知其所以然。

在中国古代科学思想的探索中,作者也对诸子百家、对中国传统医学的影响进行了深刻的剖析,从《黄帝内经》和张仲景的《伤寒杂病论》中剖析出中医阴阳对立统一的辩证逻辑思想。作者认为,中医要现代化和科学化,也有一个对自身的思维逻辑进行反思,从自发走向自觉的过程。作者提出:中医之所以能历两千多年时间而不衰,而且至今还在临床上发挥着重大作用,它在逻辑思维上的原因是什么?中医治病,究竟用的是什么样的逻辑方法?这些都是值得中医学界和逻辑学界密切关注并重视的问题。作者从中医逻辑与中医哲学的探讨中,提出要建立中医逻辑学这门新的学科。作者以庖丁解牛的方式对中医逻辑学研究提出了若干设想和展望。令人惊讶的是,作者作为一个哲学社会科学方面的教授,竟对广博深奥的中医也能了如指掌地娓娓道来。

在古代的数学哲学中,"一"常常被用来表示"天""地""人"这三个重要概念。周老师从先秦的"一"开始,一以贯之地从"一少于二而多于五"的《墨经》精彩论断到刘徽《九章算术注》中"割圆术"的辩证思维思想,对"一"的多种作用与古代数学哲学的关系剖析得淋漓尽致,使人读后一目了然。不仅如此,在叙述数学的过程中,一道道的数学公式图文并茂地呈现在读者面前。起先我还饶有兴趣地跟着公式去思考和解题,但很快就对着这些深奥莫测的数学公式望"式"兴叹了。我实在无法理解的是,医学与数学这两门深奥的学问,周老师何以能信手拈来?

直到我后来读到第一卷附录六中《广西民族大学学报》对周教

授的访谈录,这才找到了答案。工欲善其事,必先利其器。原来周老师在复旦大学攻研时,觉得需要补充的知识实在是太多了,于是又到数学系去选修了高等数学,一有空就做高数题,并且还嫌不够,又跑到上海中医药大学去旁听了医学史的课程。如此孜孜不倦地好学,除了精力充沛、毅力非凡外,恐怕也一定是自幼聪颖、才思过人,方能跨如此大的学界学习的。由此谜团解开了,不禁让我对周老师肃然起敬,钦佩之至。

老师思维清晰,对一些似是而非的错误论断也敢于与对方商榷,而不论其是何等地位、头顶何种桂冠,而是以真理为判准说出自己的观点。这儿仅举一例:"伪科学的历史肯定比科学更长",这个明显有违逻辑思维的论断,老师仅用一句话就予以驳斥:"伪与真相对,要伪装和假冒,必先得有一个真的东西存在。"所谓皮之不存毛将焉附,就是这个道理。那么怎么可能得出伪科学比科学历史长的结论呢?

周老师的这套个人文集洋洋一百五十多万字,填补了中国科学思想史的空白,可谓前无古人。

周老师在书中说,他发现一个有趣的现象,他的一大部分著作和论文的写作都是在青岛完成的。我想是啊,因为青岛不仅是一个秀丽的城市,而且傍山临海,面对着浩瀚大海,创造性思维正可以天高任鸟飞,海阔凭鱼跃。有这么好的天时地利,使得周老师能够才思泉涌,自由翱翔。浩瀚大海孕育着大胸襟,才会如鱼得水、挥洒自如也。

掩卷而思,思绪如潮,乃欣然命笔,作藏头诗一首如下:

周朝历代留青史,
瀚海孕育大胸襟。

光彩夺目五册书,
青岛秀城立创意,
史无前例思想史,
留作后人细读之。
名扬天下瀚光闪,
赞美之词溢书间!

祝贺《周瀚光文集》四卷问世

汤云芳[1]

今年国庆前夕,单位门卫通知我取快递,并说这个快递分量蛮重的。打开包裹一看,是由周老师亲自签名的《周瀚光文集》四卷。

这套文集,四卷五本,共有十九编,约158万字,装帧素雅,捧在手中,确有分量。这是周瀚光老师30多年教书生涯的总括,也是他学术研究辉煌成绩的汇总。作为他的学生,收到此书,得到周老师如此厚爱,真是受宠有加,好生激动。隔了30多年,昨日课堂情景呈现在眼前:课上周老师西装笔挺,发丝不乱,还未开口,先露笑脸的儒雅形象。

记得周老师是我们华东师范大学"中国古代管理哲学思想"学科的授课老师。上哲学课,原本就是深奥、枯燥的课程,更别说上古代管理哲学思想课。那时读书纯粹是为了获取一张文凭,对所学的哲学学科兴趣不大。但在听了周老师的课以后,渐

---

[1] 汤云芳,人民日报社所属国际金融报社发行部主任。

渐喜欢上了这门学科,因为周老师会讲故事,诸子百家,故事不少,而他就能脱口而出。尤其是那些复杂而深奥的古代管理思想,经他研究后,用现代人的语言,又结合身边发生的事实,娓娓道来,耐人寻味。听他的课,是一种享受。

众多的学课上,有个细节是难忘的。在上"中国古代管理哲学思想与现代企业管理思想之比较"这堂课时,周老师特意推荐了《菜根谭》一书,告诫我们,现代企业管理管的是人,你们学的是行政管理,未来都是在各行各业搞管理的,此书对你们今后工作会有相当大的帮助,一定要去阅读,去看。当时,我记住了周老师的话,在某个周末,从新华书店买到了此书,可惜的是,我虽已买了《菜根谭》,没看几页,就束之高阁了。现在看来,八十年代初,周老师就有"嚼得'菜根谭',方始能成功"这样的告诫,可谓有先见之明。可见,他对古代管理哲学思想的理论研究,对今天仍然意义非凡。

听他的课,还有一番享受,就是板书亮眼。曾经上课最头痛的是,笔记记录抄板书,字迹一潦草就跟不上,但上周老师的课,就没有这种头痛的感觉,上他的课,我只当是板书临摹课。以至于现在常常听朋友赞美,说我的字不错,这完全得益于抄周老师的板书。

师者,传道授业解惑也。周老师是睿智、风趣的,更是亲和的。我们这个班级许多学生与周老师年龄相仿,所以心性相近,关系可谓默契。即便是毕业了,有事也喜欢与周老师商讨,听听他的意见。他既是师长又是兄长,大家都很崇拜他,我当然也不例外。记得,毕业已有十多年,有一回做梦,梦中情节不知何故,醒来后,心生疑念和好奇,我第一个想到的就是请周老师解梦。解梦如何,无关紧要,然周老师的学术研究领域之宽广,足可以让我信服他所说的。

从在华东师大做学生认识周老师,至毕业离开学校,至今已有

30多年。其间，我们也曾办过几次校友聚会，已是教授级的周老师，每次都是认真参加，认真发言，将他自己学术研究的成果和体会与我们分享，一点架子都没有。记得1994年第一次校友聚会上，周老师唱了一首在当时很风靡的歌曲《一剪梅》。没想到，研究古代精华的周老师，现代流行歌曲居然也唱得那么好，真令人佩服。在我眼里，他是研究古代管理哲学思想体系的，但现实中的他又是那么多才多艺，古代的和时尚的在他那儿得到了完美的统一。

天道酬勤。如今，《周瀚光文集》四卷汇集出版，这是周老师与命运抗争、与时间赛跑努力的结果。这个结果，是他对中华文明的贡献和传承，是他对中华五千年管理哲学思想体系的贡献和传承。

祝贺《周瀚光文集》四卷问世！

周瀚光老师印象

李美芳[1]

缘分真的很奇妙!

1984年的夏天,我被上海师范大学成人教育学院中文系录取,因为一些私人原因,我未去报到。兜兜转转,我成了华东师范大学成人教育学院政治教育与行政管理专业84级的学生,让我有缘结识了至今引以为豪、令我敬佩的周瀚光老师。

周老师从教38年,硕果满枝头,桃李满天下,在金秋十月收获的时节,在《周瀚光文集》出版之际,很想对老师说些什么又有些怯懦。说实在的,在周老师的众多学生当中我是最平平的。84级同学汤云芳对我说,最好的文章就是最真实的经历,最真实的情感。我觉得有道理,于是,我提笔写下了以下文字,记下了我与周老师相识三十几年、已经在记忆中抹不去的几个片段。

---

[1] 李美芳,上海培佳双语学校办公室主任,原华东师范大学成人教育学院政治教育与行政管理专业1984级学生。

片段一：

在大学二年级的时候，周老师成了84级的班主任并任教中国古代哲学史。

讲台上的周老师无论语言、动作、板书都洋洋洒洒极富感染力，他将中国古代哲学史这门学科讲解得引人入胜。他颂古论今，谈天说地，引经据典，又结合现实包括他自身的一些经历，让我们知晓意识与存在，分辨科学与迷信。他让这门学科成为我们最喜欢最期待的一堂课，也是教室里学生坐得最满、听得最入神的一堂课。

讲台下的周老师风度翩翩、多才多艺，班级聚会少不了他热情洋溢充满感召的讲话，少不了他悠扬的歌喉，我们喜欢听他说听他唱。那一年，在华东师大工会俱乐部班级聚会上，身着白色西服、潇洒一曲蒋大为的《在那桃花盛开的地方》，永远定格在我的记忆里，现在想来依旧那么美好。

讲台下的周老师还喜欢坐到我们同学中间利用课间聊聊天。聊聊你我他，聊聊近和远，聊聊家事国事和天下大事。也许84级大多数同学与周老师年龄相仿经历相似，所以更有共同的话题与深度的共鸣，常常是老师学生谈笑风生其乐融融。而我大概是年龄偏小的缘故吧，往往是在旁边默默地看静静地听，很少参与却很享受。有一次的聊天聊到了我，其中老师说的一句话让我记到现在。老师说："小白兔（我属兔，班级同学们对我的昵称）将来是我们班级最幸福的人。"我不知道老师缘何而说，心里美滋滋的，也许是老师对我的期许吧。

片段二：

我和周老师的缘分还在于，我们都工作在华东师范大学，同住在华东师大一村，因此会在美丽的华东师大校园偶遇。那一次我抱着年幼的女儿在先锋路上遇到了老师,老师询问了我的近况。我告诉老师自己工作平平而且刚刚离婚,一个人带着孩子,工作生活都落入低谷。看着老师诧异的表情,我自然想起老师曾经说过的那句话……人生就是这样,没有预设也没有如果。

大约又过了许多年,因为同学汤云芳请教老师一件工作上的事情,邀我作陪,我们三人相约华东师大丽娃河畔的逸夫楼一楼餐厅。记得下午阳光正灿烂,河畔风景秀丽,让人心情很舒畅,刚刚好适合聊天,我们谈了许久。老师自然又聊起了我的生活和工作状况,得知我依然独自带着女儿生活,就很直白地鼓励我努力改变现状,给了我很多的建议和创意。我惊奇地感觉到,老师非常地与时俱进和开怀明智,还不乏超前意识和理念。老师的一番开导和一席金玉良言,使我面对现状患得患失的犹豫有了释然的勇气。那一次的相聚,似乎又聆听了老师的一堂课,记忆深刻。

如今,我已经得到了执子之手与之偕老的另一半,也印证了老师当年说的:"小白兔将来是我们班级最幸福的人"。现在的我真的很幸福。

片段三:

2009年夏天,班长陈文佳的女儿陈君烨考入上海交通大学,我们五个家庭(陈文佳、陈文湘、陆蕾梦、汤云芳、李美芳)相聚上海华侨大厦庆贺,特邀周老师和师母参加,并派我去闵行家里接他们。我带着有点小激动的心情敲开老师的家门,这一回轮到我诧异了,映入眼帘的老师是一个与之前相差很大的瘦小的身影,原来老师刚刚经历了一场生死博弈,大病初愈。那天晚上,老师给我们叙述了一个荡气回肠的与生命赛跑的励志故事,有惊心动魄,有跌宕起伏,有惊诧悬疑。在老师的叙述和不断的答疑解惑中,我们仿佛又回到了政教系二楼梯形教室正在进行的一堂哲学课当中。

人生就是这样,不平凡的经历让人不再平凡。重生后的周老师,带着对生命的感悟重新扬帆起航。

我们看到了依然翩翩风度学者风范的周老师,游学讲学,著书立传,教书育人,成果斐然,事业又登高峰。

我们看到了依然多才多艺热情四溢的周老师,一曲评弹字正腔圆,一展歌喉麦霸锁定。

我们看到了依然柔情似水慈祥长者的周老师,与师母携手游历青山绿水,足迹遍布国内外;与外孙嬉闹游戏返老还童享受天伦之乐。

周老师给自己微信起名叫"老顽童"。我想说,"老顽童"也是一种境界,一种彻悟,一种洒脱。

祝"老顽童"每天开心多一点,幸福指数节节高!

我的老师周瀚光先生

单连岱[①]

前些日子,收到厚重的《周瀚光文集》,四卷五册。闻着墨香,翻开书籍,不禁心头一怔,因为书的扉页赫然写着"连岱学友存正,瀚光,2017年秋"。学友一般就同辈而言,周瀚光先生实际上是我真正的授业恩师。对于晚辈后学的我来说,得先生如此称呼,实感惶恐。但细一掂量,又觉释然,因为这太符合先生谦虚和蔼的为人风格了!

与周瀚光先生的缘分可以追溯到20世纪80年代。当时,我在华东师范大学哲学系就读,先生既是班主任,又是授课恩师,为我们主讲"中国哲学史"。先生幽默风趣的讲解、遒劲有力的板书、纹丝不乱的头发、风度翩翩的衣着、天高云淡的神态……给我们留下了极为深刻的印象。先生在完成授课任务的同时,致力于学术研究,因师生的缘

[①] 单连岱,山东省鲁东大学党委常委,纪委书记,原华东师范大学1983级哲学专业学生。

故或因我比较认真,先生总让我帮着抄写论文清样。先生对科技史、哲学史的深刻了解和多方剖析使我敬佩不已、受益匪浅。

1987年我大学毕业后离开华东师范大学,在青岛大学参加工作。空间距离并没有疏远我们的师生情谊,反而为我提供了更多的与先生接触交流、当面求教的机会。或许因为青岛湿润的气候、秀美的风光、凉爽的夏季更容易激发创作灵感,先生对这座岛城深爱不已、留恋不已。每每暑期,先生都要到青岛驻留一段时间,为休假更为学术。起初,先生就与我同住在学校单身宿舍,从事论文写作。宿舍条件极其简陋,这并没有妨碍先生潜心问道,先生躬耕深耘的写作身影和对学术一丝不苟的追求精神,给我留下了深刻的印象,至今历历在目。后来,先生在青岛有了自己的公寓,专事创作,年年如此,收获满满。正如先生在文集中所言"每次从青岛度假后返回上海,都有一种满载收获欣然而归的感觉"。可以说,青岛这块福地,既见证了我与先生三十多年的师徒缘分,更见证了先生三十多年如一日、笔耕不辍的学术历程。

天道酬勤。如今看到先生出版的这沉甸甸的著作,我一点儿也不觉得惊奇,这是一种必然。因为工作岗位变动,我早已离开教学科研一线多年,学业多已荒废,每念至此,内心总有一种莫名的失落情愫。先生扎实的专业理论功底,孜孜不倦的求学精神,谦逊严谨的治学态度永远值得我学习。先生在文集中说自己是游走于科技史与哲学史两个学科之间的两栖人,愿做两个领域之间搭建桥梁的架桥人。在我看来,先生矢志不移、满腔热忱地投身于理论研究,所取得的成就,本身就是科技史和哲学史一次美丽的邂逅。

一路走来,无论是人生方向还是事业方向,每每向先生请教,总能得到耐心的解答,使我受教颇多,常感怀于心。如今每年都与先生相聚青岛,还是和当年初见时的印象几乎没有两样——年轻焕发,充满活力,豁达洒脱。若不是文集中一些章节的提醒,真不觉得时光会过得如此之快,真不觉得敬爱的周老师已年近古稀。衷心地祝愿先生健康长寿,学术永远,永享天伦之乐。

值此先生文集发布之际,写下以上文字,借以表达学生的敬佩和感激之情。

写在《周瀚光文集》收到时
黄　静[1]

出差回来，收到周先生文集时，已是昆明的深秋。窗外绿树成荫，枫叶初红，在顶层的书房，轻轻地拆开外包，一本一本地抽出这套先生手书"雅正"的文集时，我心肃穆。

先生于我有四年师恩，当年他笔挺的西服、一丝不苟的发型、遒劲的书法、潇洒的盲棋、优雅的气质是我们这些学生对他崇拜的起点。在毕业后的几十年中，先生三次来到我所居住的南国小城，也和我聊起他这些年的研究成果，他说得云淡风轻，我却听得刻骨铭心，系统拜读先生作品的渴望愈发强烈。

不敢奢谈深读，这套四卷五册的文集，泛读中，依稀可见当年课堂上那个挥斥方遒的身影，文理兼收，更窥见先生这几十年涉猎的广泛、精奇的角度、思索的深度、贯穿始终的认真严谨以及最终呈现出

---
[1] 黄静，中共云南省委党校、云南行政学院哲学教研部教授。

来的宏大与精致。

也不敢对这套已成体系的作品妄谈评论,只愿其深邃的思想能携我遨游思想的星空,引我拾撷一两颗思想的星星,得我欢喜,足矣。

说说老师周瀚光教授

杨兰品[①]

一、教学和生活中的周瀚光教授

周瀚光教授是我在华东师范大学哲学系读本科时"中国哲学史"课程的授课老师,也是我们83级哲学班的第二任班主任。

中国哲学史这门课,对我来说趣味索然[②],然而周老师却是趣味盎然的。周老师是名副其实的大帅哥啊,儒雅、和悦、睿智,仪容整齐典雅中透着随意与时尚,谈笑诙谐爽朗中尽是智慧和学识。当年的自己,只要一上课就打瞌睡,但周老师的课就不太打瞌睡了,因为周老师的板书非常漂亮,很吸

[①] 杨兰品,武汉理工大学经济学院教授、博士。1983—1987 年在华东师范大学哲学系学习,并获哲学学士学位。

[②] 坦白说,自己当年年少无知贪玩悟性弱,几乎感觉不到哪门课程不是趣味索然的。然而或许正是这趣味索然的哲学专业的训练和熏陶,使我多少有了些学术气质和做学问的底气,不然何以安身立命、养家糊口?

引俺的眼球,周老师还很风趣,时常在枯燥深奥中穿插一些小故事。

作为班主任,周老师经常参加我们班里的活动。记得在松江①实习时,周老师带了一大袋子的粽子、零食来看我们,还带了一只大烧鸡。惹得小帅哥美女们一阵欢呼雀跃后大快朵颐,连鸡骨头都熬了汤。全班40多个同学,毕业后分布在全国各地甚至海外。在毕业后的几十年时间里,不管周老师因公或因私到哪里周游,只要那里有我们同学,周老师必想方设法挤出时间师生欢聚,并同时毫无保留地送去他的欢声笑语、关切和祝福,甚至支持和帮助。几年前,周老师把大家毕业时留给他的照片,扫描并分别在网上发给大家。直到毕业30年后的今天,周老师还依然记得我们班每个同学的名字。

周老师生性乐观、豁达、洒脱,很有些道骨仙风,很少见到不是带着春风荡漾的笑容和"呵呵呵"②的笑声的时候。20世纪80年代的上海,有一次周老师和我们一帮同学经过一个大饭店时,一个同学说:这样的地方,不仅不敢进,也吃不起啊! 周老师呵呵大笑道:没什么不敢吧,就只喝碗汤,还是喝得起的吧!

周老师很风流倜傥。他有把折扇几乎从不离手。有一年在青岛与周老师一起游海边,我好奇地问,周老师这扇子一定大有来头,莫非是哪个美女送你的? 一定有很美很浪漫的故事吧? 周老师"呵呵呵"地开怀大笑说:周老师身上很美、很浪漫的故事多了去了,但不能都告诉你啊! 周老师还相当能"忽悠"。大约是1989年的春天,我陪着周老师游少林寺,周老师三言两语就把一美女导

---

① 当年的上海市松江师范学校。
② 本文的"呵呵"不是现在网络聊天时的含义,而是笑的象声词原本的含义。但对于周瀚光教授来说,是特有的超然、幽默、轻松,又发自内心的爽朗笑声。

游给"忽悠"晕了,人家不仅给我们提供免费搭车,还给我们免费做了导游和解说。

周老师多才多艺,棋艺尤其精湛。上大学时,经常和男同学们进行象棋的"车轮大赛",也就是周老师一个人对阵七八个同学,七八个棋盘同时摆开。周老师常常是谈笑间如秋风扫落叶般使小帅哥们的阵营七零八落直至灰飞烟灭。

二、学问中的周瀚光教授

大概1990年吧,周老师就送俺一本他的专著《传统思想与科学技术》。不久前,周老师又寄来了由上海社会科学院出版社新近出版的《周瀚光文集》,非常精美、大气、典雅的印制,里面是5本专著,套餐啊!双手捧着这沉甸甸的非常丰厚、高大上的精神食粮,纳闷、好奇、惊讶、感叹、困惑之情,无以言表。

周老师曾经在2003年大病一场,可以说是劫后重生,况且早已功成名就,又已荣休,当是休养生息、颐养天年,怎么还又捯饬出这么大的果子?

坦白地说,俺捧着老师的洋洋大作,迟迟不敢打开。俺已学习和琢磨经济学多年。在俺看来,无论是学习还是研究,哲学似乎更高深、更不容易,何况周老师的主要研究领域是中国哲学史和中国科学思想史,尤其是中国传统思想文化与科学技术的结合,以及中国数学史、中国古代科学方法、中国传统管理科学思想、甚至宗教等。光是看着这些字眼,都让我恐惧、发憷。这方面的著述,俺想读懂都很艰难、很耗时费力,周老师却是在这些非常深奥的领域原创性地创作出这么厚重的成果,这得多么深厚的功力、积累和艰苦的努力才能为之啊?

　　作为同样在高校工作的教师,深感做学问之艰辛。自己做一篇小论文,都磕磕绊绊、跟头把式的。如果周老师是带着老花镜、埋头故纸堆,手不释卷、废寝忘食,眉头紧锁、愁苦满面,不修边幅、一副艰难痛苦状,因而硕果累累,倒也罢了。问题是周老师属于特别会玩好玩的那种类型,经常闲云野鹤般游山玩水,那么在风轻云淡、谈笑风生中又是如何把学问做得如此行云流水、举重若轻的?诀窍、秘籍是什么?

　　除了惊讶和感叹,敬重与钦佩,更深感自己情切却言疏,难尽周老师的风采与才德。在此"《周瀚光文集》发布会暨科学与哲学思想探源研讨会"即将召开之际,由衷预祝会议圆满,祝福周老师幸福康健!

诗一首：贺《周瀚光文集》出版

刘自力[①]

金秋十月逢盛会，
瀚光文集又出版。
探古析惑开新意，
宏篇巨著美名扬。
只道恩师神游广，
不料笔耕惊四方。
吾辈望尘须努力，
莫负师大四年窗。
但愿文集插双翅，
更祝先生身体康。

---

① 刘自力，湖南省益阳市司法局副局长，党组成员。

周老师的青岛情结
——贺《周瀚光文集》出版

刘 虹[①]

2017年9月的一个下午,快递敲开了我的家门,很沉的一包东西让我签收,甚是疑惑,待打开包裹,《周瀚光文集》几个大字赫然出现,原来是周老师的大作出版啦!激动、兴奋之余,打开仔细观看。文集共有四卷,翻开第一卷,首先映入眼帘的是周老师的巨幅彩照,还是那么的洒脱帅气,头发一如既往地纹丝不乱。当看到扉页上那熟悉的钢笔字题签时又小小地感动了一下,当看到前言的最后部分竟然提到了青岛时,俺记忆的闸门徐徐打开。

我是1983年9月从青岛来到上海,进入华东师范大学政教系(后独立出哲学系)读书的。与周老师相识是在1986年,那时他担任我们的班主任并且给我们讲授中国哲学史课程。对周老师的印象,真的如陈卫平老师在序中提到的:是我系当时

[①] 刘虹,山东省青岛大学副教授。

最为风度翩翩的青年教师。周老师多才多艺而且拥有许多学生粉丝,我就是其粉丝之一。听周老师的课那是轻松愉悦的,他语言诙谐幽默又不失严谨,带领我们去熟悉去接近历史上伟大的思想家、哲学家。我毕业以后也是在高校从事教学工作,我上课的风格很大程度上是受了周老师的影响。我记忆中,周老师在1986年的暑假就来青岛度假了,在跟老师的聊天中得知,老师非常喜欢青岛的气候和大海,没想到的是老师与青岛的缘分竟然从此未断。

1987年毕业后我如愿回到了青岛,当时青岛有单连岱、刘慧晏等华东师大毕业的学生。我们经常跟老师在一起把酒言欢,谈天说地,好不快活。在席间也经常听老师跟我们畅谈数学史、古代科技、佛教、刘徽等,有时候感到好奇地问:老师您是来度假的,脑子里还装着这些难道不累吗?没想到周老师总是爽朗地大笑说:不累,我感到很开心。就像周老师在《文集》前言中所说的:"每次从青岛度假后返回上海,都有一种满载收获欣然而归的感觉。"

我不是周老师最出色的学生,而周老师却是我最尊敬、关系最亲密的老师。在青岛期间,老师非常关心我的工作情况,当我在工作中遇到了困难,周老师总能帮着化解。我们共同合作发表了《从历史经验看法治与德治并举的管理哲学思想》一文;共同开展横向课题合作研究:儒家管理思想的现代应用及儒家思想与和谐社会等,在此基础上我发表了《浅论儒家管理哲学对现代管理实践的启迪》一文。有一次,我的一篇关于《老子》的文章被杂志社退稿,正逢老师在青岛度假,遂带给老师过目,没想到老师回上海后竟然重读了《老子》,还非常认真地给我写了一封亲笔信,从不同角度谈了自己的理解与感悟。感谢老师,我的《对道家"无为而治"管理理念的哲学思考》一文,终于如愿发表。

老师有学问,还有一颗宽容慈爱的心。愿欢快的笑声,在每年仲夏的青岛一隅，永远伴随着我们。这部《文集》，既是老师对自己后半段人生的概括和总结，更是给我们树立起了榜样。放下笔，抬头窗外，秋意渐浓，天空湛蓝，阳光洒了一地，竟是如此地愉悦和温暖。周老师，我衷心地祝福您安康，如意！

印象周老师

李亚宁[1]

在华东师范大学本科毕业已经30年了。回想读大学的日子,很多事已经淡忘,一些老师、同学的面孔已经模糊了,但是,有一位老师的形象还是会非常清晰地印在脑海。印象中上"中国哲学史"课程的那一天,一位中等身材、戴金边眼镜、穿白色西装的老师走上讲台,尽管是在上海,当年大多数老师的服饰还停留在文革蓝灰色系中,这位老师的装束简直把我震呆了,好有气派啊!这位儒雅帅气的老师就是周瀚光老师。课上讲了什么内容早已不记得了,只记得每次上周老师的课我都非常认真、非常崇拜地听着,看着老师翻动带来的一本又一本书为自己讲授内容佐证的姿势,听着老师滔滔不绝地讲述着,恍惚间老师好像也变身为各个时期的大家……

也是那一年,周老师开始做我们班的班主任。

---

[1] 李亚宁,北方工业大学副教授。

于是，各个宿舍又能见到周老师了，还是那样暖暖地关心着同学们的学习、生活。可惜我那个时候不懂事，倔倔地不善于与老师沟通，错过了许多机会。直到前两年老师来北京开会，陪老师游香山，再次提起当年的人与事，才发现当年错过了什么。1987年大学毕业，老师们纷纷祝福留言。其他老师同学说过什么也同样忘却了，唯有周老师的一句话今天仍会在耳边响起："今后要如履薄冰、如临深渊"。这句话当年不懂，随后的日子，尤其是走上工作岗位，却不断地敲打着自己……

时光荏苒，当我开始放弃为事业打拼，开始为退休准备培养各种爱好的时候，却不时地在 QQ 相册中看到老师参加各种国际会议的身姿，仍然是那么儒雅帅气，时光好像为周老师停止了。当拿到老师寄来的《周瀚光文集》时，我震惊了，整整五大本，太厉害了。爱生活会生活、诗情画意的周老师啊，这些年来在学术上也在不断耕耘着，收获满满呢！——这让学生情何以堪呢！

周瀚光老师是我们永远的班主任

张荣洁[1]

周瀚光老师是我大学本科三、四年级时的班主任,并给我们讲授"中国哲学史"课程。他上课仪容端正,穿着儒雅;板书漂亮,夺人眼球;语言生动风趣,内涵深奥。周老师的讲课艺术,一直是我景仰的。在我三十多年的教学生涯中,不时鞭策着我,每次讲课,都要做好精心准备,以周老师为榜样,力求用浅近的语言说明复杂的内容,不故弄玄虚,不用晦涩的概念名词显示自己的高深莫测,而把学生弄得云山雾罩的。

周老师对学生们永远存有一颗爱心,只求付出,不求回报。我们在学习或生活上有什么烦恼和不如意,也都愿意向周老师吐露,周老师课余和我们交流的时间也是很多的。毕业这么久了,他一直都和班上同学保持着联系,是我们永远的班主任。

---

[1] 张荣洁,广西大学马克思主义学院副教授,原华东师范大学哲学系1983级学生。

他的"有意无意之间"的生活信条也给我很大影响。"有意",就是说人的一生,必须要有积极进取、努力奋斗的一方面,在为社会做贡献的同时,不断地提升自己和完善自己。"无意",则是说对那些功名利禄不要太过在意,不要过于斤斤计较那些一时的利害得失。该"有意"时当"有意",该"无意"时且"无意"。如此,人生才能既得到发展,而生活又能相对过得比较自由而洒脱。真佩服周老师,在教学和学术研究方面那么成功,而在生活方面又那么丰富多彩,喜欢写诗、乐器、旅游、下棋,夏天去青岛避暑,冬天去南方避寒。

周老师在学术领域著述颇丰,硕果累累!我辈望尘莫及,除了敬佩还是敬佩!在此预祝"《周瀚光文集》发布会暨科学与哲学思想探源研讨会"顺利召开!祝周老师永远年轻!幸福指数一天比一天高!

读周瀚光先生《中国科学哲学思想探源》有感

赵克斌[①]

近日有幸拜读了周瀚光先生的《中国科学哲学思想探源》一书,让我获益良多。本书系统、全面地展现了中国科学思想的历史进程和丰富内容。周先生博闻强识,学术研究专业而精深,从中国古代主流思想体系儒家、道家乃至道教、佛教入手,追本溯源、抽丝剥茧,一一阐述了它们对于中国科技的影响和贡献。

周先生构建了哲学史和科学史之间的桥梁。周先生提出传统儒家对古代科技起到了积极的推动作用,其一:传统儒家对中国古代的主干科学积极参与,颇有建树;其二:儒家的一些思想认识方法对古代科技的发展有积极影响;其三:古代科技两个最发达的时期,恰好也是儒学最为昌盛的两个时期。

[①] 赵克斌,安徽华信国际控股股份有限公司董事、副总经理兼董事会秘书。

周先生研究了中国古代科学方法论和中医逻辑学方面的探索和创新。从《黄帝内经》中提炼出了一个思维模式,即辩证逻辑和形式逻辑相统一而以辩证逻辑为主,演绎逻辑和归纳逻辑相统一而以演绎逻辑为主的逻辑思维模式。从《伤寒杂病论》中归纳出:形式逻辑的指导和运用有长足的发展,并且在辩证逻辑的统帅下发挥了极大的组织思想和条理思想的作用。

周瀚光先生1980年考入复旦大学哲学系研究生,师从著名哲学家和哲学史家严北溟先生,专攻中国哲学史。从20世纪80年代初期开始,周先生就锲而不舍地致力于中国科学思想史的研究。先生早年钻研道家道教与科学技术的关系,中年转攻古代儒家与科技发展,在学术界较早提出肯定儒家对古代科技发展积极影响的观点,以后又对中国佛教与古代科技发展的关系进行了系统的研究。此外,他在中国数学史以及中国古代的科学方法论和中医逻辑学研究等方面,也取得了许多重要成果,提出了许多独到见解。

作为一名始终仰慕和尊重周先生、认识二十多年的忘年之交,令我感触最深的还有他对学生们永远存有的一颗饱满爱心,只求付出,不求回报。每次讲课,他总是做好精心的准备,绝对不会照本宣科,敷衍了事。在上课的时候,他总是"仪容端正,表述清楚,板书漂亮",让大家在获取知识的同时也学到了为人处事的大家风范。

在生活方面,周先生倾向于生活在"有意无意之间"这样一种状态。所谓"有意",就是说人的一生必须要有积极进取、努力奋斗的一方面,在为社会作贡献的同时,不断地提升自己和完善自己;所谓"无意",则是说对那些功名利禄不要太过在意,过于斤斤计较那些利害得失。该"有意"时当"有意",该"无意"时且"无意",如此,人生才能得到发展,而生活又能相对过得自由洒脱。

　　总之,哲学是人类认识世界的先导,哲学关心的首先是科学的未知领域,哲学倾听着科学的发现,准备提出新的问题。哲学,从某种意义上说,是自然学科的望远镜。通过学习《中国科学哲学思想探源》,让我深刻地感受到周瀚光先生渊博的专业知识和深厚的学术造诣,也体现了先生卓越的研究成果及超群的学术思维,让我佩服不已。

周瀚光老师引领我们学习中国管理哲学

唐祖德[①]

1995年我参加了华东师范大学哲学系开设的MBA研究生班学习,有幸认识了周瀚光先生。他是我们"中国管理哲学"这门课程的主讲老师,在他的引领下,我们进入了中国管理哲学领域的学习,并且根据先生的指导,将古代管理哲学思想运用到现代的企业管理,并将企业管理提升到管理哲学的高度。

周先生从《尚书》《周易》《老子》《论语》《墨子》《韩非子》《孙子兵法》《三国演义》《菜根谭》等古代文化经典中概括出了一系列非常精彩的管理哲学原则,例如"生生不已"的变化原则、"自强不息"的刚健原则、"以人为本"的核心思想、"尚同"一致的集体主义、"无为而治"的管理境界、"以法为本"的管理制度、以及"运筹帷幄"的管理谋略,等等,使我

---

① 唐祖德,上海欧利文实业有限公司董事长,曾兼任上海市政协第十届、第十一届委员,民盟上海市委委员。

们广开眼界,能在当今看到古代先人博大的管理哲学思想,并力争做到古为今用。尤其令我们学员印象深刻的是,周先生在讲述儒家管理哲学时用了一个"人慈马欢"的比喻,激励了我们许多学员在以后的企业管理中一直力争去创造一种团结合作、人慈马欢的和谐局面。

周先生不仅对中国古代管理哲学思想有精深的研究,而且还是中国古代科学哲学思想、数学哲学思想的探究者。他博学广识,不仅通晓中国古代儒道佛等各个哲学流派,而且通晓古代科技、古代数学以及中医药学,并立志沟通中国哲学史与中国科技史两大领域,在这两大领域之间架设飞渡的桥梁。周先生《文集》中的那么多研究成果,为当今科技创新提供了久远的历史证明:中国人一定能够再次屹立在世界的东方,中华民族的伟大复兴一定能够实现。

我们的学员中有很多是周先生的同龄人,都曾经历过当时社会的种种变迁。我们也听说过他青年时代的经历,曾经是上海建筑企业的一个年轻工人,提过泥桶、搬过砖头、爬上过高高的脚手架。我们大家也同样有文革中的经历,但是周先生却能在动乱中坚持学习,一直坚持到了那个秋高气爽、桂花飘香的岁月,国家开放了高考,众多的知识青年踊跃报考大学。但是周先生十分特别,他有能力有胆量直接报考了复旦大学哲学系的研究生,并且一锤定音录取,这就是自强不息精神在他身上的体现。所以我们更加敬佩他。

我们在二十多年前得到了周先生的教诲,后来以先生为榜样,在各个不同的岗位上用管理哲学思想和科学管理思想来引领管理工作,也取得了较好的成绩。这是我们以先生为榜样在不同岗位上发出的光和热。

我们这些学员大多已经退休,但是当年跟随周先生读书的经历是不会忘记的。周先生那儒雅谈笑、手持纸扇的文人学者风范形象一直记在心里。

忆周瀚光老师二三事

万英敏[①]

2002年9月,我从江西抚州考入上海华东师范大学古籍研究所古典文献专业研究生,师从王贻梁老师。研究生二年级的时候,我选修了一门"中国管理哲学"课程,授课的就是周瀚光老师。开始选这门课只是感兴趣,觉得学点管理哲学知识,吸取古代哲学智慧,可以提高丰富辩证思维方法。进一步学习后,认为周老师总结的《周易》"自强应变"的管理风格、儒家"修己安人"的管理理论、墨家"尚同尚贤"的管理原则、道家"无为而治"的管理境界、法家"以法为本"的管理制度、兵家"运筹帷幄"的管理谋略等非常到位,觉得这些管理哲学知识离我们并不遥远,在我们当今社会仍有着重要的现实意义。特别是周老师讲到《周易》乾卦的爻辞:"初九,潜龙勿用。九二,见龙在田。九三,君子终日乾乾,

---

① 万英敏,江西抚州人。华东师范大学古籍所文学博士。现为江西省豫章师范学院人文科学系副主任、副教授,校哲学社会科学研究所办公室主任。出版专著1部,主编教材1部,发表论文20余篇。

夕惕若。厉,无咎。九四,或跃在渊。九五,飞龙在天。上九,亢龙有悔。"这不就是人生事业发展的各个阶段的写照吗?我不禁折服于古人的智慧了。

周老师上课的方式并不是照本宣科,他经常定一个主题,鼓励我们在课堂上围绕主题进行自由讨论,畅所欲言。当时我们上周老师课的是2002级与2003级的研究生共十余人,大家经常在一起讨论,有时还分成正、反方进行辩论,课堂气氛十分活跃。我有一个硕士研究生期间的同门师弟与我一起选修了周老师的"中国管理哲学"课程,他研究生毕业后与2003级的师妹喜结连理。后来听他说,他就是在周老师的课堂上认识了师妹,在一起学习、讨论中增进了了解,相识、相知、相爱,最后修成正果。这也可以算是周老师学术研究的一个"成果"吧。

"中国管理哲学"课程学习结束后,我打算硕士毕业后报考周老师的管理哲学研究方向的博士,对管理哲学进一步研究,我的硕士生导师王老师非常支持我。2005年6月我硕士毕业后,顺利考上周老师的博士。

同年9月,我硕士毕业后继续留在古籍所,师从周瀚光教授学习中国管理哲学文献。进校后不久,就开始博士论文的选题。周老师认为,在古代诸子思想研究方面,研究《管子》者相对较少,特别是在《管子》的管理哲学研究方面,是一个尚待开垦的领域,有许多问题尚未得到解决,建议我把它作为博士研究方向,对《管子》的管理哲学思想进行研究。经过我与周老师多次探讨,决定从"以人为本""礼法并重""天人相调""义利并重""予之为取"等几个方面对《管子》管理哲学思想开展研究。方向确定后,周老师从研究方法、研究内容等都给予悉心指导。在之后的撰写开题报告过程中,周老师还指导我对开题报告反复修改、几易其稿,对我的论文写作自始至终都很关心。可以说没有周老师的指导，是无法顺利完成我的博士论文写作的。

《管子》是齐文化的代表作，为了更好完成论文写作，2007年9月，周老师还带着我来到齐文化的故地——山东淄博参观、学习。山东淄博市临淄区是齐国故都，是齐文化的发祥地，是国家历史文化名城。这里文献资料丰富，历史古迹众多，现有齐国历史博物馆、管仲纪念馆，有研究齐文化的刊物《管子学刊》《齐文化》等，还有众多的齐文化研究专家。现在还保存有许多古代文化遗址如稷下学宫遗址等。在淄博期间，周老师与我参观了齐国历史博物馆，管仲纪念馆，还会见了《管子》研究的权威杂志《管子学刊》的主编于孔宝教授与《中国古代典籍中的自然科学思想》一书的作者金健民教授，并与他们交谈，受到很大启发。通过在淄博几天的参观学习，我获得了很多第一手资料，收获很大。我感慨齐文化的博大精深，为论文的进一步写作开拓了思路。

2008年6月我从华东师大博士毕业，来到豫章师范学院（当时名为南昌师范高等专科学校）工作，工作后我一直与周老师保持联系。2010年10月周老师还受聘为我校客座教授，他至今已为我校师生作了3次高水平的讲座，师生纷纷反映周老师的讲座引人入胜，精彩纷呈，听了周老师的讲座受益匪浅。我在学习、工作上取得的进步都会及时告诉周老师，让他分享我的快乐。周老师对我的每一点进步都很高兴，鼓励我百尺竿头，更进一步。

我现在从专职老师走上行政岗位，担任豫章师范学院人文科学系主管教学的副主任，平时行政工作较为繁忙，但还经常电话或微信与周老师保持联系。我虽然不在上海工作，却总能感受到周老师的关心。周老师就是我的榜样，激励我不断前进！

广博而精深　会通科与哲
——读导师周瀚光先生《文集》有感

宋军朋[①]

■
■
■
■

　　记得在十年前阅读导师周瀚光先生所著的《刘徽评传》时,其中所附《李冶评传》(《文集》第二卷第276页)中的一段述评,引起了我极大的兴趣并给我留下深刻的印象。李冶是金末元初的杰出数学家,但他不只是一个数学家,更是一个可以与沈括比肩的博学多艺的通才。李冶曾总结做学问的要点说:"学有三:积之之多,不若取之之精;取之之精,不若得之之深",先生接下来解释和评论道:"这是说做学问不仅要广博,而且要精深,要把广博和精深结合起来,从广博走向精深,这样才能取得成就。实际上,李冶的这番话不仅是对一般学习规律的总结,也是对他自己一生学术道路的一个总结。从一定意义上说,他在科学上的成功,与他这种广

[①] 宋军朋,华东师范大学古籍研究所博士,现在上海建桥学院新闻传播学院工作。

而后专、博而后精的思想和实践是分不开的。"仔细通读过先生《文集》之后,我觉得上述这段述评李冶的话,从某种角度来看,不正是先生自己的治学经验、学术道路和学术成就的写照? 拿来总结和评价先生的治学思想和实践,一点都不为过!

正由于先生治学的广博而精深,所以先生把自己定位为"一个游走于科技史与哲学史这两个学科之间的'两栖人'",或者"更愿意把自己称作是在科技史与哲学史这两个领域之间搭建桥梁的'架桥人'",尝试和努力"连接两界、会通两界、乃至超越两界"(《文集》第一卷"前言")。在我看来,从《文集》中可以发现,先生的尝试和努力岂止于两个领域或两界,而应该是一直尝试和努力连接、会通和超越三个甚至更多的领域(比如哲学、自然科学、宗教学、管理学等)!

先生研究领域之广博,仅从中国古代哲学与科学两个领域之间的研究来看,已经令人赞叹和钦佩不已! 正如陈卫平教授对之的总结:"以整体考察为布局,展示了中国古代哲学与科学关系的全面性",这种"全面性"研究所凝结的成果,"全景式地展示了中国古代哲学与科学的关系"(《文集》第一卷"序二")。对中国古代科学方法论的研究是这一特点的发端,然后扩展到对中国古代整个历史范围内的自然观、科学观等的综合性的科学史研究。其中,中国古代哲学与数学、中国古代哲学与中医学、中国古代科学哲学与儒道佛三学及其宗教实践、中国古代哲学与地学,这四大板块的"全面性"研究最为突出。另外,关于中国古代哲学与管理学的研究以及《文集》中收录的一些研究提纲,比如"古代哲学与中医理论"(第六编),也是这种"全面性"的鲜明体现。

进一步看,先生的研究领域和成果在广博的基础上,向精深发展,而且往往精深中融合着广博。这首先表现在单本、单篇的研究成果上,比如第一卷中《周易》与科学的研究,第二卷中的《先秦数学与诸子哲学》《李冶评传》《中国古代的数学与哲学》,第三卷中的《中国管理哲学》(讲义),第四卷中的《数学史话》。其次还表现在很多具有全面性的专题研究提纲上,比如《周易》与科学(第一卷第三编第322—324页),朱熹与朱子学派的科学思想(第一卷第三编第325—326页),道教与方技(第一卷第四编第414—415页),《中医逻辑学》研究纲要(第一卷第六编第569—570页),科学的沉睡和觉醒——明清之际科学思潮概论(第一卷第七编第632—633页),阴阳思想在中国古代数学发展中的影响(第二卷第十二编第468—469页),论朱熹"天理流行"的管理哲学思想体系(提要)(第三卷第十五编第271—273页)等。这些提纲虽未变成一本本专著,但是其独具的创新性仍会对我等后学有极其深远的启发!

说实话,先生《文集》中的很多文章,我作为跟随先生研习科技史的学生,还是第一次读到,读后不但大快心意而且觉得相见恨晚,为什么没有能更早地读到这些具有丰富创造性的研究成果!先生也致力于传播科学、批评迷信的科普工作,比如关于《周易》和风水的认识,我和很多人一样,总觉得高深和神秘,读了《中国传统典籍〈周易〉中的科学与迷信》《剖析中国古代的"风水术"》两篇文章之后,顿觉豁然开朗,科学理性油然而生,高深和神秘瞬间消失!《文集》中还收录了先生关于科技史学科建设和发展设想建议的四篇文章,至今看来仍弥足珍贵。

九月中下旬收到先生惠赠的《文集》,沉甸甸的五册,装帧淡雅,而凝结在《文集》中的成果却异常广博而精深!热烈祝贺先生《文集》出版!先生是我等后辈学子在学术上的楷模,面对先生三十多年孜孜不倦钻研而结晶成的《文集》,作为学生,到现在只是急匆匆地粗略读过一遍,深觉惭愧!从先生《文集》中诸多研究提纲还可以看出：先生现在只是结束了一个旧的研究阶段，同时正在开启一个新的研究阶段，作为学生，也期待不久能拜读到先生新阶段的研究成果，期待先生在新的研究阶段更加灿烂辉煌！因此，也要衷心地祝福先生身体康泰，永远幸福！

贺诗一首：祝贺《周瀚光文集》出版

宋军朋[①]

学生军朋追随老师研习科技史多年，承老师提携，稍得门径。今老师文集出版，遂赋诗一首，以表祝贺！

伏羲运筹始画一，百工竞技至今瑰。
管仲治道开新解，刘徽九章评割率。
华夏科技何璀璨，其道其术需显扬。
呕心沥血思想史，十年磨砺熠熠光。
跨越时空精粹在，不辍新著无量功。
恬淡笑容处处驻，双栖桥上再辉煌。

[①] 宋军朋，华东师范大学古籍研究所博士，现在上海建桥学院新闻传播学院工作。

祝贺周老师文集出版

卿朝晖[1]

我是2004年进入华东师大古籍所读研的,先师王贻梁先生见我是医科出身,想让我选择科学史方面的课题,当时拟定的题目是《世本·作篇》的研究。但尚未开题,王先生即归道山,我遂转入周瀚光先生门下。

周先生建议我继续完成《世本》的论文,而我那时毫无远志,觉得先秦科技史太难,不肯再做,盖未窥先生学术堂奥也。而先生不以为忤,反对我宠奖有加。毕业那年,别人皆签约而去,唯独我一直没有落脚之地,学校每次催促,先生辄代为作答:"你们放心,他工作没有问题的。"我也因此大受鼓舞,心稍安帖。

工作之后,我离开了上海,与先生不常见面,更无由请益。直到2008年,我参加了先生主持的"中

---

[1] 卿朝晖,苏州图书馆副研究馆员。

国佛教与古代科技的发展"国家哲学社会科学基金资助项目,才对先生的治学方法、学术贡献略有所闻。我自己也从此走上了科研的道路。有时候静坐思维,又转恨自己未能在先生的指导下完成《作篇》的研究,始终徘徊在门墙之外耳。

犹记有一次,与学心理学的朋友聊"心安"与"国安"、"心治"与"国治",争论"心"为何物,一朋友突然厉声道:"君难道没看过尊师的《直解》吗?"我惭恧无地,汗涔涔下。我知先生有《中国科学思想史》,却不知先生复有《管子直解》也。

先生常对我说:"学问之道,在于广博精深,得之不难者,失之必易。有一言为人所称许,即无憾也。"我恒置于座右。

我等虽受业门下,坐沐春风,奈何才智低劣,不能读先生之书,实有辱师门。但正如前人所说,虽不能读,"窃欲使天下能读之士皆得受而读之"。值此先生文集出版之际,特赘一文,以申敬爱之情。语无伦次,不胜惶恐。

周瀚光教授侧记

万　蓉①

　　手捧四卷本的《周瀚光文集》，我心中充满了对作者周瀚光教授的尊敬和钦佩。我与周瀚光教授认识多年，是君子交，更是莫逆交，有师生之谊，更有朋友之情，所谓良师益友，再莫过于此。

　　第一次见到周教授是我参加华东师范大学硕士研究生入学考试面试之时，算起来至今已有12个春秋了。其时面试有三位教师，我对周教授印象最为深刻。他负责英语面试环节，神情和蔼，眼神温和，着装和发型一丝不苟。

　　进入华东师大古籍所学习后，周老师并不是所里给我安排的导师。但因好友是其门中弟子，是以经常有机会与周老师一起游玩交流，我被戏称为周老师的"干学生"。在丽娃河畔，我们师生几人经常谈论学问、爱好，发现彼此的价值观和人生志趣颇有相通之处，所谓同气相求是也。周老师对学生非

---

① 万蓉，上海市普陀区业余大学讲师，普陀区社区学院办公室主任。

常友善，总是能在学业、生活、思想各方面予以及时的关心和帮助，哪怕是我这"编外"之学生，亦多得照拂。在我人生的重要关头和遭遇严重困难时，周老师都在做人、做事方面给予了很多有益的建议和鼓励。他总能以一颗热情而单纯的心设身处地地为我们着想，提出最有效最合理的解决问题的方法。

相处久了，了解了周老师的人生经历，更感觉到他的人生旨趣。他总是衣着整洁，面带微笑，待人接物非常温和却自有一套原则，看人看事总能迅速做出非常准确的判断；他做事非常认真，往往极小之事都亲力亲为；他思维活跃，爱好广泛，常教学生下棋，和我们一起去看戏；他一直充满了人生的乐趣和积极向上的活力，虽年过半百，仍朝气蓬勃，笑口常开。有时候看到他，就像看到了我自己的人生目标和追求，他的工作责任心和生活态度都在很大程度上影响了我。参加工作后，我也时时提醒自己，永远要做一个对工作认真负责却不失生活情趣的人，这样才能在平凡琐碎的生活中不失去自己，不失掉快乐的能力。2011年，我很荣幸地再次考入华东师大，成为周老师的博士研究生，"干学生"终于成为了"湿学生"（入室弟子）。因了这个机会，我开始学习从前知之甚少的中国科技史的知识。周老师对我要求非常严格，他的治学态度和治学方法都让我终身受益。

周老师出身书香门第，身上自有一种文人之气，其价值观和追求迥异于干禄世俗者。如今翻看《周瀚光文集》，才更看到周教授等身的著作和不凡的才华。文集中仅公开发表的单篇论文就达138篇，且除了中国古代哲学的研究和科技史的各项研究成果，周老师更有游记、旧体诗等结集于其中，其独特的生活旨趣和传统的书生才气显露无遗。认识周老师是我一生中最美好最值得骄傲的事情之一，愿快乐和健康永远伴随敬爱的周老师！

由《周瀚光文集》想到的

史 华[1]

周瀚光教授是我的受业恩师,我们相识已经13年了。在我的印象中,周老师就是一个对待学术非常严谨的"老顽童"。为什么这么说呢?

首先,周老师对待学术是非常认真、严谨的。他在下一个判断或者证明一个观点之前,会做大量的案头研究工作。他会阅读大量的文献,从中找出突破口,或是找到相关的证据来证明他的观点。也会和你认真讨论,头脑风暴一把,并且不管你是他的领导还是同事或者是他的学生,只要你言之有理言之有物,他都能虚心接受。

熟识周老师的人会发现,周老师是个"夜猫子",凌晨一两点他还在埋头钻研学术,兴奋起来还会发个邮件给你,告诉你他的新发现。看着邮件上的发件时间,有时候我会很惭愧。老师都已经是正教授了,还在不断地寻找新的研究方向,并且为之

---

[1] 史华,华东师范大学图书馆馆员。

废寝忘食,而我一个小小的研究生却没有学到老师的那种努力和勤奋。而有时候我们这些做学生的也会很心疼老师,那么晚还在挑灯夜战,身体怎么吃得消呀!

至于"老顽童"这个称呼,那是周老师自封的。他总说他把自己当成小孩子,始终保持一种乐观开朗充满好奇的童心。我觉得这个称呼也确实非常适合周老师。他在生活中像个顽童,时刻保持着好奇心,乐于接受新鲜事物,真的是与时俱进。他在课堂上像个顽童,风趣幽默,观点新颖,也乐于同学生们一起讨论,真正做到教学相长。他在学术领域也像个顽童,不断学习新的内容,又不断发掘新的方向,有时会因为一个"好玩"的想法,投入到一次严肃认真的研究中。

我想,也许正是因为认真严谨的科研态度和不断追求新目标的"顽童"心性这两种看似矛盾的特质在周老师身上完美结合在一起,才促使他在退休后仍笔耕不辍,也才有了今天我们看到的这套四大卷、150多万字的文集。收到文集的时候,一位师妹曾说她"对老师心怀敬佩",而我则是在敬佩之余满怀愧疚,常借口工作忙碌俗事纷扰,抛下专业多年的我,面对壮心不已的恩师怎不汗颜?

对我而言,老师的这套文集是一种鞭策,不仅鞭策我继续学习专业知识,也鞭策我学习老师的科研态度和人生态度。愉快地学习,刻苦地钻研,幸福地生活,这是我从周老师身上学到的最可宝贵的东西。

三载师生永世情

朱莎莎[①]

晴朗的清晨,我一进办公室,就看到桌子上厚厚的包裹。是周老师的文集到了吧!在新疆出差期间,我陆陆续续看到师兄师妹的朋友圈里晒出收到周老师文集的信息,想着自己的也应该到了。果不其然,从新疆回来的第一天,九月末的秋日暖阳照进来,正静静洒在《周瀚光文集》上。

心情带着偌大的欣喜。掐指算起来,我与周老师已有三年的时间不常联系了。这三年,在他身上陆陆续续发生的事情,我无从得知。但从他偶尔发的朋友圈,知道他从来没有因为退休而放弃自己的学术生涯,他一直在"潜水"做着学问。去年,看他晒出的年终小结里,还提及他早期的著作《先秦数学与诸子哲学》被翻译成韩文。仅隔一年,四卷《周瀚光文集》面世,足见他笔耕不辍。

[①] 朱莎莎,华东师范大学古籍研究所2007级硕士研究生,现在上海市第一中级人民法院工作。

翻开文集的第一本,扉页上写着:"莎莎学友惠存",落款为"瀚光"。赠语不见丝毫高高在上的距离感,透着谦和、平等的语调。诚然,对我们来说,周老师本就是一个亦师亦友的性情之人。

这要从2007年读研的时候说起了。

周老师文集里保留着我们进入古籍研究所举办迎新联欢会的一张照片,当时的我扎着两个小辫,别着红色的头花,戴着廉价的项链,很直观地反映出当时的我的一个真实状态。从高密东北乡的一个偏僻小村庄走出来,我去过最远的地方也就是读本科的地方济南,还从未出过山东那方土地。所以,一下子进入上海大都市,像是刘姥姥进大观园,摸不着北,穿着打扮处处透着一股乡土气息。

得知自己被分配到周老师的门下,因为对未来的不确定性,内心是小心翼翼的。但后来,当面见周老师,他拿一把摇扇,眼睛眯着,乐呵呵地坐在座位上。与想象中古籍所严谨不苟言笑的氛围很不搭。在三年后的毕业论文的后记中我写道:"周老师课下常与我们一起聊天谈心,是一位长者,也是一位父亲,有着不同于当下人的豁然和爽朗"。现在看来,这句话讲得十分中肯。我印象很深刻的是,当天晚上周老师为欢迎我们的到来特意在学校的秋实阁餐厅里邀请我们一起聚餐,师兄妹一众人围在一起,其乐融融。周老师在饭桌上毫不避讳地讲:"我很喜欢山东人,实诚。"这种直截了当还真有些像我们山东人的直爽性格,不自觉地拉近了我们师生间的距离,给了我莫大自信,心下庆幸遇到这样一位开朗随和的导师。

周老师教授我们中国古代科学思想史这门课程,比较新颖。他善于结合生活中的实际,通过鲜活的例子来说理,人又十分幽默,难懂不解的知识被他讲述得有趣生动。记得同班其他导师的学生李文、于士倬、方学毅等人经常过来听课,和周老师相处得融洽惬意。

课上是老师,课下是朋友。周老师带我们去秋实阁吃饭,去植物园游玩,甚至在草坪上和我们一起放风筝。上学时我们的经济水平都不高,同门徐春琴常开玩笑道,想吃顿好的了,就去找周老师。可见,我们心中真的把周老师当成自己人了,没大没小。

2007年,周老师申报的国家社科项目"中国佛教与古代科技的发展"获批开题,我和同门徐春琴负责资料汇编,也算见证了课题项目的诞生,更让我看到了周老师做学问的洒脱。一般来讲,做学问在很多人眼里是枯燥单调的,但跟着周老师做课题,是一件乐在其中的事情。就如他寓教于乐一样,我们跟随周老师在上海召开项目开题论证暨学术研讨会后,2008年又相聚苏州再次召开项目的学术研讨会。徜徉在温婉秀美的江南风景中,参会的人员讨论热烈,热情高涨,心情舒畅,成为大家一段愉快的记忆。

2010年炎夏,我如期毕业并落实好工作,一时无所事事,便去找当时正在杭州培训的姐姐玩。与姐姐一起去吴山脚下的河坊街的时候,姐姐为我在"吴山天风"景点前拍了一张照,我回来后就把它发在人人网上。没想到周老师在网上看到之后,灵感突现,即兴在留言处为我题了一首诗:"未识琼楼何处仙,天风吹落吴山前。却向西湖觅船渡,修得三载师生缘。"把我狠狠地夸了一顿。大家看到这首诗后,纷纷称赞写得好极了。又没想到,时隔七年,这首诗竟然被周老师收录在《周瀚光文集》(第四卷)的"其他诗文"中,我是何其有幸得到这般垂青!周老师对学生的真情实意,也可见一斑。

我常常想,周老师带给我的不单纯是知识的灌输,更为重要的是,我从他身上学到的是,一种态度,一种对人生和生活豁然的态度。

毕业后,我选择去上海郊区的一个村落做村官。这一做,就是五年。这五年是我与周老师联系最为频繁的五年,也是我人生观、价值观、世界观受周老师影响最深的五年。因为在偏僻的乡村里,人生地不熟,对未来我有太多的迷茫。那时我们常以周老师牵线搭桥,一群师兄师姐师妹就聚在一起,吃饭聊天,畅想未来。如今想来,那真是一段快乐悠闲的日子。

周老师虽然已是花甲之年,但思想很新潮。每次见他,都是乐呵呵的。与他在一起,你大概永远不会觉得生活是苦闷的。我当时一直准备考公务员,但一年又一年都不成。周老师一面帮我分析面试失利的原因,一面风轻云淡地宽慰我说:放轻松,没什么大不了的,考上就去,考不上就安稳待在这。而在开始面对工作中复杂的人际关系无法释怀时,他也是尽其所能为我答疑释惑,用他多年的阅历告知我怎样做才是最好、最舒心的。

在这段并不明朗的日子里,可以说,是周老师指引我开启一段新的旅程。

2014年,我结婚生子。2015年,我考入上海市第一中级人民法院。生活步入正轨。日常的琐碎让我一时应接不暇,我见周老师的次数越来越少,但与周老师结下的情谊从未改变。周老师是一个重情重义之人,我们跟他讲过的话,他都默默记在心上。我之前曾无心跟周老师说过,很想去看看普罗旺斯的薰衣草。周老师后来去法国参加学术会议,真的就给我带回来一袋普罗旺斯的薰衣草。我一直挂在办公桌的一角,保留至今。周老师的人格魅力就如这芳草之香,时不时清风徐来,让人保有乐观向前的动力。

与老顽童周老师的快乐小时光

刘玉玲[1]

与周瀚光老师结缘,皆因玩而起。当年幸入华东师大,与本科同门、高我一级的莎莎师姐一起在古籍所读研。在莎莎的口中便听闻了她的导师周老师的奇闻轶事,耳中着实给他贴上了"郊游放飞""聚会饮酒""师母师姐""我们去哪儿""庆祝周老师5岁生日"等标签,然一直不得所见。

有一次我去所里办事,徘徊间,走廊另一头一把折扇悠然而出、一袭休闲西装款款而至,我肃然而噤口,抬眼却触到了一副眯眯而笑的眼睛,顽皮地躲在细丝金框眼镜后面,宛若慈爱的老人端给了久渴而至的旅人一碗清茶……周老师的热情、豁达、幽默吸引着我们雀然而往。去所里的时候,免不了到周老师办公室扒拉一番,打打牙祭,零食饱腹方尽兴而归。有的时候也会去向周老师显摆一下自己新买的漂亮衣服,当然也有的时候"教训"一

---

[1] 刘玉玲,上海交通大学附属小学教师。

番周老师,他居然说他的年龄还够考驾照,不给他泼点冷水不行……有一年夏天我在思勉图书馆做助管,正埋头苦干、汗流浃背之际,一支冰激凌映入眼帘,抬眼一看,哈哈,知我者周老师也!反正在我们那个求学的年代里,那些与玩和吃有关的事,都有周老师与我们乐享其间。

周老师看上去那么悠然潇洒,其实却是刚刚在鬼门关遛了个弯回来。因心肌梗死而做心脏搭桥的大手术,是他人生中的一个拐点,至今他的胸中仍有钢丝钢钉为系,还有胸口那一道骇人的疤痕。他说他的生命从大手术开始重新来过,所以那时候他肩上的双肩包,是他女儿送给他"5周岁"的生日礼物。大手术带给了周老师很多转变,这种转变我们不得而解,但我们乐于带着这份好奇去读周老师的书,去参与他的项目,去走近他的生活。

我虽然不是周老师的亲炙弟子,然而却如其亲学生一般随其左右,受教良深,被大家戏称为"干学生"。我们虽没能一睹周老师当年风采,然而周老师桃李满天下,为人热忱,高朋满座,直到后来见到了周老师早年的门下学长,才对周老师"英雄不减当年"之风暗叹不已。

在我读研究生的三年期间,正逢周老师主持负责的国家社科项目"中国佛教与古代科技的发展"处于紧张而有序的进展当中。表面上只看到周老师带着门生们"吃喝玩乐",但实际上他却牢牢地把握着自己的教学和科研主线,在聚会中求发问,在讨论中求智慧,在实践中获真知,在动手中验真伪。他还十分注重学生与学生之间的互动求知,让携带着不同知识背景、不同生活阅历的学生聚在一起探讨学问,交流心得。更像是,周老师给我们导演了一场戏,抑或是周老师为我们圈就了社会一隅,让我们全情投入在自己的角色里,看书就是真的看书,动笔就是真的动笔,思辨就争得面红耳赤,总结就撸起袖子集腋成裘,求学的时光里有烛光、有晚餐、有风筝、有草坪、有评弹、有茶馆,让我们觉得读书不只有眼前的教室和图书馆,还有八千里路云和月。"纸上得来终觉浅,绝知此事要躬行"。可能在科学思想史研究领域是有一种机能的,这种机能可以促使人们举一反三,奋发而作,却又是万万不能泥古不化的。周老师就是这样一位实践者并带领着我们一起实践。

几年之后,我也成为了一名教师。虽然是小学教师,但开始对周老师的教育之法慢慢参悟。因为我感到,我工作之后的记忆里,周老师带给我们的欢乐盖过了他的言语。那些欢声,那些笑语,那些聚会和美食,甚至那些关于成家立业育子的祝福与期盼,周老师都给我们插上了人生与读书的指引,无形中早已影响了我们所读的书、所做的论文、所选的爱人以及所虔诚以待的工作和精心抚育的挚儿。如今的我三十而立,为人师为人母、为人妻为人媳,家庭事业一肩挑,但前方还有周老师的诗与远方向我们招手。一介柔弱女子立足于大上海,为了所爱而选择去爱所有的人,如此简单的想法,行驶总会偏离航向,遭遇挫折。周老师教育我们"以德报德","以直报怨"。一方面要用赤子之心去面对纷繁的世界,另一方面,还要练好"武功",学会如何去直面我们该直面的人。然而我一直还没有学会……幸好,周老师让我们觉得,爱我的人都在身边,心始终有温度,我还可以启程。在我们的眼里,周老师始终与我们一路并肩,爱我们所爱,乐我们所乐,忧我们所忧,通晓我们的学业困惑和事业艰难,不见得比我们高高在上。然而每当我们山一程水一程地走完,前方总有周老师在那里招手微笑,随时与我们下一程做伴……

周老师就是这样一位不老顽童。他告诉我,他的父母与我一样也是小学教师,他们非常热爱自己的工作,一个晚睡一个早起,记忆里的他们数十年如一日地在书桌前耕耘自己的事业。在南昌高等师范专科学校的学术报告里,周老师为我们阐述了中国传统大教育家的教育理念,从孔子到孟子,都是快乐教育的提倡者。孔子讲"学而时习之,不亦乐乎?"孟子讲"君子有三乐",而其中之一乐便是"得天下英才而教育之"。这种快乐教育的理念历经几千年的继承和发扬,到了明代更被一位名叫王艮的学者推向了极致,其所作《乐学歌》在百姓口中广为传唱:

> 人心本自乐,自将私欲缚。
> 私欲一萌时,良知还自觉。
> 一觉便消除,人心依旧乐。
> 乐是乐此学,学是学此乐。
> 不乐不是学,不学不是乐。
> 乐便然后学,学便然后乐。
> 乐是学,学是乐。
> 於乎——天下之乐,何如此学;天下之学,何如此乐!

生活即学问,爱是最好的教育,快乐是学习的良途,这是我作为一名教师,从我们敬爱的周老师身上学到、悟到的不二法门。让我们的快乐一起与我们的学生相伴!

生命的精彩
——记与周瀚光老师的二三事
闫　群[1]

周瀚光老师并不是我在华东师范大学古籍研究所读研究生时的真正意义上的指导老师,但他自强不息的拼搏精神和待人接物的旷达亲和,却给了我难忘的教诲和受用。他让我知道,无论处在何时何地,生命都应该精彩。

初识周老师,是在2008年我刚考入华东师范大学古籍研究所时。当时,被调剂的我非常幸运地由曾抗美老师收入门下,修读中国古典文学专业。新生入学时,所里召开迎接仪式,第一次见到了始终手把纸扇、笑容可掬的周老师。他的笑容那么和蔼,让人在大上海的炎炎夏日如沐春风,更让举目无亲的远游学子感受到别样的亲切。求学的三年里,虽然经常听同学们聊起周老师的学识和平易近人,也常听闻周老师宴请师门内外的弟子雅聚,但

---

[1] 闫群,山东省淄博中学教师,华东师范大学古籍研究所2011届毕业研究生。

是当时大概出于羞赧,竟从未主动加入。除了所里召开的例会和周老师所讲授的中国古代科学史课程,平时与他并无任何交集。只是每次见到他,都会因他亲切的笑容感受到温暖和力量。

2011年7月,在平淡无奇的喜悦中,在懵懂无知的期盼中,我顺利毕业,并按当时朴素的愿望回到老家,签约了现在的工作单位——淄博中学。入职之初,我以投身泥土的小草的心态,渴望在风雨中扎根、发芽、成长。然而,大量而琐碎的教学工作和班主任工作,让毫无思想准备的我在忙乱中渐渐疲惫甚至困顿。就在工作、生活陷入一团乱麻时,毫无预见的,我竟然想到了周老师,想起了他的笑容。同样毫无预见的,我竟然在晚上9点钟抄起手机,拨通了周老师的电话……一如他的笑容,周老师在电话里依旧那么亲切。时至今日,我已不能详细记得周老师当时如何以他的睿智化解我的困惑;但是我却永远无法忘记,数日后他路经淄博竟特地来看我时,带给我的惊讶和感动。而他却说,一个非本门的、毕业后的学生,能在人生困境中想到他并求助于他,是对他最大的信任;他因那个夜晚的电话而惊讶、而感动……这是怎样的师者仁心啊!

那算是与周老师的第一次亲密接触。虽然距离毕业已经一年半,虽然此前对彼此都只有大概的印象,但就凭着这"大概",我竟能跟周老师像失散多年的忘年交一般畅谈往事,慨叹生活,评古论今,好不痛快。那是6月下旬的淄博,天已十分干热,周老师依然游兴很高,提议近郊一日游,现在想来恐怕是想让那个整天忙傻的我散散心、整理一下思绪吧。骄阳下,我们坐公交,转出租,一路畅聊,来到了我家乡的一隅景区——马踏湖。相比周老师去过的国内外名山大川,马踏湖大概只能算是一方野景。然而,在悠悠的芦苇荡中,在寂寥凋敝的五贤祠内,在依山傍湖的亭子里,周老师始终笑意盈盈,妙语连珠。也是在这一次的交流中,我得知了周老师在知青年代对读书如饥似渴的追求,求学、工作时期对学术志存高远的探索,由此更理解了他大病得愈后对生命超然洒脱的顽童心态——他似乎在用自己年过花甲的人生历程向我揭示人生快乐和生命精彩的秘籍……临行,周老师送了我一套线装本带图《诗经》,这是他此行在邹平开会的研讨资料,也是送我的第一套书。

后来,我又见过周老师两次,得到周老师赠书、文四次。

当年的冬天,周老师回青岛度假,又特地来淄博看了我一次,而且带了一套照相版的趣味儿童拼图诗画书——《益智图》。这套书是周老师的父亲保留下来的清末典籍,周老师想继承父志,继续做一些儿童益智类普及工作,给这本书做些适合儿童的注解,并付梓出版。鉴于我是古典文学专业毕业的学生,时常在网络空间里引用些诗句表达慨叹,更重要的是周老师觉得可以通过这种形式真正"收我入门",便希望由我来完成其中的编排和注解工作。遗憾的是,时隔近五年,我竟还没有完成任务"通过考试",每每想到此事,不论出于什么原因,我都深深觉得愧对师恩。

年后,周老师又陆续寄来了他主编的著作《中国佛教与古代科技的发展》和一期《广西民族大学学报(自然科学版)》。其中《广西民族大学学报(自然科学版)》中《中国科学思想史研究的开拓和创新——周瀚光教授访谈录》一文,记述了周老师从事科研、教学的一生。文中,周老师深情回忆了他在求学、探学的过程中,得到了诸如李约瑟、钱学森、胡道静、袁运开、冯契等学术前辈的肯定和帮助,表达了他传播科学、传播爱、传播教育的志向。联想到周老师关爱学生、立志探学又潇洒旷达的生平,我深深觉得文中穿插的周老师的一首小诗实乃老师的"自题小像":"仙境何必尽蓬山,但得烟云亦飘然。浪穷似隐非隐处,人在有意无意间"。老师自己亦慨叹对"有意无意间"的追求,实乃是自己几十年来一贯的生活信条。

而这首小诗,竟也成为我们第三次见面畅聊的话题之一。2016年夏,我先生偕同我去青岛拜访了正在休假的周老师。周老师在公寓附近的大排档宴请我们吃海鲜,"哈"(喝)啤酒,大有山东汉子的豪迈。畅聊间,周老师自称是半个山东人,喜欢山东人的直爽;还自称是我的"娘家人",嘱托我先生好生待我;我们两个晚辈也并没有因为尊敬而拘谨,尤其是我先生,虽然是第一次见周老师,却也跟周老师聊世事,探生活,话追求,涵泳优游,竟不知时过午夜……这正是周老师散发的亲和魅力!

而后,周老师又把我这个"门外"弟子,拉入了他亲炙弟子建立的"顽童乐园"微信群(老师的微信网名叫"老顽童"),使我不胜荣幸。如今,在《周瀚光文集》出版发行之际,老师又赠书一套,并邀请我为即将举行的"《周瀚光文集》发布会暨科学与哲学思想探源研讨会""赐评数语"。鉴于我才疏学浅,在科学与哲学思想史方面又不曾涉足,不敢妄加评论。但是,我想恰可以借此机会,表达我这个一步步从师门外踏入师门内的学生对老师的诚挚感谢:

感谢周老师给我的第一次惊讶和感动!感谢周老师对我的理解和宽容!感谢周老师对我不离不弃的关心和赐予!

"学生"与"老师"各方面的成就和境界差别有如云泥,无以为报,以上赘语,只作为学生对师恩的铭记和感念。对于《文集》,虽然我翻阅不多,但是从所读篇目来看,可谓深入浅出又言简意赅,体现了一个学者的责任担当,也体现了周老师真实、简明的为文、为人作风。作为周老师学术探究的总结、集成之作,彰显了周老师为师、为学的生命精彩!

如今,学生已年过而立,在生活上逐渐着序,思想言行上也渐趋沉稳成熟,对教书育人的事业有了新的认识和追求。在此回忆、感恩老师之际，也借老师生命的精彩暗暗立志，就像接受了老师无私的爱和赐予一样，也要像老师一般，对人对事积极热心，宽容亲切，探学不止，传播知识，传播爱！继续书写一个师者的生命的精彩！

写给周瀚光老师

徐亦梅[①]

八年前的9月,我有幸成为周瀚光老师的硕士研究生,开启了我的沪上求学之路。周瀚光老师用他对学术的严谨细致和对学生的人文关怀俘获了众学生的景仰。周瀚光老师总是乐观地跟我们说起他曾因心肌梗死而"重获新生"的经历;当时已年过花甲的他总是尝试着用最新的方式与我们相处,学会QQ,微信,朋友圈;每年的教师节,周老师总会把他能叫到的学生都聚集起来,兄弟姐妹齐聚一堂,其乐融融;他用父辈一般的细腻关心学生的生活与健康,成长与未来……如今,我已是上海的一名中学语文老师,也是一个三岁孩子的母亲,深知教书育人的艰辛与不易。师恩难忘,将宝贵的人生经验馈赠;师情绵长,为我们指引幸福的前程;师爱无疆,震撼着心灵最柔软的地方。值此《周瀚光文集》出版之际,谨以此短篇献给最爱的周瀚光老师!

[①] 徐亦梅,上海西南位育中学教师,原华东师范大学古籍研究所2012届硕士研究生。

图书在版编目(CIP)数据

周瀚光文集：续编 / 周瀚光著.—上海：上海社会科学院出版社，2021
ISBN 978-7-5520-3716-6

Ⅰ.①周… Ⅱ.①周… Ⅲ.①社会科学—文集②自然科学—文集 Ⅳ.①Z427

中国版本图书馆CIP数据核字(2021)第218516号

周瀚光文集（续编）

著　　者：周瀚光
责任编辑：王　睿
封面设计：黄婧昉
出版发行：上海社会科学院出版社
　　　　　上海顺昌路622号　邮编200025
　　　　　电话总机021-63315947　销售热线021-53063735
　　　　　http://www.sassp.cn　E-mail:sassp@sassp.cn
排　　版：南京展望文化发展有限公司
印　　刷：上海颛辉印刷厂有限公司
开　　本：890毫米×1240毫米　1/32
印　　张：14.5
插　　页：10
字　　数：352千
版　　次：2021年12月第1版　2021年12月第1次印刷

ISBN 978-7-5520-3716-6/Z・074　　　定价：116.00元

版权所有　翻印必究